LE LIVRE D'OR DU MONUMENT DE MAISTRE

LE LIVRE D'OR

DU

MONUMENT DE MAISTRE

LE
LIVRE D'OR

DU

MONUMENT DE MAISTRE

CHAMBÉRY

Librairie André PERRIN | **Imprimerie Savoisienne**
6, Rue des Portiques, 6 | 5, rue du Château, 5

1901

PRÉFACE

Ce n'est pas sans une indicible satisfaction patriotique et sans un légitime orgueil que le groupe des promoteurs du MONUMENT DE MAISTRE *a vu arriver le terme de ses ambitions à une échéance qui, au début, lui paraissait problématique et lointaine et qui est devenue, plus tôt qu'il n'osait l'espérer, une triomphante réalité.*

Le Comité est heureux et fier de pouvoir, aux premiers jours du vingtième siècle, mettre un signet au Livre auquel la vieille Savoie tout entière a collaboré et léguer aux générations, qui suivront la nôtre, une page que l'on pourrait presque appeler une PAGE D'HISTOIRE ; *nos neveux y apprendront ce que savent faire, au sein d'une population généreuse, le sentiment profond de la piété filiale, le culte héréditaire pour tout ce qui, à des titres divers, grandit le pays natal dans l'estime et l'admiration du monde.*

Qu'y a-t-il, en effet, de plus beau, de plus noble et en même temps de plus naturel et de plus instinctif, pour toute réunion d'hommes, grande ou petite, que de se glorifier de l'éclat que lui apportent le talent, le génie, les services ou les œuvres de quelqu'un des siens ? La noblesse n'a pas d'autre origine : le sang versé sur les champs de bataille en a cimenté les premières assises. Or, les provinces comme les familles ont, elles aussi, leur noblesse. Et ceux-là appartiennent en propre à un pays tout entier qui, à une heure, à une époque, par un trait d'héroïsme, par un chef-d'œuvre, par le rayonnement d'une vie sans tache ou d'un grand caractère, ont en quelque sorte porté à leur apogée les traits distinctifs d'une race et fait rejaillir sur elle l'éclat de leur propre gloire.

***
** **

Telles sont bien, à ne pas s'y tromper, les hautes pensées qui ont assigné à l'œuvre du MONUMENT DE MAISTRE *le caractère patriotique auquel elle a dû d'aboutir et de s'acheminer si rapidement vers le succès.*

Ainsi que nous l'avons entendu dire en un admirable langage par le Marquis Albert Costa de Beauregard, dans le recul des années, les deux nobles figures, que le génie d'un grand artiste a su faire revivre et réunir en un groupe harmo-

nieux, ont perdu tout ce qui, autour d'elles, pouvait susciter des polémiques ou réveiller des questions irritantes.

Il ne reste d'elles, — pour tous, amis ou adversaires, — que ce en quoi elles appartiennent à tous : la fidélité aux convictions, l'unité de la vie, et cette étincelle divine qui, jaillissant dans des œuvres immortelles, a enrichi le patrimoine national et donné à la langue et aux lettres françaises quelques-uns des diamants de la Couronne : *ils ne sont pas légion, ils se comptent par unités en chaque siècle. Or, la Savoie, qui, au dix-septième siècle, avait déjà doté notre littérature nationale de l'*INTRODUCTION A LA VIE DÉVOTE, *lui aura apporté, au dix-neuvième, le* VOYAGE AUTOUR DE MA CHAMBRE *et les* SOIRÉES DE SAINT-PÉTERSBOURG.

Grands écrivains français, Joseph et Xavier de Maistre l'ont été comme saint François de Sales. Ils ont consommé l'annexion littéraire préparée par le plus aimable des Saints ; mais, en même temps, et c'est par là qu'ils appartiennent plus intimément à leur terre natale, ils sont restés, l'aîné et le cadet, des Cadets de Savoie, *— disons carrément le mot, puisque, depuis qu'il y est si bien porté, il a perdu à l'Académie française la signification que lui attribue Bescherelles : — des* Savoyards *par la tournure de l'esprit et par cette marque de fabrique que chacune de nos provinces a conservée en se fondant au sein de l'unité nationale.*

A ce titre, nous avons quelque plaisir, nous autres Français de Savoie, à retrouver chez nos deux illustres compatriotes les traits sous lesquels, du haut de leur piédestal, ils semblent descendre jusqu'à nous et conserver, l'un, jusque dans les envolées de son esprit superbe, l'autre, à travers les marivaudages de sa plume charmante, la physionomie, le tempérament national, ou, pour parler plus exactement, le type provincial qui nous est propre.

Ernest Dubois, le futur statuaire de Bossuet, a bien prélude à l'œuvre de l'Aigle de Meaux en burinant celle de l'Aigle des Alpes, de celui dont Edmond Biré a précisément dit que « nous n'avons pas eu de plus grand écrivain depuis Bossuet ». Par la tête, par le port, par l'attitude, il habite les espaces ; il plane dans la nue ; il domine le monde et sa plume d'or, fièrement ramenée sur la poitrine, semble prête à fulminer des arrêts ou à brosser des tableaux de maître, comme la fameuse page sur le BOURREAU, *dont les exécutions du Verney, alors qu'il était membre de la Confrérie des Pénitents Noirs, lui avaient fourni la matière première ; — mais par ce bras qui tombe et s'arrondit avec tendresse, qui enlace en un mouvement familier l'épaule du frère chéri, du cadet et du filleul absorbé, sur un plan légèrement inférieur, en une contemplation admirative, le grand homme devient plus* homme, *plus familial, plus accessible au commun des mortels.*

On retrouve chez lui, — ce qui foisonne dans sa délicieuse correspondance. — la belle humeur, le scepticisme aimable du VOYAGE AUTOUR DE MA

CHAMBRE, *le sentiment du* LÉPREUX DE LA CITÉ D'AOSTE, *la verve gauloise du gentilhomme piémontais qui sent courir dans ses veines le* soufre de Provence, *la virtuosité d'un épistolier qui, de sa main d'athlète, semble parfois écrire avec la plume de M*me *de Sévigné.*

L'un et l'autre ont le cœur bon ; ils sont, ainsi qu'on l'a dit, de « la famille des belles âmes, des âmes vaillantes, loyales et tendres qui fournissent à la psychologie historique la matière d'un chapitre infiniment attrayant et salutaire, infiniment propre à la dédommager de bien d'autres chapitres ».

*
* *

La Savoie s'est honorée en élevant une statue à ses deux grands hommes.

Et avec quel enthousiasme ! avec quel entrain !

Un simple rapprochement de dates en témoignera avec plus d'éloquence que les tirades les plus pompeuses.

Le 15 novembre 1894, *l'Académie des Sciences, Belles-Lettres et Arts de Savoie mettait à l'étude le projet du Monument.*

Moins de cinq ans après, le 20 août 1899, *les deux statues-sœurs étaient solennellement inaugurées à Chambéry, dans une fête dont le souvenir restera vivant au cœur de tous ceux qui en ont partagé les saines et patriotiques émotions.*

Le Monument porte sur le piédestal cette simple légende :

A JOSEPH DE MAISTRE

A XAVIER DE MAISTRE

LA SAVOIE

Celui, plus modeste, que nous avons la prétention d'encadrer dans ces pages pourrait recevoir cette épigraphe :

A LA SAVOIE

LES PROMOTEURS ET LES ARTISANS

DU

MONUMENT DE MAISTRE

C'est bien, en effet, la Savoie qui l'a construit, ce Monument, qui l'a payé de ses deniers, unissant dans une touchante confraternité l'or du riche et l'obole du pauvre, les cotisations généreuses des grands et les humbles offrandes des petits, les souscriptions des Savoyards demeurés au pied des Alpes et celles de leurs compatriotes établis à l'intérieur de notre beau pays de France, à Paris, à Lyon, à Bordeaux, et au-delà des mers, à Tunis, à Saïgon, à Buenos-Ayres ou à Dolorès...

Quelle puissante attraction que celle de la terre natale et quelle ineffaçable image la Savoie laisse, en dépit du temps et de l'espace, dans le cœur de tous ses enfants !

C'est à eux que nous dédions ce LIVRE D'OR, *écrit par eux, avec leur âme, leur culte persistant du foyer, l'amour aveugle et presque instinctif de tout ce qui, suivant le mot du Marquis Léon Costa de Beauregard, honore la petite province dans la grande patrie.*

Ce Monument est bien leur œuvre. Ces pages leur rappelleront l'acte de justice et de patriotisme auquel ils ont collaboré et elles mettront en pleine lumière la puissance de l'initiative privée mise au service d'une idée large, pacifiante, accessible à tous. C'est à cette initiative que la Savoie aura dû de pouvoir, sans appui officiel, sans formalités ni lenteurs administratives, sans frais généraux, élever un Monument qui restera le chef-d'œuvre d'un grand artiste et l'un des plus beaux ornements de notre ancienne capitale.

Fr. DESCOSTES.

Chambéry, le 15 Mai 1901.

L'IDÉE PREMIÈRE

L'IDÉE d'élever dans leur ville natale un monument à la mémoire de Joseph et de Xavier de Maistre était au premier rang de ces inspirations qui, par leur nature même, s'imposent à tous les esprits larges sachant comprendre que le patrimoine d'un pays se compose non seulement de richesses ayant une valeur marchande, mais encore des œuvres issues du génie de ses enfants.

Si quelqu'un a droit aux honneurs parfois trop prodigués de la conventionnelle immortalité du bronze, n'est-ce pas Joseph de Maistre, l'immortel auteur des *Soirées de Saint-Pétersbourg* et des *Considérations sur la France* ? L'idée de réunir les deux frères sur un même socle, de les couler dans le même bronze ne se présente-t-elle pas tout naturellement à l'esprit ? Leurs figures ne se complètent-elles pas l'une par l'autre et ne réunissent-elles pas en elles tous les aspects de la terre où ils sont nés, tous les contrastes qu'elle offre à l'admiration du voyageur : dans les paysages alpins, les rives idylliques de nos lacs et les prairies émaillées de fleurs de nos vallées ne s'harmonisent-elles pas merveilleusement avec les montagnes couvertes de neiges éternelles qui élèvent vers le ciel leurs sommets géants et nous laissent une impression indicible de grandeur et de majesté ?

Cette idée était donc non pas une idée géniale ou exigeant un effort de l'esprit, mais une idée simple, naturelle, comprise de tous, s'imposant à tous et provoquée par le seul rapprochement de ces deux grands écrivains, nés dans la même ville, appartenant à la même famille, unis par les liens de l'affection la plus étroite, ayant tous les deux écrit des chefs-d'œuvre d'un genre différent, dans la même langue, et pris place au panthéon des grands écrivains français.

Depuis bien des années, le projet existait sans avoir pris corps d'une façon définitive. Il suffira, à cet égard, de reproduire ici, d'après le *Courrier des Alpes* du 20 avril 1876, un extrait d'un rapport présenté à l'Académie de Savoie, dans sa séance du 15 janvier précédent, par M. François Descostes sur un des concours de la fondation Guy. A propos d'une ode à la mémoire de Xavier de Maistre, l'une des pièces soumises à ce concours, le rapporteur s'exprimait ainsi :

« Xavier de Maistre, quels charmants souvenirs ce seul nom n'évoque-t-il pas ? Xavier de Maistre, c'est le *Voyage autour de ma chambre*, c'est le *Lépreux de la cité d'Aoste*, c'est le sourire, ce sont les larmes, c'est ce je ne sais quoi qui a fait franciser le mot d'*humour;* c'est ce talent merveilleux qui, sans art et sans apprêt, en se jouant, a su animer un grain de sable et transformer en un continent les quatre murs d'une prison : petit grand homme qui est passé à la postérité sans le savoir; écrivain aussi illustre dans son genre que Joseph de Maistre dans le sien ; si je pouvais sans hardiesse accoupler ces deux mots : un papillon frère d'un aigle...

« Il y aura bientôt neuf ans, au mois de septembre 1867, un peintre distingué, se rendant à Rome, s'arrêtait à Chambéry pour y serrer la main d'un éminent écrivain, son ami particulier, venu, suivant sa pieuse coutume, pour se reposer pendant quelques jours au pays natal. Le soir de son arrivée, une villa discrètement blottie dans le feuillage, non loin de la cascade de Jacob, offrait à l'artiste l'hospitalité de l'écrivain ; quelques amis (1), appartenant à l'élite de notre ville, étaient réunis autour d'eux. Au dessert, l'artiste — un fougueux républicain pourtant — s'écriait: « Comment se fait-il qu'une « ville, qui a eu la gloire de donner le jour à « deux hommes tels que Joseph et Xavier de « Maistre, ne leur ait pas encore élevé de statue? »

« Et comme, applaudissant à cette apostrophe, l'amphitryon pressait son hôte de hâter l'avène-

---

(1) MM. Victor Henry, Joseph-Samuel Revel, François Bebert, Joseph Domenge et Charles Roissard, l'éloquent et regretté maître du barreau de Chambéry.

ment de la justice tardive en esquissant un groupe où les deux frères seraient réunis, l'artiste accepta à la condition qu'un des convives, architecte et ancien élève à l'Ecole des Beaux-Arts de Paris, ferait le projet du socle appelé à supporter le groupe.

« Le lendemain, avant son départ, le voyageur remettait à ses commensaux de la veille une ébauche représentant la scène de Lausanne. Le philosophe assis, une plume à la main droite, tenant de la gauche entr'ouverte, sur ses genoux, le *Voyage autour de ma chambre*, se retourne, par un brusque et superbe mouvement de tête de bas en haut, vers son frère qui, vêtu de l'uniforme d'officier du régiment de la Marine au service du roi de Sardaigne, debout et accoudé au fauteuil de Joseph, attend, la tête baissée, l'arrêt fraternel sans se douter que l'auteur des *Soirées de Saint-Pétersbourg* va lui révéler un chef-d'œuvre... Entre les deux, on sent que Joseph est bien le Maître.

« Vous confierai-je le nom du peintre ? C'est M. Chenavard, l'auteur des fameux cartons que le général Cavaignac avait commandés, en 1848, pour la décoration du Panthéon, et que tout Paris est allé admirer en 1851.

« L'écrivain, à la table duquel a jailli la première étincelle de cette inspiration saisissante, n'est autre que Pierre Lanfrey ; et il me suffira de vous dire que, se surpassant lui-même, grâce à un pareil contact, l'architecte chargé du socle(1) a

(1) M. Joseph-Samuel Revel.

Joseph et Xavier de Maistre.
Fac-simile d'un croquis de Chenavard.

transformé le croquis du peintre en un projet
remarquable, que nous espérons bien voir se
dresser quelque jour sur l'une de nos places.
En réparant une trop longue injustice, nous
offririons, au sein de nos luttes politiques, ce
beau spectacle d'opinions opposées sachant se
confondre dans un commun hommage à rendre
au génie et s'effacer devant un devoir de patriotisme à remplir..... »

II

Depuis le jour, bien lointain déjà, où l'un des
membres de l'Académie de Savoie émettait timi-
dement ce vœu, les années s'écoulaient, et nous
pouvions assister à cette anomalie singulière,
qui devenait de plus en plus choquante à mesure
que croissait et embellissait l'épidémie du
bronze :

A l'intérieur du territoire, pas d'écrivain de
quelque talent, pas de savant de quelque mérite,
pas de général de quelque bravoure, pas d'homme
politique de quelque souplesse, pas d'orateur de
quelque faconde, pas de petit grand homme qui
n'eût sa statue inaugurée à grand orchestre
avec le concours de toutes les sociétés de tir,
de gymnastique et de secours mutuels de la
région.

Projet de socle par J.-S. Revel.

Et chez nous, en Savoie, — dans cette Savoie qui a apporté à la mère-patrie tout un trésor de souvenirs, toute une pléiade de vigoureux esprits et de nobles cœurs, — Xavier et son grand frère, nos deux plus brillantes étoiles littéraires, étaient réduits dans leur ville natale à partager avec Henri Murger l'honneur banal de servir de parrains à une petite rue, celle qui met en communication la rue Favre avec la place Saint-Dominique, cette place où, comme au temps des de Maistre sur celle de Lans, on peut voir défiler

L'ancienne place de Lans, à Chambéry.

« tout ce qui nage, tout ce qui vole, tout ce qui chante, tout ce qui beugle, tout ce qui bêle, tout le premier chapitre de la Genèse. »

Véritablement, cet ostracisme avait assez

duré ; alors qu'un monument grandiose, rappelant les antiques cathédrales du moyen âge, s'élevait dans la capitale du Chablais en l'honneur du doctorat de saint François de Sales, alors que le président Favre, Balmat et Saussure, Berthollet, le général de Boigne, Fodéré, Sommeiller avaient leurs statues, que Lanfrey avait son buste, il était temps que les deux de Maistre eussent leur monument, et un monument *familial* où ils ne fussent pas plus séparés que dans la vie, dont l'idée fondamentale et l'épigraphe fussent conformes à ces lignes charmantes qui sont en quelque sorte le testament de Xavier :

« Mon frère et moi, nous étions comme les deux aiguilles d'une même montre : il était la grande, je n'étais que la petite ; mais nous marquions la même heure, quoique d'une manière différente. »

Si les âmes-sœurs de Joseph et de Xavier, animées de la même foi, ont dû se retrouver et se reconnaître aux cieux, il semble, en effet, que le monument à élever à leur mémoire dans les lieux mêmes où ils sont nés, où ils se sont formé, où ils ont grandi, n'eût pas été complet s'il n'eût pas réuni « ces deux aiguilles » qui, en ce monde, ont toujours marqué la même heure, quoique d'une manière différente, ainsi que le disait le cadet, le filleul. Xavier sentait bien lui-même de quelle hauteur le dépassait celui qui fut à la fois son aîné et de toute façon son parrain ; mais la grande aiguille aimait trop la petite pour ne pas vouloir lui être unie sur le cadran de l'immortalité.

III

C'est en s'inspirant de cette pensée que, dans la séance du 15 novembre 1894, M. le chanoine Bouchage et M. François Descostes, reprenant le vœu incidemment émis le 15 janvier 1876 et le formulant en une proposition ferme, demandèrent résolument à l'Académie de Savoie de se mettre à la tète d'une entreprise qui consacrerait définitivement l'annexion de nos deux grands écrivains à la patrie française. Non pas — disaient les promoteurs de cette proposition — que la France ait été pour eux ce quelle est devenue pour nous, — ils l'ont combattue en leur temps, l'un avec la plume du diplomate, l'autre avec l'épée du soldat, tous deux avec leur loyauté de gentilshommes fidèles, parce que l'honneur leur commandait de suivre et de défendre, dans la mauvaise fortune, le drapeau de leur souverain légitime ; — mais, l'un et l'autre, ils ont écrit des œuvres classées, chacune dans son genre, au rang des chefs-d'œuvre de notre littérature nationale ; l'un et l'autre, ils sont les égaux des plus illustres écrivains français. —

L'Académie française a consacré le plus grand, Joseph, en le choisissant comme sujet du prix d'éloquence ; un enfant de la Savoie (1), disons-le en passant non sans orgueil, a mérité la palme. — En 1894, elle a attesté une fois de plus son admiration pour l'homme et pour l'écrivain en couronnant un modeste essai sur ses années de jeunesse (2).

L'aréopage des immortels a ainsi fixé l'opinion du monde littéraire. Depuis vingt ans, en effet, l'auteur des *Soirées de Saint-Pétersbourg* est peut-être l'homme qui a inspiré et qui inspire encore chaque jour le plus de « spéculations » et d'études. Ouvrages de longue haleine, articles de revue, citations dans les polémiques courantes : Joseph de Maistre est partout. On dirait un contemporain tant il vit parmi nous du fond de sa tombe. Pour n'en citer que quelques-uns, MM. de Margerie, de Lescure, de Paillette, ont publié sur lui des études attrayantes.

Arsène Houssaye l'a admis à siéger sur son 41me fauteuil. M. Cogordan vient de le fixer dans la galerie des grands écrivains français, de la collection Hachette. Des cercles et des conférences de jeunes hommes le prennent pour parrain. Des adversaires mêmes de ses idées, tels que Auguste Comte, Sainte-Beuve, Albert Blanc, Emile Faguet, Paulhan, ont admiré en lui l'acuité de l'esprit, l'élévation du cœur et l'éclat

(1) M. Michel Revon.
(2) *Joseph de Maistre avant la Révolution.* — Souvenirs de la société d'autrefois. — *1er prix Monthyon.*

du style. Le journal le *Temps* l'a salué comme l'une des gloires les plus pures de la littérature française. M. Spuller, quand il a été surpris par la mort, mettait la dernière main à une étude philosophique et littéraire sur le grand Savoyard.

La série n'est pas épuisée : soit à Paris, soit en Savoie, nombre d'hommes distingués se sont passionné pour cette superbe figure, devenue en quelque sorte classique, et l'étudient sous de nouveaux aspects (1) ; car ses aspects sont iné-puisables, et elle appartient au monde qui pense comme les personnages héroïques de l'antiquité appartiennent à la statuaire, en lui fournissant depuis des siècles le sujet d'inspirations sans cesse rajeunies et renouvelées.

Ce que les adversaires même des doctrines de Joseph de Maistre admirent en lui, c'est, non seulement la hauteur du génie, mais la grandeur du caractère. On peut citer à cet égard un témoignage non suspect, celui de M. Jules Philippe, ancien préfet de la Haute-Savoie. Dans ses *Gloires de la Savoie*, publiées en 1863, il s'expri-mait ainsi sur le compte de notre illustre com-patriote :

(1) Notre ami regretté, M. Eugène Grasset, entre autres, a laissé sur Joseph de Maistre, envisagé comme philosophe et écrivain politique, un manuscrit de haute valeur. Cet ouvrage posthume est actuellement sous presse à l'Imprimerie Savoisienne et paraîtra en même temps que le *Livre d'or du Monument de Maistre*, sous le titre de *Joseph de Maistre, sa vie et son œuvre*.

« Ce qui frappe le plus dans la vie politique de
Joseph de Maistre, c'est ce dévouement complet,
absolu envers son roi, dévouement dont il donna
des preuves si éclatantes. Dans tous les partis,
dans toutes les opinions, l'abnégation sincère
en faveur d'un principe est chose qui commande
le respect et l'admiration.

« Comment ne pas se découvrir devant un
homme qui, sans appui matériel, sans autre
fortune que son intelligence, représentant d'un
roi qui n'en est plus un, défend pied à pied les
intérêts de ce roi de droit, mais non de fait? Il
frappe à toutes les portes royales ou impériales,
poussé par la seule idée d'accomplir son devoir ;
il crie partout le nom de son souverain. Aussi
n'est-il point étonnant de l'entendre répondre à
un personnage qui, après les conférences de
Tilsitt et d'Erfurt, lui demandait ce qu'il allait
faire : « Tant qu'il y aura une Maison de Savoie
« et qu'elle voudra agréer mes services, je res-
« terai tel que vous me voyez. »

Quant à Xavier de Maistre, arrivé à la célébrité plus vite que son grand frère, il suit,
comme il le disait, son petit bonhomme de
chemin ; et s'il n'a pas grandi dans les mêmes
proportions que Joseph, s'il n'éclaire pas comme
un soleil toute une société et tout un monde, il
ne diminue pas à son contact, il participe à sa
gloire tout en conservant son individualité
propre. L'on dirait vraiment que, y eût-il entre
eux la distance qui sépare un Balmat d'un Saus-

sure, on ne les conçoit pas l'un sans l'autre dans la ville où ils sont nés, — pas plus que dans le panthéon littéraire où ils sont entrés par la même porte, associés aux mêmes douleurs, aux mêmes épreuves, aux mêmes triomphes ; pratiquant l'un et l'autre avec la même ferveur la religion de la fidélité ; ne parlant pas l'un et l'autre la même langue, pourrait-on dire, mais ayant honoré et embelli la même langue : l'un par l'éclat supérieur du génie, l'autre avec le charme d'un talent supérieur.

IV

Telles étaient, en résumé, les considérations que M. François Descostes, chargé par l'Académie de lui présenter un rapport sur le projet, développait dans la séance du 13 décembre 1894.

Les conclusions de ce rapport furent énergiquement soutenues par M. le président d'Arcollières, M. André Perrin, M. Revil et M. le chanoine Mailland. La question, pourtant, ne laissait pas que d'être délicate et une discussion fort intéressante s'engagea à ce sujet au sein de l'Académie de Savoie. Cette discussion n'a plus qu'un intérêt rétrospectif : il importe néanmoins de la rappeler succinctement.

Certains membres de l'Académie,— et non des moins éminents, — M. le général Borson et M. Ernest Arminjon, en proie à des préoccupations que l'on pouvait ne pas partager, mais qui étaient des plus respectables, se demandaient, en effet, si cette réunion de deux figures aussi disparates que celles de Joseph et de Xavier n'offrirait pas de graves inconvénients au double point de vue des convenances historiques et des difficultés artistiques.

Pour eux, le grand de Maistre est un géant de telle taille et de telle envergure qu'il doit se dresser seul sur le socle d'une statue unique, le front découvert, le regard au ciel : c'est un prophète qui domine de cent coudées l'humouriste aimable et le philosophe distrait que fut Xavier. L'art vit avant tout de simplicité, de clarté et de précision. Que dirait-on d'un groupe où, aux côtés de Napoléon Ier, figurerait un de ses frères ou le plus illustre de ses généraux? Sur la toile, la juxtaposition se justifie, les satellites faisant ressortir l'étoile ; mais, coulée en bronze, elle formerait un accouplement bizarre, choquant, une sorte d'hérésie artistique. Joseph de Maistre est, lui aussi, un génie : on n'entrevoit pas l'auteur des *Soirées* ailleurs que sur les sommets et dans la solitude sereine de ses pensées. C'est une idée simple, claire, précise et grande. Joseph accolé à Xavier, lisant le manuscrit du *Voyage autour de ma chambre*, ou dans toute autre position similaire, n'est plus qu'un homme ordinaire descendant de la nue pour jouer son rôle dans

une scène de famille. N'est-ce pas le rapetisser,
l'amoindrir? N'est-ce pas en même temps placer
Xavier dans l'alternative d'être ou un comparse
ou un personnage grandi outre mesure, au mé-
pris de la loi des proportions?

A ces objections qui avaient leur gravité, les
partisans des deux statues répondirent que, dis-
cutable sinon déplacé partout ailleurs, le rapprochement de ces deux belles figures serait tout
naturel dans l'enceinte où les de Maistre sont
nés. La ville natale n'est-elle pas comme un
prolongement, comme le cadre agrandi du foyer?
Il ne peut dès lors nous déplaire, disaient-ils,
que le témoignage de la reconnaissance patriotique de la Savoie envers ses deux plus illustres
enfants ait un caractère *familial*. Le souvenir
que nous voulons perpétuer est précisément
celui de ces deux frères qui, nés dans la même
maison à quelques années d'intervalle, élevés
dans les mêmes principes, unis par la même
affection, ayant servi la même cause, suivi la
même route, habité ce même grand pays devenu
de nos jours l'allié de la France et le gardien de
la paix européenne, se sont l'un et l'autre illus-
trés en écrivant dans la même langue et qui,
comme les deux Corneille, sont entrés, en se
donnant la main, dans l'immortalité.

Et ce sera précisément à l'artiste de marquer
dans son œuvre la distance qui les sépare et de
rechercher la disposition sculpturale qui nous
fera apparaître, dans l'un, le génie profond et

superbe, dans l'autre, l'inspiration gracieuse et ailée. Le problème n'a rien d'insoluble, il est fait pour tenter les ouvriers de talent qui ne manqueront pas à pareille entreprise. Si l'on a pu réunir en un seul groupe Gœthe et Schiller au-delà du Rhin, Saussure et Balmat au pied du Mont-Blanc, pourquoi ne nous représenterait-on pas Joseph et Xavier de Maistre à Chambéry, dans la posture ébauchée par Chenavard, ou gravissant ensemble les flancs de la montagne, Joseph le premier et le plus en avant, tendant la main à son frère et l'entraînant, à sa suite et sous son égide, sur le chemin de l'immortalité ; — ou bien les deux frères l'un à côté de l'autre, se donnant fraternellement la main et laissant au spectateur le soin de marquer entre leurs deux génies une distance qui n'exista jamais entre leurs deux cœurs ; — ou bien encore les deux grands écrivains déposant au pied d'un buste symbolique, qui figurerait la Patrie, l'un ses *Soirées*, l'autre son *Voyage autour de ma chambre?*...

Telles étaient les deux thèses en présence.

Dans sa séance du 10 janvier 1895, l'Académie de Savoie s'est prononcée à la majorité pour le projet des deux statues ; elle a voté l'impression du rapport présenté par M. François Descostes, à la séance du 13 décembre 1894 ; elle a voté en outre une souscription de 5,000 francs payables en cinq annuités ; et, faisant appel à tous les concours, elle a immédiatement provoqué la for-

mation d'un comité d'initiative, qui fût comme
l'émanation, comme la représentation de la Savoie faisant trève et imposant silence à toutes les
divergences politiques pour unir ses enfants
daus une pensée éminemment louable, pacifique
et féconde : honorer la terre natale dans le génie
de ses deux illustres fils.

LA MISE EN ŒUVRE

I

EN conformité de la décision prise par l'Académie de Savoie, M. le général de division Borson avait invité individuellement tous les membres de la Commission d'initiative à se réunir au Château le vendredi 10 mai 1895, à cinq heures du soir, dans la grande salle des séances.

Le Château de Chambéry en 1825,
d'après une vieille estampe.

La Commission d'initiative se composait de vingt-deux personnes, dont, en premier lieu, les six académiciens formant le bureau de l'Académie elle-même :

MM. le Général Borson, Président ;
Descostes, Vice-Président ;
D'Arcollières, Secrétaire perpétuel ;
Le Chanoine Bouchage, Secrétaire-adjoint ;
Blanchard, Trésorier ;
Perrin, Bibliothécaire.

L'Académie avait, en outre, fait appel à M. le comte Ignace de Maistre, arrière-petit-fils de Joseph de Maistre, pour représenter, au sein de la Commission, son illustre famille.

Les quinze autres membres proposés, appartenant aux corps élus, au clergé, à la presse et aux diverses sociétés littéraires, scientifiques ou artistiques de notre ville, étaient ceux dont les noms suivent :

MM. Barlet, Président de la Société centrale d'Agriculture ;
Bel, Vice-Président du Conseil général de la Savoie ;
Bérard, Conseiller général ;
Bouvier, Directeur du *Courrier des Alpes;*
Le Chanoine Burdin, Vicaire général honoraire ;
Emmanuel Denarié, Membre de l'Union artistique ;
Victor Denarié, Architecte ;
Daisay, Adjoint au Maire ;
Favier, Conseiller municipal de la ville de Chambéry;
Grasset, Président d'honneur du Cercle choral ;
Maillot, Directeur du *Patriote Savoisien;*
Michel, Professeur de littérature à l'Ecole préparatoire à l'enseignement supérieur de Chambéry ;

MM. Mugnier, Président de la Société savoisienne d'His-
toire et d'Archéologie ;
Revel, Architecte départemental ;
Révil, Président de la Société d'Histoire naturelle.

Au jour et à l'heure indiqués, les membres de la Commission étaient réunis, à l'exception de M. le Comte Ignace de Maistre et de MM. Mugnier et Revel. Tous déclaraient avec un patriotique empressement accepter la désignation flatteuse dont ils avaient été l'objet.

M. le général Borson, ayant pris place au fauteuil de la présidence, a prononcé le discours suivant :

Discours d'ouverture de M. le Général Borson.

Messieurs,

Cette réunion que l'Académie de Savoie a eu l'honneur de provoquer a pour but la constitution d'un Comité définitif en vue de l'érection sur l'une des places publiques de Chambéry d'un Monument à Joseph et Xavier de Maistre, ces fils illustres de notre cité. En vertu d'un usage reçu, c'est à son Président qu'incombe la mission flatteuse d'ouvrir cette séance et de vous souhaiter la bienvenue. Je suis heureux de vous remercier en son nom de votre empressement à répondre à son appel. Il ne pouvait en être autrement puisqu'il s'agit d'une œuvre patriotique, chère à tous les cœurs savoyards.

Je n'ai rien à ajouter à l'exposé éloquent fait par mon ami, M. Descostes, des motifs qui ont dicté à l'Académie son initiative. En sa qualité d'aînée des Sociétés littéraires et scientifiques de Chambéry, elle était dans son rôle en proposant de consacrer par une œuvre durable et pour la postérité ce qu'on pourrait appeler la prise de possession, au nom de la Savoie, de deux gloires qui lui appartiennent et qu'elle est justement fière d'apporter à la France, notre grande patrie.

Nous saluons dans Joseph de Maistre le penseur, le philosophe, dont on peut ne pas partager les idées, mais en qui on ne saurait méconnaître le génie original et profond ; le grand écrivain qui s'est créé une langue à lui, faite à l'image de sa pensée, à la fois élégante et forte, éloquente dans sa vigueur altière ou dans sa joviale familiarité, féconde en ressources dont la variété étonne, empruntant ses formes et ses aperçus aux connaissances les plus variées comme son érudition : l'histoire, la littérature, la philosophie, les sciences profanes et sacrées.

Nous saluons l'homme qui, sondant d'un regard perçant l'état psychologique de la société de son temps, armé d'une dialectique, dont la rigueur inexorable va jusqu'aux extrêmes conséquences, et d'une puissance de synthèse incomparable, a eu parfois l'intuition et comme la vision prophétique des événements. Tel est ce passage de ses *Lettres* où, parlant des dangers qui menacent la Russie par suite de l'abandon et de la confusion des principes, il prédit l'avènement d'une secte qui professera le *rienisme*.

Nous honorons aussi en Joseph de Maistre l'homme au grand et noble caractère qui a mis le dévouement inaltérable à ses principes au-dessus de la fortune, des honneurs et, ce qui est peut être plus méritoire, des légitimes intérêts de famille et des satisfactions du cœur. « Dans tous les partis, dans toutes les opinions, a écrit notre compatriote, M. Jules Philippe, dont le témoignage ne saurait être suspect, l'abnégation sincère en faveur d'un principe est chose qui commande le respect et l'admiration. »

A côté de lui, nous saluons dans Xavier de Maistre cet

esprit fin et délicat, doué d'une faculté d'observation pénétrante, jamais ni chagrine ni austère, mais empreinte
d'une douce philosophie, d'un sentiment d'humanité dont
l'accent sincère nous émeut et nous charme. Nous passons
doucement avec lui du sourire aux larmes selon qu'il
nous parle de Joannetti son fidèle serviteur, de Rosine sa
petite chienne espiègle, ou de l'ami qu'il a perdu et qu'il
espère revoir un jour: « Avec son souvenir, dit-il, une
preuve invincible de l'immortalité entre avec violence
dans mon âme et l'occupe tout entière. »

Parfois, dans ses récits, la boutade de mauvaise humeur
n'est que le voile qui cache l'émotion, comme dans ces
passages du *Voyage autour de ma chambre* où il jette
Chambéry par-dessus bord. mais que nous lui pardonnons
volontiers ; car nous sentons qu'il en usait, avec sa ville
natale comme avec un ami, sans façon, dans les heures
moroses.

Permettez-moi de vous rappeler ce charmant épisode :

L'arrivée inopinée d'un pauvre qui sonne à sa porte et
demande l'aumône avait dérangé brusquement dans son
Voyage et dans ses rêveries notre solitaire malgré lui...
« Voici, je l'avoue, nous dit-il, une occasion où j'ai eu le
plus à me plaindre de mon âme ; car elle s'oublia au point
de partager le ressentiment le plus animal (celui de Rosine
qui avait accueilli le mendiant par ses aboiements) et de
maltraiter ce pauvre innocent: — Fainéant ! allez travailler, lui dit-elle (apostrophe exécrable et inventée par
l'avare et cruelle richesse). — Monsieur, dit-il alors pour
m'attendrir, je suis de Chambéry. — Tant pis pour vous! »

Mais le calme et la pitié reprennent bien vite le dessus ;
le pauvre se fait reconnaître, la chienne le caresse, Joannetti partage avec lui son maigre dîner, Xavier s'attendrit
et ajoute : « C'est ainsi que dans mon *Voyage* je vais prenant des leçons de philosophie et d'humanité de mon
domestique et de mon chien. »

En présence de tant d'ouvrages nouveaux où, sous prétexte d'étude de l'âme, s'étalent les théories d'un pessimisme dissolvant et, sous prétexte de réalisme dans la passion, une licence corruptrice des mœurs, qui de nous, Messieurs, parmi ceux avancés dans la vie, n'a jeté en arrière un regard de sympathie et de regret sur ces chefs d'œuvre d'esprit et de goût dont la lecture a fait le charme des heures de loisir de notre jeunesse ?

Chez Joseph de Maistre, c'est la force de la pensée qui, dans son vol d'aigle, prend son essor jusqu'aux plus hauts sommets ; chez Xavier, c'est la grâce et l'humour ; chez tous deux, le même esprit de famille, le même amour du toit domestique, du pays de Savoie, du vieux Chambéry dont le souvenir les suit sur la terre d'exil à travers les vicissitudes de leur vie accidentée. Leurs écrits nous retracent l'existence provinciale de jadis et, en voyant ce qu'étaient chez nous le charme des relations sociales, le goût et la culture des lettres, en un mot le milieu intellectuel et moral où s'est formé leur génie et dont ils sont sortis, nous sommes plus fiers de notre pays.

A une époque où tous les voiles se déchirent, où chaque région, chaque ville va fouillant son passé pour y rechercher ses titres de gloire et se parer de ses souvenirs, n'est-il pas à propos de rappeler à l'étranger arrivant dans nos murs les hommes illustres auxquels notre ville a donné le jour ?

Joseph et Xavier de Maistre figurent dans le Livre d'or des représentants des lettres françaises ; et, si saint François de Sales a contribué à former notre langue et lui a donné les grâces de l'adolescence, ceux qui furent ses compatriotes, venus deux siècles après lui, ont contribué à lui faire atteindre sa perfection. Chambéry n'est pas une ville populeuse ; mais elle a toujours été et restera toujours un centre intellectuel important. Au mi-

lieu des fêtes consacrées aux exercices physiques, à l'art,
à l'agriculture, n'oublions pas que la prééminence
demeure aux choses de l'intelligence et de l'âme ; c'est la
noble tradition d'un pays fier de son passé et jaloux de
son avenir.

Tel est, Messieurs, le but pour lequel nous associons
nos efforts. Nous rencontrerons sans doute des difficultés ;
mais ce sont de celles qu'on peut vaincre par la volonté,
la persévérance et le temps. Le fait seul de cette réunion
est de bon augure, puisqu'on y voit des hommes oubliant
ce qui peut les diviser et confondus dans une même
pensée patriotique.

Pour moi, alors même qu'il ne me serait pas donné
de voir le couronnement de l'œuvre entreprise, je m'estime-
rais heureux d'en avoir salué les débuts. Enfant de Chambéry, je me félicite d'avoir pu, à un moment donné, servir
d'organe à un projet inspiré par l'amour de la Savoie.

Après ce discours qu'ont salué d'unanimes
applaudissements, et dont l'impression a été
votée, M. le général Borson a donné lecture à
l'Académie d'une lettre à lui adressée par M. le
Comte Ignace de Maistre. Celui-ci lui exprime
sa reconnaissance pour l'initiative prise par
l'Académie de Savoie, qui avait tenu à affirmer
tout d'abord le prix qu'elle attachait au concours
de la famille de Maistre et la profonde estime
dont elle est entourée dans son pays d'origine.
Tout en faisant des vœux pour le succès d'une
œuvre destinée à honorer la mémoire de son
arrière-grand-père et de son arrière-grand-oncle,
M. de Maistre ne croit pas pouvoir, par un sentiment de haute délicatesse, accepter l'honneur

qui lui était offert de figurer dans le Comité d'initiative.

M. le Président fait également connaître que MM. Mugnier et Revel, retenus à la Commission des Hospices, lui ont exprimé le très vif regret de ne pouvoir assister à cette première séance, mais lui ont promis leur concours le plus dévoué.

M. le Président, en rappelant que l'Académie de Savoie a voté en faveur de cette œuvre nationale une somme de 5,000 francs, exprime le vœu que cet exemple soit suivi et l'espoir que le Comité recevra des corps moraux et des municipalités des subventions importantes qui, jointes aux souscriptions particulières, permettront de réaliser dans un avenir relativement rapproché la somme de 75,000 francs nécessaire, d'après les premières prévisions, pour mener l'entreprise à bonne fin.

Il est ensuite procédé aux élections pour la constitution du bureau.

Ont été élus :

Président : M. le Général Borson.

Vice-Présidents : MM. Mugnier, Président de la Société d'Histoire et d'Archéologie, et Courtois d'Arcollières, Secrétaire perpétuel de l'Académie de Savoie.

Secrétaire général : M. François Descostes.

Secrétaires : MM. Michel, Professeur de littérature à l'Ecole supérieure préparatoire, et Bouvier, Rédacteur en chef du *Courrier des Alpes.*

Trésorier : M. Favier, Conseiller municipal de la ville de Chambéry.

Membres adjoints au bureau : MM. Bel, Conseiller général ; Daisay, Adjoint au Maire de la ville de Chambéry, et Grasset, Président d'honneur du Cercle choral.

M. le Marquis Salteur de la Serraz est désigné pour compléter la Commission d'initiative, qui se transforme dès aujourd'hui en Comité d'exécution avec faculté de s'adjoindre, au cours de ses travaux, les personnes dont elle jugera la collaboration utile au succès de l'œuvre et qui lui seront présentées par deux de ses membres (1).

Une discussion, à laquelle prennent part tous les membres de l'assemblée, est ouverte au sujet des voies et moyens à employer pour développer le mouvement d'opinion qui s'est produit dès la première heure en faveur du projet.

Il est décidé que toutes les Sociétés savantes de la Savoie seront invitées à y participer et à organiser des comités locaux, qu'une souscription publique sera dès à présent organisée et que les journaux de la région seront priés de l'ouvrir dans leurs colonnes.

La Commission s'ajourne à une prochaine séance pour l'examen des questions relatives à la création d'un Comité de patronage et du concours de la grande presse de Paris et de l'étranger.

(1) Registre des procès-verbaux. — *Séance d'ouverture du 10 mai 1895.*

II

La pensée, si bien traduite par M. le général Borson, a été comprise par tout le monde, à Paris, en province et dans nos deux départements. Il n'y a pas un journal, quelle qu'en soit la nuance, qui n'ait applaudi à la généreuse résolution prise par l'Académie de Savoie et qui n'ait apporté à l'œuvre du Monument de Maistre le concours dévoué de la publicité de ses colonnes.

A Chambéry tout spécialement, le *Patriote* et le *Courrier des Alpes*, l'*Indicateur savoisien* et la *Semaine religieuse*, le *Savoyard républicain* et la *Croix de Savoie*, — se tendant la main dans une sorte d'armistice du patriotisme, — ont ouvert des souscriptions, enregistré pas à pas les progrès de l'œuvre et n'ont négligé aucune occasion de la recommander aux sympathies de tous les patriotes éclairés.

A l'étranger, des encouragements précieux nous sont venus du *Journal de Genève*. D'Aoste, la patrie de cet infortuné Bernard Guasco, le *Lépreux*, que la plume de Xavier de Maistre a immortalisé et qui mourut dans sa tour le 3 décembre 1803(1), Mgr Duc écrivait à M. François Descostes :

(1) Fr. DESCOSTES. — *Joseph de Maistre pendant la Révolution*, chap. VII, *Le Lépreux* et *l'Elisa* de Xavier, p. 189 et suiv.

La tour du Lépreux, à Aoste.

Lettre de Monseigneur l'Evêque d'Aoste.

Monsieur l'Avocat,

L'Académie de Saint-Anselme, après avoir entendu la lecture de votre rapport, a délibéré de prendre l'initiative d'une souscription dans la vallée d'Aoste pour le monument que la Savoie se propose d'élever à Joseph et à Xavier de Maistre.

Les de Maistre nous appartiennent aussi et un rayon de leur gloire rejaillit sur notre vallée, qui fut leur patrie adoptive pendant les tristes jours de l'exil, sur notre ville qu'ils ont illustrée par leur plume et sur le diocèse qui compte dans la série de ses évêques un membre de cette illustre famille. A tous ces titres, les Valdôtains ne sauraient être indifférents à l'appel que vous leur adressez.

La part que nous prendrons à l'érection de ce monument sera bien modeste ; mais elle vous dira nos affectueux souvenirs pour la vieille Savoie, notre reconnaissance et notre admiration pour les deux grands écrivains qu'elle a produits.

Agréez, Monsieur le commandeur, les sentiments de ma considération distinguée.

† Auguste, *Evêque* (1).

---

(1) Le Secrétaire général du Comité a répondu à cette gracieuse missive dans les termes suivants :

« Monseigneur,

« L'Académie de Savoie et le Comité du Monument de Maistre, profondément touchés du témoignage de confraternité et de bon voisinage que l'Académie de Saint-Anselme vient de leur donner, me charge d'exprimer à Votre Grandeur leurs sentiments de profonde reconnaissance. Nous ne pouvions avoir de meilleur interprète qu'Elle auprès de nos distingués collègues de la vallée d'Aoste. Les uns et les autres, nous nous rappellerons que, si bien nous appartenons maintenant à deux nationalités différentes, nous avons des siècles d'histoire et de vie commune, que nous parlons la même langue, et que le grand souvenir de Joseph et de Xavier de Maistre forme entre nous un trait d'union particulièrement étroit. Nous remercions l'Académie de Saint-Anselme de l'avoir resserré encore par la délicate et généreuse détermination

A Paris, l'approbation de la presse a été unanime ; il nous faut tout particulièrement signaler
le précieux concours de l'*Univers*, du *Nouvelliste
de Lyon*, du *Nouvelliste de Bordeaux*, qui ont
ouvert dans leurs colonnes des souscriptions
spéciales, et du *Figaro*, où l'un de nos meilleurs
écrivains, M. Ernest Daudet, a consacré à notre
projet de monument un article magistral.

III

Durant ses quatre années d'existence, le Comité
du Monument de Maistre a tenu en tout vingt-
deux séances, indépendamment de celle d'ouverture :

Quatre séances de bureau, les 12 juin et 8
juillet 1895, 6 mars 1896 et 29 octobre 1897 ;

Dix-huit séances plénières, les 18 juillet 1895 ;
15 juin, 29 juillet, 9 et 25 août, 22 décembre
1896 ; 9 février, 1er mai, 26 juin, 22 octobre 1897 ;
26 mars, 2 et 23 juillet 1898 ; 6 janvier, 4 mai, 19
juin, 29 juillet et 16 août 1899.

dont Votre Grandeur a daigné Elle-même me donner la bonne
nouvelle. Je La prie en mon nom personnel de vouloir bien
agréer l'expression de ma vive gratitude et l'hommage des
sentiments de profonde vénération avec lesquels j'ai l'honneur
de me dire

« Son très humble et très obéissant serviteur

« Fr. Descostes. »

4.

Le Comité a tout fait au grand jour, sous les yeux du public et sous le contrôle de l'opinion. Les procès-verbaux de ses séances ont été publiés par les journaux. Il suffira de les résumer brièvement pour retracer l'historique exact de son œuvre.

Les séances tenues, soit par le Bureau seul, soit par le Comité tout entier, en 1895, ont eu pour objet l'organisation de la souscription publique et les démarches à faire dans le but d'obtenir le concours pécuniaire de la Ville de Chambéry et du Conseil général de la Savoie.

La façade méridionale du Château.
Pavillon central et salle du Conseil général.

Cette dernière Assemblée a presque immédiatement répondu à l'appel du Comité. Dans sa séance du 23 avril 1895, elle émettait un premier vote de principe ainsi relaté au procès-verbal :

Conseil général. — Séance du 23 Avril 1895.

Erection d'un Monument a Joseph et Xavier de Maistre

M. le Président soumet au Conseil une demande de **M.** Descostes, vice-président de l'Académie de Savoie, qui sollicite une subvention du département pour l'érection, à Chambéry, d'un monument à la mémoire de Joseph et Xavier de Maistre.

M. Antoine Perrier estime qu'il n'est pas possible, quant à **présent**, de fixer le chiffre du concours du département; il est **nécessaire** d'attendre qu'un projet de monument ait été établi et que le montant approximatif de la dépense soit connu. Il propose de voter en principe la participation du département à l'érection du monument projeté et d'ajourner toute décision en ce qui concerne le chiffre du crédit à allouer.

Vote : Le Conseil, à l'unanimité, adopte cette proposition.

Le bel exemple donné par le Conseil général de la Savoie n'a pas tardé à être suivi par le Conseil municipal de Chambéry, qui, à la fin de la même année, dans la séance du 27 décembre 1895, a voté d'emblée, et sans en rien retrancher, le subside de 15,000 francs qui lui était demandé.

M. François Descostes, membre du Conseil municipal et secrétaire général du Comité du Monument, a présenté, à l'appui de la demande de subsides, les observations suivantes :

*Discours de M. François Descostes au Conseil municipal
de Chambéry.*

Messieurs,

L'Académie de Savoie a eu l'honneur de faire hommage
à chacun d'entre vous d'un exemplaire du rapport dont
elle a adopté les conclusions tendant à l'érection, sur une
de nos places, d'un monument destiné à honorer la
mémoire de Joseph et de Xavier de Maistre.

Ce rapport a mis en pleine lumière le caractère de cette
entreprise, le but que poursuivent ceux qui s'en sont fait
les promoteurs et les raisons d'ordres divers qui militent
en faveur de sa prompte réalisation.

L'entreprise, — tout le monde est d'accord sur ce point,
— n'a, ni de près ni de loin, le caractère d'une manifestation politique... Quand je dis *tout le monde*, je parle de
tous les esprits que n'aveuglent pas certains préjugés et
qui veulent se donner la peine de réfléchir sans passion
ni parti pris... Il s'agit purement et simplement, en nous
plaçant sur un terrain où nous pouvons tous nous tendre
fraternellement la main, de glorifier dans nos deux illustres compatriotes, chez l'un, le génie, chez l'autre, un
talent supérieur, chez tous les deux, de belles figures, d'une
physionomie différente, mais ayant l'une et l'autre pris
place parmi celles des écrivains de premier rang dont la
France s'honore.

Un large mouvement de décentralisation, auquel il faut
applaudir et coopérer, se produit en ce moment dans le
pays tout entier. Chaque région voit éclore des syndicats
d'intérêt local. Aujourd'hui même a eu lieu, dans une
des salles de notre Hôtel-de-Ville, la première réunion de
celui qui est dû à la généreuse initiative de quelques-uns

de nos concitoyens (1). On a compris que la province doit faire valoir elle-même ses richesses pour lutter avec quelque efficacité contre l'accaparement de la capitale et pour collaborer plus utilement à la prospérité et à la grandeur de la patrie.

De toutes parts, les villes, grandes ou petites, voire même les simples bourgades, rivalisant de zèle et d'enthousiasme patriotique, élèvent des statues à ceux de leurs enfants qui les ont honorés dans une branche quelconque de l'activité humaine, lettres, sciences ou arts, et qui ont ainsi accru le patrimoine national.

Bien des hommes remarquables, à coup sûr, mais qui n'ont point tous la taille, l'envergure, l'universelle célébrité des deux de Maistre, ont été l'objet de distinctions de cette nature. Il suffira de citer dans notre pays, à côté de Berthollet à Annecy, Fodéré à Saint-Jean de Maurienne, Balmat à Chamonix, Sommeiller à Saint-Jeoire, et tout récemment, dans d'autres parties de la France, Renaudot, le doyen des journalistes français, le comte de Montalivet, l'ancien ministre du premier Empire, le général Marbot, l'auteur des fameux *Mémoires*, Meissonier, le peintre de l'épopée impériale, Emile Augier, le romancier cher aux femmes..... Quel est, parmi les membres de cette dernière promotion, celui qui peut être comparé à un Joseph et même à un Xavier de Maistre ?

Il nous a donc semblé que l'heure était venue de répa

---

(1) Le *Syndicat d'Initiative de la Savoie*, fondé le 27 décembre 1895, a dès lors tenu largement ses promesses. En cinq années d'exercice, il a puissamment contribué à augmenter le mouvement des voyageurs dans notre région, à améliorer le régime des hôtels et à favoriser la divulgation des beautés naturelles des Alpes françaises. Le Comité du Monument de Maistre lui est reconnaissant de la place qu'il a donnée à son œuvre dans ses intéressantes publications.

rer à l'égard des deux grands hommes, qui sont nés tous les deux à Chambéry, sur la place même de l'Hôtel-de-Ville (1), un oubli et une indifférence qui n'avaient que trop longtemps duré et de mettre enfin à exécution l'idée qu'émettait, en 1867, Chenavard, le décorateur du Panthéon, alors qu'il était l'hôte de son ami Lanfrey. Si Joseph de Maistre peut être combattu et s'il l'a été au point de vue des idées et des doctrines, il n'a pas, en effet, de détracteurs ni d'ennemis quand il s'agit d'apprécier son style étincelant, son génie d'écrivain, la grandeur de son caractère et la pureté de sa vie.

Ses adversaires politiques ou philosophiques eux-mêmes sont, à ce point de vue, au nombre de ses plus fervents admirateurs. Il nous suffira de citer Auguste Comte, le chef de l'école positiviste, Sainte-Beuve, Albert Blanc, Paulhan, Emile Faguet, Marc Debrit, Raymond Michel, les écrivains du *Journal des Débats*, du *Temps*, du *Journal de Genève*. Joseph de Maistre a aimé la France, s'il ne l'a pas servie autrement que par sa plume en écrivant sur elle, ainsi qu'on l'a dit, les pages les plus belles, peut-être, que la France ait inspirées. S'il est resté fidèle à son serment, n'en étant pas délié comme nous l'avons été nous-mêmes, qui oserait le lui reprocher ? Jules Philippe, l'ancien préfet du 4 septembre, s'est chargé de la réponse : « Dans tous les partis, dans toutes les opinions, l'abnégation sincère en faveur d'un principe est chose qui commande le respect et l'admiration (2). »

Xavier de Maistre, qui a remué moins d'idées, qui a joué un rôle plus effacé et qui est monté moins haut, a écrit deux chefs-d'œuvre de la littérature humoristique et sentimentale : le *Voyage autour de ma chambre* et le *Lépreux de la cité d'Aoste*.

(1) L'ancienne place de Lans.
(2) *Les Gloires de la Savoie*.

Tous les deux, avec l'éloignement et le recul des années, sont entrés dans l'immortalité ; ils ne suscitent plus de passions ni de querelles ; ils ne provoquent plus, comme hommes et comme écrivains, que l'universel hommage des âmes éprises d'idéal et même des simples partisans du beau, sous quelque forme qu'il se manifeste.

Ce sentiment nous explique, Messieurs, l'accueil unanimement favorable qui a été fait au projet de l'Académie de Savoie, aussitôt que le public en a été saisi.

A Paris, dans les départements, en Savoie, à l'étranger, tous les principaux organes de l'opinion, sans distinction de nuances, ont nettement encouragé notre initiative. De Saïgon, nous recevions tout récemment un témoignage touchant du patriotisme savoyard. Tous nos compatriotes de Cochinchine, fonctionnaires, négociants, artisans, simples ouvriers, se sont cotisés pour nous adresser une souscription de 185 francs. Ces cent quatre-vingt-cinq francs valent leur pesant d'or ; ils sont prélevés sur la modique journée des enfants du peuple, des fils de la montagne qui, aux bords de la grande mer, n'oublient pas le pays natal, ses horizons ni ses gloires, et, y pensant de loin, les voient de plus haut. .

A Chambéry spécialement, il n'y a pas eu dans la presse une note discordante. Le *Patriote* et l'*Indicateur Savoisien* ont uni leur voix à celle du *Courrier des Alpes*. Le *Patriote* même, allant plus loin que les promoteurs du projet, a défendu la thèse, très soutenable d'ailleurs, d'une statue unique à Joseph de Maistre, à raison de la hauteur de sa taille et de la distance dont Xavier, son cadet et son filleul, en est séparé.

Tenant compte de l'éclectisme des concours qui s'offraient de toutes parts à elle, l'Académie de Savoie a provoqué la nomination d'un Comité d'initiative, dans lequel toutes les opinions sont représentées ; une large place y a été faite, comme de juste, à la Municipalité de Chambéry.

Malgré la modicité de ses ressources, l'Académie n'a pas hésité à souscrire pour une somme de 5,000 francs ; et le Conseil général de la Savoie, à l'unanimité et par un vote qui l'honore, a décidé à sa dernière session, sur la proposition de MM. Bérard et Berthet, qu'il contribuerait à cette œuvre nationale dans une mesure qu'il déterminera ultérieurement.

C'est dans ces conditions, Messieurs, que l'Académie de Savoie et le Comité d'exécution, après avoir fait une démarche officielle auprès de M. le Maire, viennent demander au Conseil de vouloir bien aider leur patriotique entreprise par une large subvention proportionnée à l'honneur qui en rejaillira en premier lieu et principalement sur notre ville de Chambéry.

Qu'est-ce qui fait l'ornement d'une ville ? Qu'est-ce qui lui donne un rang, un classement, une place privilégiée dans un pays, sinon ses monuments et les statues de ses grands hommes ?

Chambéry est loin d'être pauvre sous ce rapport. Nous avons le vieux Château, où est né Emmanuel-Philibert, et sa merveilleuse chapelle, dont la restauration est en cours : la Cathédrale, le portail Saint Dominique, la statue du général de Boigne, celle du président Favre, qui lui est bien supérieure au point de vue artistique, le monument du Centenaire, qui, soit dit en passant, eût beaucoup gagné, sous ses formes massives, à être placé dans une autre perspective et sur un autre fond.

C'est assurément quelque chose et beaucoup de villes plus importantes que la nôtre ne pourraient en offrir autant ; mais ne pensez-vous pas qu'un groupe, tel que celui que nous vous demandons d'encourager, jettera un lustre de plus sur notre chère cité ? Ne sera-t-il pas

comme une leçon de choses en bronze qui enseignera à
nos compatriotes dans quelle langue nous parlions avant
de nous asseoir à la table de famille ?... Les légendes
absurdes, qui ont eu trop longtemps cours au sujet de la
Savoie et dont l'écho vient encore de retentir dans un
grand journal parisien, seront bien près de disparaître
quand le visiteur, en parcourant nos rues, reconnaîtra

Le Château en 1898.
Le perron avant le Monument.

dans ces deux Savoyards, dans ces deux Chambériens,
debout sur un socle de marbre de Curienne, deux des
plus grands écrivains français, et, dominant l'autre, celui
que l'Académie française vient de consacrer, auquel elle
a donné, à lui aussi, ses lettres de grande naturalisation
en le choisissant comme sujet de l'un de ses derniers prix
d'éloquence, qui a été, ainsi que nous le savons tous,
décerné à l'un des nôtres, M. Michel Revon.

La Municipalité de Chambéry répondra donc au vœu

de la population, non pas en se bornant à accorder son
appui platonique au projet, mais en coopérant à l'œuvre
elle-même, d'une façon large et digne d'elle, par une contribution proportionnée au bénéfice moral et matériel que
notre ville est appelée à en retirer.

Il est inutile d'insister sur le bénéfice moral, sur le sur-
croît de bonne renommée qui en résulteront ; mais le bénéfice matériel est non moins certain, non moins palpable et
il est facile d'en mettre en lumière les divers éléments.

Chambéry a la prétention légitime d'obéir à la loi du
progrès. Vous voulez rendre ses aspects plus attrayants,
créer de nouveaux quartiers ; mais, ce qui est peut-être plus
urgent et plus important encore, c'est de ne pas oublier les
anciens, qui constituent vraiment la cité, d'y pratiquer de
larges trouées qui, à la fois, les embellissent, les régula-
risent et les assainissent, conserver enfin à notre vieux
Chambéry sa physionomie d'ancienne capitale tout en
lui donnant celle d'une ville moderne. Sous ce rapport,
Messieurs, vous avez déjà beaucoup fait. Nous voulons
tous, — et sur un pareil terrain il n'y a pas entre nous
de divisions, — sinon *faire grand*, au moins réaliser ce
qu'il nous est permis d'entreprendre raisonnablement
dans la limite de nos ressources : améliorer les conditions
hygiéniques de la vie, prévenir les épidémies, diminuer
la mortalité, et, s'il se peut, attirer et retenir chez nous le
plus grand nombre possible d'habitants en imitant de loin
l'exemple de Grenoble et en accentuant le cachet de distinction intellectuelle qui, de tout temps, a été propre à
la ville de Chambéry.

S'il en est ainsi, il est nécessaire que nous offrions aux
regards de nos visiteurs des monuments qui augmentent
le charme de leur séjour, parlent à leur esprit, provoquent
des réflexions flatteuses et impriment, soit aux anciens,
soit aux nouveaux quartiers, une note originale, quelque

chose qui ne se rencontre pas partout et qui leur fasse
dire que Chambéry n'est pas un banal chef-lieu de dépar
tement, une station de chemin de fer possédant ses
édifices réglementaires avec l'estampille de l'architecture
officielle, mais bien un centre intellectuel ayant ses
sociétés littéraires, scientifiques, artistiques, et pouvant
orner ses places avec autre chose que des reverbères dernier modèle, des réclames à Zola ou au Quinquina
Dubonnet et des bâtisses plus ou moins bien alignées par
la voirie municipale.

Le square de Maistre deviendra tout naturellement l'un
des principaux attraits de la cité nouvelle qui doit s'élever
un jour, si certains projets se réalisent, sur les terrains
des Hospices. Placé à l'extrémité, près des bords de la
Leysse, dans l'axe de la rue de Boigne, le monument fera
face au Château, qui ferme l'horizon au couchant, et contribuera ainsi pour une très large part à la décoration
permanente de la ville. Ou bien encore, il pourra être
aussi heureusement édifié sur la place du Château elle-
même, en modifiant légèrement la structure et les dispositions de l'escalier actuel...

Ce sont là, d'ailleurs, des questions prématurées et que
nous nous bornons pour le moment à réserver. Ce qu'il
importe de retenir, c'est que la municipalité intelligente
et patriote de notre ville ne peut et ne doit se désintéres-
ser d'un pareil projet.

La contribution sollicitée d'elle n'est, en réalité, qu'une
avance, un placement de tout repos et de bon père de
famille, dont il lui sera facile de retrouver bien vite le
capital, augmenté de gros intérêts.

Dans quelques années d'ici, lorsque nous aurons réuni
les fonds nécessaires et que le monument sera achevé, de
grandes fêtes seront célébrées pour son inauguration.
L'Académie française y sera certainement représentée ;

un programme de réjouissances publiques, un congrès de sociétés littéraires et savantes attireront à ce moment à Chambéry, non seulement une énorme affluence de curieux, mais l'élite du monde intelligent de la France et de l'étranger. Les félibres de Provence viendront y chanter dans la langue de Mistral. Un festival monstre et un nouveau concours musical pourront avoir lieu à cette occasion. Nous choisirons, comme pour le dernier, qui a obtenu un si éclatant succès, l'époque de l'année où les touristes affluent dans nos montagnes, le commencement des vacances, alors que les caravanes scolaires se mettent en route...

Nul doute que des milliers de visiteurs ne se donnent alors rendez-vous dans notre ville. Ce sera pour le commerce et pour l'industrie locale, qui ont tant à lutter contre l'accaparement des grands magasins, non seulement une source de gros bénéfices immédiats, mais le point de départ de relations nouvelles, de débouchés nouveaux et de la mise en rapport de ce capital latent qui réside dans les aspects d'un pays, ses horizons, ses sites, ses traditions, ses souvenirs, ses gloires, sa culture intellectuelle et son histoire.

Le principe même de la contribution de la ville à l'érection du monument étant ainsi justifié, il ne s'agit plus que d'en déterminer l'importance.

A cet égard, une première observation s'impose : c'est que, le monument devenant une propriété de la Ville et devant servir à perpétuité à l'orner et à l'embellir, il paraît juste que la Ville souscrive pour un chiffre proportionné à la valeur de l'objet acquis et à la dépense totale.

Or, cette dépense ne paraît pas pouvoir être moindre de 75 à 80,000 francs, si l'on retient qu'il s'agit non pas d'un ou de deux bustes, mais d'un groupe à deux personnages en pied, comportant par conséquent deux statues sur un socle approprié, ornementé de bas-reliefs en marbre et entouré d'une pelouse ovoïde ou rectangulaire comme l'est la statue du président Favre.

Cette statue elle-même va nous fournir un précieux élément de comparaison.

La dépense totale n'a pas dû dépasser 50,000 francs. Or il résulte des recherches faites dans les archives municipales que la Ville y a contribué, en chiffres ronds, pour 13,500 francs en quatre annuités.

Dans ces conditions, nous demanderons au Conseil de vouloir bien voter dès aujourd'hui, d'une façon ferme, un subside de 15,000 francs et, afin d'en rendre le paiement plus facile et de grever d'une façon moins lourde les finances municipales, nous lui proposerons de répartir ce subside en cinq annuités de 3,000 francs ; ce qui nous permettra, au moyen de l'amortissement résultant du placement annuel des fonds votés jusqu'à l'achèvement de l'œuvre, de réduire la dépense effective à une somme moindre que le capital voté.

Le Conseil n'a pas hésité à accorder récemment un subside de 20,000 francs pour un concours musical ; et ce n'est, certes, pas nous qui nous permettrons de l'en blâmer. Il y a, en effet, des occasions où il faut savoir semer pour recueillir : c'est là un principe de bonne et prévoyante administration. Dans le cas particulier, les recettes de l'octroi municipal ont bien vite comblé la dépense ; mais nous tirerons de ce précédent un argument de plus qui viendra à l'appui de notre thèse.

Si le Conseil a voté 20,000 francs en bloc pour une solennité musicale qui n'a laissé après elle que d'harmonieux souvenirs et un témoignage de la façon dont *les Ecossais de Chambéry*, ainsi qu'on nous a appelés, entendent les devoirs de l'hospitalité, il ne doit pas hésiter à voter une somme inférieure répartie sur cinq exercices, pour un monument dont l'inauguration rapportera certainement à la population de plus gros bénéfices qu'un simple concours et qui, de plus, restera comme le témoignage vivant de l'intelligence, du patriotisme et de la largeur de vues des édiles dont le vote aura le plus contribué à en assurer l'édification.

Je terminerai, Messieurs, par un rapprochement qui sera pour le Conseil municipal de Chambéry à la fois un précédent et l'indication du parti auquel il doit se rallier. En ce moment-ci, sur l'initiative d'un député radical, l'honorable M. Pourquery de Boisserin, maire d'Avignon, l'intelligente et libérale municipalité de cette ville vient de prendre l'initiative d'un projet gigantesque : celui de transformer l'ancien Palais des papes en Musée de la chrétienté.

Notre ambition, à nous, est plus modeste.

Nous vous demandons simplement de contribuer, par une subvention de quelques milliers de francs, à l'érection d'un monument qui embellira notre ville et la grandira aux yeux de la mère-patrie. Le pays tout entier vous en sera reconnaissant ; vous attacherez à une œuvre durable et utile le souvenir de votre passage aux affaires ; et ce sera un honneur impérissable pour la républicaine municipalité de Chambéry que d'avoir su s'élever au-dessus des préoccupations mesquines des gens à courte vue pour honorer comme il convenait deux Savoyards qui, par leur génie et leurs chefs-d'œuvre, sont devenus deux des gloires littéraires les plus éclatantes de la patrie française.

Ainsi que l'a dit l'orateur, dans le discours que nous venons de rapporter, le vote du 25 décembre 1895 restera bien le témoignage vivant de l'intelligence, du patriotisme et de la largeur de vue de la Municipalité de Chambéry.

IV

Quelques mois après, dans la séance du 14 avril, le Conseil général de la Savoie, sur la proposition de MM. Louis Bérard et Berthet (1), a fixé à la somme de 5,000 francs la contribution dont il avait voté le principe en 1895.

Ce vote est ainsi mentionné au registre des procès-verbaux :

Monument de Maistre. — M. Bérard présente le rapport suivant, au nom de la 1re Commission :

« A sa session d'avril 1895, le Conseil général a voté à l'unanimité le concours du département à l'érection d'un monument à élever, à Chambéry, aux frères Joseph et Xavier de Maistre ; il a ajourné toutefois la détermination du chiffre de ce concours, suivant en cela l'exemple de la municipalité de Chambéry.

« Cette municipalité vient de prendre sa décision sur ce point, et a voté un concours de 15,000 francs à répartir sur cinq exercices. L'Académie de Savoie, promotrice de l'œuvre, nous demande de réaliser aussi notre vote de l'an dernier et de voter 15,000 francs comme la Ville de Chambéry.

« Lorsqu'il s'agit des gloires les plus incontestées de notre pays, il serait à la fois puéril et inconvenant de discuter sur les motifs qui sollicitent notre résolution. Si, dans le domaine paisible des grâces et des lettres, Xavier règne et régnera en captivant toujours, le puissant esprit de son frère, là-même où son dogmatisme aura provoqué des adversaires, ne trouvera encore que des admirateurs.

(1) Le sympathique ancien député d'Albertville, dont l'ardent patriotisme était bien connu et qu'une mort prématurée a dès lors enlevé aux espérances que son pays avait mises en lui.

« A la hauteur où les de Maistre ont porté les lettres et la philosophie, il ne s'agit plus d'une illustration locale, dont on a peine parfois à retrouver les titres, mais bien d'une de ces gloires que la France, l'Europe, l'humanité elle-même peuvent revendiquer en en célébrant l'indiscutable éclat.

« L'on espère, on a la presque certitude d'un concours étendu à l'œuvre entreprise par l'Académie de Savoie ; la Russie elle-même où Joseph de Maistre a laissé de profonds et respectueux souvenirs, viendrait à notre aide pour l'érection d'un monument digne des hommes auxquels il est destiné. Il est convenable, nécessaire, que la souscription du premier corps élu de la Savoie soit à la hauteur de son objet et des concours qu'elle sollicite.

« L'état de nos finances, aggravé dans des proportions inquiétantes, paralyse toutefois nos efforts et votre première Commission vous propose de voter une souscription de 5,000 francs à répartir, comme l'a fait la Ville de Chambéry, en cinq annuités, qui jusqu'à l'exécution du projet, seront réparties et réservées au budget, pour être payées, moitié en cours d'exécution et moitié à la fin des travaux. »

Vote : Les propositions de la Commission sont adoptées.

V

Le Comité, s'étant ainsi assuré des généreux concours du Conseil général de la Savoie et de la Ville de Chambéry, s'est préoccupé de rendre la souscription vraiment *nationale* et a dans ce but adressé des invitations aux diverses Municipalités et aux Sociétés savantes des deux Savoie.

Nous reproduisons ici, à titre de documents, la lettre-circulaire transmise aux Conseils municipaux et celle adressée à un grand nombre de journaux et de particuliers :

VILLE DE CHAMBÉRY
(SAVOIE)

CHAMBÉRY, *le 10 Janvier 1896.*

COMITÉ
DU
Monument à élever à la mémoire
DE
JOSEPH & XAVIER DE MAISTRE

Monsieur le Maire,
Messieurs les Conseillers,

Un pays tout entier s'honore en honorant ses grands hommes.

Nous nous proposons d'élever à Chambéry un Monument à la mémoire des deux gloires littéraires de la Savoie, Joseph et Xavier de Maistre. Berthollet a sa statue à Annecy ; Fodéré, à Saint-Jean de Maurienne ; Sommeiller, à Annecy et à Saint-Jeoire. Il est juste que nos deux illustres écrivains aient la leur dans la ville où ils sont nés.

Cette entreprise purement patriotique a l'appui de tous les patriotes sincères, sans distinction d'opinions. Déjà l'Académie de Savoie a voté une subvention de 5,000 francs ; le Conseil municipal de Chambéry, une de 15,000 ; le Conseil général de la Savoie, sur la proposition conforme de M. le Préfet, une autre de 5,000. Mais nous sommes loin encore d'avoir atteint le chiffre de 75,000 francs, montant prévu de la dépense.

Nous venons donc, Messieurs, faire appel à votre généreux concours et vous prier de vouloir bien nous honorer d'une souscription de la Municipalité de votre commune, que nous serions heureux d'inscrire au nombre des bienfaiteurs d'une œuvre à laquelle est intéressée la bonne renommée de notre chère Savoie.

Veuillez agréer, Messieurs et chers Compatriotes, l'expression de nos sentiments distingués et tout dévoués.

Le Président du Comité,
Général **BORSON.**

Le Secrétaire général,
François **DESCOSTES.**

5.

VILLE DE  CHAMBÉRY

MONUMENT DE MAISTRE

CHAMBÉRY, *le 10 Janvier 1896.*

Monsieur,

L'Académie de Savoie a décidé d'élever un Monument à Joseph et à Xavier de Maistre. Elle a ouvert à cet effet une souscription nationale, en faisant appel à tous les Français qui voudront bien s'associer à ce solennel hommage.

La Municipalité de Chambéry a pensé qu'il était de son devoir de seconder l'initiative de la plus ancienne de nos Sociétés savantes et du Comité constitué par ses soins.

C'est dans cette pensée que nous venons demander à tous les amis des lettres de coopérer à l'érection d'un Monument national destiné à perpétuer la mémoire de nos deux grands écrivains.

Chambéry les a vus naître tous les deux. C'est dans leur ville natale que la statue de ces deux gloires des lettres françaises doit tout naturellement s'élever.

J'ose donc vous prier, Monsieur, de vouloir bien communiquer cette circulaire autour de vous, en demandant à vos amis leur souscription, qui sera reçue avec un profond sentiment de gratitude.

Veuillez agréer, Monsieur, avec nos remercîments, l'hommage de nos sentiments les plus distingués.

Pour le Comité du Monument :

Le Président,	*Le Secrétaire général,*
Général BORSON.	François DESCOSTES.

P.-S. — *Les fonds peuvent être envoyés au Trésorier du Comité, M. FAVIER, Banquier à Chambéry, rue d'Italie.*

Cet appel, disons-le dès à présent, a été entendu. Le cœur de la vieille Savoie ne pouvait y être insensible ; et nos lecteurs trouveront à la fin de ce volume la nomenclature éloquente des villes et communes de nos deux départements qui, avec le même empressement patriotique, ont affirmé dans cette circonstance que les souvenirs sacrés de notre antique autonomie provinciale restent vivants, en dépit du cours des années, et peuvent se concilier avec le loyalisme le plus pur.

Mais les subventions officielles ne pouvaient suffire pour mener notre entreprise à bonne fin. Il était de toute nécessité de provoquer les souscriptions individuelles, de créer dans ce but et de susciter par les conférences et par la presse, par l'action individuelle et par le livre, un puissant mouvement d'opinion qui tînt le pays en haleine et déterminât d'une façon effective le courant sur lequel nous étions en droit de compter.

Aucun des promoteurs de notre œuvre n'a sur ce point failli à la tâche que le Comité s'était imposée.

A l'Académie de Savoie, un de nos écrivains les plus spirituels et les plus distingués, toujours poète même en prose, Emmanuel Denarié, avait l'heureuse inspiration de choisir comme sujet de son discours de réception *Xavier de Maistre peintre*. M. le général Borson lui donnait la réplique dans une réponse exquise ; les deux forment deux bijoux littéraires qui, après avoir été lus et vivement appréciés dans la Savoie tout entière, ornent maintenant les *Mémoires* de l'Académie de Savoie (1).

En même temps, les études et monographies nouvelles publiées par M. François Descostes (2), à la suite de ses deux premiers volumes sur la *Jeunesse de Joseph de Maistre,* appelaient l'attention du public sur les de Maistre et favorisaient au dehors le premier élan donné à la souscription par l'Académie de Savoie, le Conseil général et le Conseil municipal de Chambéry.

Pourquoi faut-il que tous ceux qui ont collaboré aux débuts de l'œuvre n'aient pu assister à son couronnement? Hélas ! à peine le Comité était-il constitué qu'ainsi que nous l'avons dit déjà, un premier vide se produisait dans ses rangs. L'un de ses membres les plus sympathiques, M. Eugène Grasset (3), était enlevé par

(1) *Mémoires de l'Académie de Savoie,* 4e série, t. VI, p. 265 et suiv. — Séance du 25 juillet 1895.

(2) *Joseph de Maistre pendant la Révolution, — Ses débuts diplomatiques, le Marquis de Sales et les émigrés ;* chez Mame, un volume in-8°, imp. par Ducloz. — *La Révolution française vue de l'étranger ;* chez Mame (couronné par l'Académie Française, prix Thérouanne), un volume in-8°. — *Joseph de Maistre orateur;* une brochure in-8°. — *Necker jugé par le comte de Maistre ;* brochure in-16, chez André Perrin. — *Lettres inédites de Joseph de Maistre, —* Le *Correspondant* du 25 juillet 1899 ; — brochure in-8°, chez André Perrin (publiée en dernier lieu à la veille de l'inauguration du Monument.)

(3) L'*Éloge funèbre d'Eugène Grasset* a été prononcé sur sa tombe le 2 avril 1896 par son éloquent ami, M. Jacques Bourgeois. Cet Eloge a été reproduit dans le *Courrier des Alpes* du 9 avril 1896.

une mort prématurée à l'affection de sa famille
et de ses amis. Dans sa séance du 19 juin 1896,
le Comité lui donnait pour successeur M. Emile
Raymond, avocat à la Cour d'appel de Chambéry, ancien bâtonnier, petit-fils de Georges-
Marie Raymond, l'une des illustrations de la
Savoie (1).

Le 2 septembre 1896, au Congrès des Sociétés
savantes tenu à Evian-les-Bains, M. d'Arcollières, secrétaire perpétuel de l'Académie de
Savoie, consacra, dans son rapport sur les travaux de cette Société, un chapitre des plus inté-
ressants à l'œuvre entreprise par elle. Voici la
conclusion de l'orateur :

« Le jour qui verra dresser à Chambéry, très
probablement sur la place et à côté de l'ancien
château ducal, ce monument à la gloire de l'auteur des *Soirées de Saint-Pétersbourg* et de l'écrivain du *Voyage autour de ma chambre*, sera pour
l'Académie de Savoie un jour heureux. Selon
toute vraisemblance, elle ne poussera pas l'à-
propos jusqu'à s'écrier : *ære perennius ;* mais
peut-être est-elle déjà en droit, avec Horace
encore et bien d'autres après lui, d'écrire dans

(1) Le professeur Georges-Marie Raymond (1769-1839) a été
l'un des fondateurs et le premier secrétaire perpétuel de
l'Académie de Savoie. Il a prononcé à l'Académie des Sciences
de Turin un *Eloge funèbre de Joseph de Maistre*, souvent cité
par Sainte-Beuve dans ses *Causeries du Lundi*. La biographie de Georges-Marie Raymond a été écrite par le chanoine
Rendu, plus tard nommé Evêque d'Annecy. (Voir *Mémoires
de la Société royale académique de Savoie*, t. IX, p. 177.)

ses annales pour caractériser le moment présent de son existence : *Exegi monumentum.* »

Au même Congrès, M. François Descostes fit sur le même sujet une conférence qui fut peu de temps après éditée au profit de l'œuvre, avec l'extrait du rapport de M. d'Arcollières, sous le titre de *La Genèse du Monument de Maistre* (1).

M. Raymond Michel, le distingué professeur de littérature à l'Ecole supérieure préparatoire de Chambéry, étudiait, de son côté, dans une série de conférences la figure et les œuvres de Xavier de Maistre.

Enfin, au collège de Saint-Pierre d'Albigny, une séance littéraire était organisée par les soins de M. l'abbé Termier, sous la présidence de M. le général Borson, qui y prononçait un discours vivement applaudi ; et M. François Descostes y entretenait son auditoire de *Joseph de Maistre éducateur*.

VI

Cette propagande activement menée par la parole et par la plume eut les résultats les plus féconds.

Si le Comité n'obtint pas en Russie ni en Italie

(1) Chambéry, chez André Perrin, 1898.

(la vallée d'Aoste mise à part) tous les résultats qu'il était en droit d'espérer, eu égard aux services rendus par les de Maistre et aux grands souvenirs qu'ils ont dû laisser dans ces deux pays, le concours des Savoyards du dedans et du dehors fut acquis à l'œuvre avec un empressement et une unanimité tels que l'on peut résolument dire que c'est bien la Savoie qui a élevé de ses deniers le Monument de Maistre.

Le 12 novembre 1896, l'Assemblée générale des actionnaires du Grand-Cercle d'Aix-les-Bains, présidée par M. le marquis de la Serraz, votait une subvention de *10,000 francs*, sur la proposition présentée par M. Bocquin, président du Conseil d'administration, dont M. Emile Raymond avait pris l'initiative. C'est une libéralité vraiment royale et un ordre du jour spécial en a fixé le souvenir au Registre des séances du Comité.

Les Sociétés savantes de la Savoie (l'Académie de la Val-d'Isère en première ligne), l'Académie de Saint-Anselme d'Aoste, l'Académie delphinale de Grenoble, de nombreuses municipalités, tous les collèges petits-séminaires du diocèse de Chambéry ont voté des subventions proportionnées à leurs ressources. Les colonies de Savoyards établis au-delà des mers ont pris une large part à l'œuvre commune.

Les souscriptions particulières ont afflué. Il faut citer, parmi les patriotes zélés qui ont le plus contribué à les provoquer, M. Philippe Gavard, à Paris ; M. Andrémasse, à Lyon ; M. Auguste Cordier, à Bordeaux ; M. le chanoine Bovet, à Chambéry ; M. le chanoine Chevalier, à Annecy ; M. Henri Ancenay, à Albertville (1) ; MM. Gustave Charmot, Louis Pirasset et Charles Bouvier, à Thonon ; M. César Baillard, à Reignier ; M. le chanoine Borrel et M. l'abbé David-Vaudey, à Moûtiers ; M. Usannaz-Joris, à Tunis ; M. le chanoine Fruttaz, à Aoste ; M. le chanoine Vivien, à Moscou ; Mgr Dépierre et M. Rey, à Saïgon ; M. Auguste Bouchage, à Dolorès (République Argentine).

Grâce à ces divers concours, le Comité a pu réaliser en quatre années un capital de près de 55,000 francs. Au bout d'une année, il avait déjà une disponibilité de 32,000 francs et il pouvait entrer résolument dans la période d'exécution.

(1) Hélas ! au moment même où nous corrigions les épreuves de cette feuille de notre ouvrage, nous apprenions la mort inopinée de cet ami aimé et regretté de tous ceux qui l'ont connu : chrétien sans peur et sans reproche, cœur d'or, caractère enjoué, loyal et franc, esprit droit, juste et cultivé, Henri Ancenay était un type de notre vieille Savoie qu'il aimait d'un filial amour... Encore un qui manque à l'appel et qui ne sera pas remplacé !...

L'EXÉCUTION

I

N revenant quelque peu en arrière, nous allons maintenant exposer à grands traits les travaux fructueux à l'aide desquels le Comité a pu atteindre son but dans un délai dont la brièveté a dépassé toutes les espérances.

Le mode généralement adopté pour la construction d'un monument ou l'érection d'une statue consiste à ouvrir un concours entre architectes et statuaires et à donner la palme à ceux dont le projet paraît le meilleur.

Le Comité eût désiré ne pas se départir de la règle et pouvoir confier son œuvre à un artiste originaire de la Savoie ; mais un concours nécessitait l'attribution d'une certaine somme à titre de récompenses ou de primes aux auteurs du projet. Or, les ressources disponibles étaient trop limitées pour qu'on songeât à en détourner la moindre part.

Les événements se sont chargé eux-mêmes de supprimer la nécessité d'un concours et de permettre au Comité d'économiser une fraction importante du capital social.

Grâce à la publicité absolument désintéressée dont nous a gratifiés la presse de Paris et de la province, le monde des artistes avait été promptement saisi du problème à résoudre. Dès le mois de juin 1896, trois sculpteurs des plus distingués, tous ayant fait leurs preuves, MM. de Vasselot, Marius Vallet et Ernest Dubois, nous faisaient spontanément leurs offres de services.

A tous nous répondîmes qu'à l'œuvre on connaissait l'ouvrier et que le meilleur moyen de s'imposer à notre choix était de nous transmettre à bref délai une maquette aux risques et périls de l'expéditeur.

L'un d'entre eux, M. Ernest Dubois, présenté et chaudement recommandé par M. Ernest Daudet et par M. le marquis Costa de Beauregard s'est soumis à ces conditions : dès le 24 juillet, arrivant bon premier, il envoyait au Comité un projet qui devait lui rallier tous les suffrages.

Cet éminent artiste, élève de Falguières et de Chapu, première médaille au Salon de 1894, membre du jury de sculpture à l'Exposition des Champs-Elysées et lauréat de la médaille d'honneur au Salon de 1899 (1), avait préalablement

---

(1) M. Ernest Dubois a dès lors été chargé de l'exécution du Monument à élever à Bossuet dans la cathédrale de Meaux. La maquette de cette œuvre magistrale a été vivement admirée au Grand Palais des arts, lors de l'Exposition de 1900, à la suite de laquelle notre statuaire a reçu la croix de la Légion d'honneur.

demandé l'avis du Comité au sujet de la disposition à adopter pour la juxtaposition des deux figures.

M. le Secrétaire général lui répondait le 2 juin 1896 (1) :

Ernest Dubois.

« Comme assiette, un plan de rocher. — Joseph, sur un degré plus élevé, s'appuyant de la main droite sur l'épaule de Xavier ou la lui tendant comme pour lui demander de l'aider à gravir la montagne ; Xavier sur un plan inférieur, dans une attitude contemplative et admirative, tenant à la main le manuscrit du *Voyage autour de ma chambre*. Joseph dans le costume du temps,

(1) *Correspondance relative au Monument de Maistre.* — Annexe aux procès-verbaux.

drapé dans un manteau ; Xavier portant l'uniforme du régiment de la Marine au service du roi de Sardaigne. L'impression qui devrait se dégager de l'œuvre serait celle du génie supérieur de Joseph conduisant le talent plus modeste de Xavier sur le chemin de l'immortalité. »

L'artiste, tout en s'inspirant de l'idéal ainsi formulé, s'en est affranchi : prenant son vol, il a fixé Joseph et Xavier de Maistre dans un groupement et une attitude dont l'effet est saisissant. La maquette a provoqué du premier coup ce cri d'admiration involontaire qui est le propre des œuvres faites de main de maître.

Joseph de Maistre y est représenté debout sur un roc, drapé dans un manteau battu par le vent, la tête haute, l'attitude inspirée, la main droite tenant une plume et ramenée sur la poitrine, le bras gauche étendu et appuyé sur l'épaule gauche de Xavier. Celui-ci, en uniforme d'officier du régiment de la Marine, un peu en retrait et sur un plan inférieur, regarde et admire son grand frère : il tient de la main droite le manuscrit du *Voyage autour de ma chambre*. Au bas de la stèle, une femme, se dressant sur un bloc de rocher et représentant la Savoie, offre à Joseph de Maistre une couronne de chêne et à Xavier un bouquet de fleurs.

II

Dans sa séance du 9 août 1896, le Comité, à l'unanimité, vote l'adoption du projet de M. Ernest Dubois. Cette décision n'a été prise qu'après la retraite volontaire d'un des trois sculpteurs qui s'étaient mis sur les rangs, M. Marius Vallet, de Chambéry (1).

Le 25 août, M. Ernest Dubois assiste à la séance.

M. le général Borson loue sans réserve le groupe des deux frères, mais présente quelques objections au sujet de la troisième figure :

« La maquette du Monument de Maistre, exposée à Chambéry, a recueilli tous les suffrages. L'artiste a su grouper les deux frères de manière à montrer le lien d'affection qui les unissait,

---

(1) « J. Daisay, artiste-peintre, professeur au Lycée, conservateur du Musée, informe M. Descostes, secrétaire général du Monument de Maistre, que M. Marius Vallet ne présente aucun projet pour ce monument. C'est ce qui résulte d'un entretien que je viens d'avoir avec lui et je suis autorisé à le déclarer. J. D. » — *Registre des procès-verbaux*, carte annexée.

Jules Daisay, lui aussi, est venu grossir la liste des disparus. Il a pu, tout au moins, assister au couronnement de notre œuvre, à laquelle il avait apporté son dévouement de patriote et son sens artistique très affiné. C'était un peintre de talent et un collègue aimable, dont l'aménité et la courtoisie ont laissé les meilleurs souvenirs au sein du Comité.

tout en donnant à chacun d'eux sa physionomie propre. C'est vraiment la traduction par la statuaire de cette charmante expression « la grande et la petite aiguille ». Joseph, comme de raison, domine et c'est vers lui que se tourne l'attention ; sa pose est noble, un peu altière, conforme à son génie. Tout, dans le monument, indique chez l'artiste à la fois la pensée élevée, l'inspiration et l'habileté du sculpteur qui possède les qualités d'exécution et dispose avec une souveraine aisance de ses moyens d'action.

« A tous ces points de vue, l'œuvre est d'un maître. Si elle soulevait quelques timides objections, elles s'adresseraient au principe du groupement sur le même socle de deux personnages ayant leur individualité propre. La vue du monument est plus agréable peut-être, elle facilite les impressions du plus grand nombre ; mais n'est-ce pas aux dépens de l'intensité de la vie, de la personnalité de chacun ? L'observateur est distrait de l'idée-mère. C'est le dialogue opposé au monologue, le subjectif à l'objectif. Mais c'est là une thèse tout esthétique formulée d'une manière platonique par un théoricien esclave de la faculté d'abstraire et de faire méditer qui est le trait caractéristique de la statuaire ; elle ne diminue en rien le mérite de l'œuvre ; elle en signale au contraire les difficultés particulières.

« En ce qui concerne le troisième personnage, l'unanimité des suffrages est moins complète. Ce n'est pas qu'on n'y retrouve les mêmes qualités artistiques, le mouvement et la grâce. La pensée

a incontestablement du charme : c'est la Savoie
qui accourt pour donner à ses deux illustres fils
des récompenses symboliques exprimant le
caractère propre de leur mérite : la couronne au
génie du philosophe, des fleurs au talent du
conteur charmant, épris de la nature. Ajoutons
même, si l'on veut, que le contraste entre le
caractère de grâce *enlevée* du troisième person-
nagé et l'aspect grave du groupe des deux frères
cause une impression qui séduit et captive quelques esprits. La Savoie sert d'ailleurs de trait
d'union pour rattacher, par une pensée autre
que la simple parenté, les deux personnages
dont le monument doit consacrer la gloire.

« Cette part faite à l'éloge permet de formuler
quelques objections. La Savoie peut-elle bien se
reconnaître sous cette forme gracieuse sans
doute, mais bien légère ? J'ai vu à Rome et à
Florence les chefs-d'œuvre de la statuaire antique : les Muses, les Grâces, les divinités de
l'Olympe. Leur attitude respire le calme et une
certaine dignité de tenue. Elles sont en marbre
cependant, matière qui se prête bien au mouvement et à la vie, tandis que le bronze imprime
aux personnages un caractère de force et une
idée plus sérieuse.

« Je sais bien que l'art moderne s'est affranchi
de ces types archaïques en substituant l'action
au symbole, qu'il peut rajeunir et transformer ;
c'est là son droit, mais sans supprimer le lien
qui unit la pensée à son expression, l'idée à la
forme, l'âme au corps. Or, la Savoie des de

Maistre est la vieille province qui a huit siècles d'histoire, la gardienne des Alpes. Son passé est empreint d'une dignité un peu austère et sa poésie s'inspire plus de la nature sauvage que des paysages riants. Joseph de Maistre est le personnage principal, qui absorbe même un peu Xavier, il faut le reconnaître ; dès lors, la figure symbolique de la Savoie ne doit-elle pas être en harmonie avec la pensée maîtresse de l'œuvre, s'y subordonner ? Toute impression, même agréable, qui se sépare de ce point capital est une diversion de l'objectif.

« Cette personnification de la Savoie paraît donc à plusieurs gracieuse, hardie, mais d'un symbolisme un peu invraisemblable et dissonant. Ils voudraient une figure plus posée, plus sévère et dont la couronne murale, destinée à rappeler ses hauts faits, n'ait pas l'air d'un artifice de chevelure.

« N'y a-t-il pas d'inconvénient, en outre, à ce que ce personnage se présente ainsi de dos ? Pour un monument destiné à occuper une place publique et à demeurer perpétuellement exposé à la vue, ne faudrait-il pas une attitude plus reposante, moins éperdue et qui ne courre pas le risque de lasser ?

« Je termine par une considération.

« Quand une œuvre d'art a son cadre déterminé, force est à l'artiste d'en tenir compte : c'est une servitude qui s'impose. Ici, c'est l'amphithéâtre de nos montagnes, c'est notre vieux Chambéry avec sa cathédrale et son château. La

vie même des de Maistre évoque ces pensées sérieuses. Peut-être serait-il désirable que l'artiste
s'en rendît compte par lui-même. Dans tous les
cas, qu'il veuille bien ne voir dans ces quelques
lignes que le tribut d'une admiration qui, pour
raisonner trop ses impressions, n'en est pas
moins sincère (1). »

M. Ernest Dubois répond qu'il est grandement
honoré par les éloges que sa maquette a mérités
de la part d'un juge aussi autorisé que M. le
général Borson. En ce qui concerne le troisième
personnage au sujet duquel certaines réserves
sont faites, il ne l'a jamais considéré comme
ayant reçu sa pose et sa forme définitives. Ce
personnage accessoire, qui est plutôt un motif
de décoration, sera ultérieurement étudié par lui
avec le plus grand soin et il s'efforcera de s'ins-
pirer des observations dont il est redevable à la
haute bienveillance et au sens artistique si affiné
de M. le Président du Comité.

M. le vice-président Mugnier fait observer à
cet égard qu'à ses yeux, si la figure de la Savoie
demande peut-être à être rendue plus forte et
moins légère, il ne faudrait pas pourtant tomber
dans l'excès contraire ni oublier que la Savoie,
qui offre à Joseph de Maistre la couronne de
chêne et à Xavier la couronne de fleurs, est une
Savoie lettrée, cultivée, la Savoie du dix-hui-

_____

(1) *Registre des procès-verbaux des séances.* — Document
annexé.

tième siècle dans son cadre de verdure et de riants paysages.

M. Ernest Dubois, interpellé sur ce point, déclare que, sans doute, la création de cette troisième figure placée au bas de la stèle et vue de dos constitue de sa part une tentative hardie ; mais c'est précisément ce qui fait l'originalité et la nouveauté du monument de Chambéry. On peut voir un peu partout des *Renommée*, des *Gloire*, des *Patrie* de face ou de trois quarts, au pied du monument, offrant des palmes au héros ou inscrivant son nom sur les tables de l'histoire. Ces figures-là, elles sont banales et peuvent être transportées sans inconvénient d'un lieu à un autre. La troisième figure du monument de Maistre, au contraire, ne se comprend qu'à Chambéry, au pied des statues réunies des deux de Maistre. Il n'y a pas ailleurs deux frères, nés dans la même ville, auxquels on puisse offrir à chacun l'hommage qui lui convient : à Joseph, la couronne de chêne, à Xavier, des fleurs... A Paris, cette création a été hautement approuvée par les maîtres de l'artiste, par ses collègues du jury de sculpture et par M. le marquis Costa de Beauregard, qui lui a fait l'honneur de le visiter dans son atelier. Bien qu'en matière d'art, il soit difficile, plus qu'ailleurs encore, de contenter tout le monde, il étudiera, tout en conservant l'idée-mère de cette création, le moyen de désarmer la critique dans la mesure du possible.

Au cours de la même séance, le Comité est appelé à se prononcer sur l'importante question du choix de l'emplacement.

M. le président Mugnier fait connaître que dans la matinée, accompagné de MM. Ernest Dubois, Revel, Victor Dénarié, Michel et Descostes, il a parcouru les divers locaux qui, à première vue, seraient susceptibles de recevoir le monument projeté. Ces locaux sont au nombre de cinq :

L'emplacement situé le long de la façade du Palais-de-Justice qui regarde le jardin du Verney ;

Celui situé entre la chapelle du Lycée et l'Ecole préparatoire ;

La place de l'Hôtel-de-Ville, côté du levant ;

La même place, entre le perron d'entrée et l'hôtel de la Banche ;

Enfin, la place Château, en combinant l'installation du monument avec le remaniement et l'embellissement de l'escalier.

Sur ces cinq emplacements, il y en a un qu'il faut éliminer immédiatement : c'est celui situé entre la chapelle du Lycée et l'Ecole préparatoire. Son exiguité et sa situation retirée ne permettent pas, en effet, de s'y arrêter.

Le concours reste ouvert entre les quatre autres.

M. Michel préconise l'emplacement situé le long de la façade du Palais-de-Justice qui regarde le jardin du Verney, en vertu du vieux proverbe qu'il ne faut pas mettre tous ses œufs dans le même panier. Le paysage qui l'entoure

donne une impression d'art parfaite. On aurait
de l'espace et on pourrait y aménager un square
d'un très joli effet.

M. le marquis de la Serraz ne conteste pas
qu'on ne fût là au large; mais, quand on élève un
monument dans une ville, c'est pour le faire
voir et admirer le plus et par le plus grand
nombre de spectateurs possible. Or, cet emplacement est en dehors du grand courant de la
circulation et de l'itinéraire normal des visiteurs
et des passants. De plus, il est presque absolument abandonné de la population elle-même en
hiver et au printemps, durant près de six mois
de l'année. Ces raisons semblent de nature à le
faire écarter.

M. le chanoine Burdin exprime l'avis que les
monuments élevés à la mémoire des grands
hommes doivent autant que possible être placés
tout près de la maison qui les a vus naître Si on
ne peut trouver sur la place de l'Hôtel de-Ville,
côté de l'hôtel de la Banche, un espace suffisant,
pourquoi ne placerait-on pas le monument de
l'autre côté, en l'adossant au mur de clôture de
la cour d'entrée de l'hôtel Costa?

M. Daisay se prononce énergiquement pour
l'adoption du perron du Château. C'est pour lui
l'emplacement tout naturellement indiqué, celui
qui l'a été par le public et qui a le plus de faveur
au sein de la population. Placé à une certaine
hauteur, se détachant sur un fond de verdure,
surplombé par la tour si svelte du Château
un peu en retrait, dans l'axe de la rue et de la

colonne de Boigne, le monument produira un effet merveilleux et contribuera puissamment à embellir encore cette perspective déjà si belle.

La colonne de Boigne.

M. le Président fait impartialement connaître qu'il n'était point jusqu'ici partisan du choix de cet emplacement, dans la crainte que le monument ne fût écrasé par la masse supérieure et latérale des constructions du Château ; mais que les principales objections qui s'étaient présentées à son esprit avaient été résolues par les démonstrations qu'ont faites sur place, dans la matinée, MM. les architectes du Comité, assistés de M. Ernest Dubois.

M. le Secrétaire général déclare que M. Revel, architecte départemental, empêché par son service d'assister à la séance, mais présent à la vue de lieux de ce matin, lui a donné mandat de se prononcer en son nom pour l'adoption du perron du Château.

M. Victor Denarié dit qu'il partage absolument l'avis de son confrère et qu'il n'y a pas d'autre emplacement possible.

M. Bérard soutient le même sentiment et affirme qu'il est convaincu que, le monument une fois élevé en cet endroit, il n'y aura qu'une voix pour reconnaître qu'il ne pouvait l'être ailleurs.

M. le Secrétaire général estime qu'en pareille matière l'avis du statuaire doit être d'un grand poids et invite M. Ernest Dubois à donner le sien.

M. Ernest Dubois répond que, puisqu'on veut bien le lui demander, il donnera son avis d'une façon tout à fait impartiale et uniquement au point de vue de l'art. Quant à lui, il pense que le perron du Château est l'emplacement idéal et qu'on ne saurait en trouver nulle part un autre qui lui fût préférable. Le monument placé là attire forcément l'attention du visiteur ; il ne peut lui échapper ; tous les touristes allant à la Grande-Chartreuse s'arrêteront pour le contempler au passage. Enfin, il aura là un cadre digne de deux illustres personnages auxquels il est consacré et s'harmonisera merveilleusement avec le Château.

M. le Président invite le Comité à examiner si ce projet ne présenterait pas certaines difficultés financières et administratives qu'il est bon de prévoir pour ne pas avoir de surprise.

M. le Secrétaire général estime qu'avec l'élan qu'a pris la souscription, le concours espéré de la Russie, celui des municipalités, des établissements d'Aix-les-Bains et des particuliers qui n'ont pas encore souscrit, on peut sans témérité compter sur la réalisation à bref délai de la somme nécessaire.

M. Bérard appuie cette opinion et dit qu'il n'y a pas dans le monde entier un centre intellectuel, si petit qu'il soit, où le nom des de Maistre ne soit connu et ne puisse attirer une souscription.

En ce qui concerne les difficultés administratives, M. le Secrétaire général déclare que la municipalité de Chambéry et le Conseil général de la Savoie ont donné des preuves trop éclatantes de leur largeur de vues et de leur patriotisme éclairé pour que l'on aie à redouter la moindre entrave de leur part. Il fait observer que M. le Préfet a témoigné à M. le Président, à maintes reprises, l'intérêt qu'il portait à notre entreprise et que, indépendamment des souscriptions collectives, M. le Président et plusieurs membres du Conseil général, ainsi que divers conseillers municipaux de la ville de Chambéry ont sous-

crit en leur nom personnel. La presse de toutes
nuances est unanimement favorable au projet.
On peut donc compter sur les sympathies per·
sistantes et sur le concours de toutes les autorités pour l'aplanissement de toutes les difficultés
administratives. C'est, non seulement son opinion, mais celle de M. l'architecte départemental.

M. Bérard dit que c'est également la sienne et
que le Conseil général ne fera certainement pas
d'opposition à l'élévation du monument sur le
perron du Château.

M. Dubois est alors invité à exposer de quelle
façon il entendrait procéder à l'installation du
monument sur cet emplacement déterminé. Il
explique qu'il y aurait deux projets : l'un em-
plaçant le monument sur la terrasse avec construction d'une avancée et deux rampes d'escalier
semi-circulaires, — l'autre l'installant sur le palier intermédiaire en se bornant à élargir l'escalier
actuel et à le prolonger jusqu'à la terrasse.

M. Raymond fait observer qu'à son sens le
premier projet serait défectueux et que le monument, hissé beaucoup trop haut, ferait l'effet
d'un gigantesque pain de sucre et ne pourrait
être contemplé dans tous ses détails.

M. Ernest Dubois déclare partager absolument
l'avis de M. Raymond et engage le Comité à
adopter le second projet qui serait à la fois le
moins dispendieux et le plus heureux au point
de vue artistique. Il s'offre à préparer une maquette donnant une idée exacte de l'effet produit.

La proposition de M. Dubois est acceptée avec reconnaissance.

On vote ensuite au scrutin secret sur la proposition suivante : Y a-t-il lieu d'émettre le vœu que le perron du Château soit choisi pour recevoir le monument ?

Cette proposition est adoptée par quatorze voix, y compris celle de M. Revel votant par procuration, contre deux abstentions.

Successivement, sur la motion présentée par M. Bérard, il est décidé qu'une délégation du Comité, composée du bureau et de MM. Revel, Dénarié, Bérard et Daisay, fera successivement une démarche auprès de M. le Maire et de M. le Préfet pour leur faire part du vœu émis et les prier de s'intéresser à sa réalisation.

Sur la proposition de M. le marquis de la Serraz, le Comité décide enfin qu'il est bien entendu que le Département et la Ville n'auraient pas à contribuer à la dépense accessoire de remaniement du perron.

III

Suivant délibérations des 16 et 28 avril 1897, le Conseil municipal de Chambéry et le Conseil général de la Savoie donnent leur approbation au projet qui permettra d'emplacer le monument sur le palier intermédiaire de l'escalier du Château.

Le vote du Conseil général est ainsi relaté au registre des procès-verbaux :

Conseil général. — Séance du 28 avril 1897.

MONUMENT DE MAISTRE

Installation sur le perron du Château.

RAPPORT DE M. BARLET, AU NOM DE LA 2ᵉ COMMISSION.

« M. Descostes, secrétaire du Comité du Monument de Maistre, par sa lettre du 15 avril, annonce à M. le Préfet que ce Comité et M. Ernest Dubois, sculpteur, chargé de la partie artistique du monument, ont choisi le perron du Château comme l'emplacement le plus convenable du souvenir commémoratif à élever à la mémoire des frères de Maistre.

« Votre Commission a reçu communication de la lettre de M. Descostes, du rapport de M. l'Architecte départemental, accompagnés d'un plan indiquant les remaniements à faire subir au perron pour y installer le piédestal des statues.

« Le projet de M. l'Architecte départemental a été approuvé par une délibération du Conseil municipal de Chambéry, à la date du 16 avril 1897 ; mais le choix de l'emplacement ne sera définitif qu'après avoir obtenu l'assentiment du Conseil général, le perron du Château étant propriété départementale.

« Votre Commission, considérant que l'emplacement indiqué par la Commission du Monument est en tous points le plus convenable ; que les statues des de Maistre, s'élevant au pied du Château des ducs de Savoie, seront là dans le cadre qui leur convient et ajouteront un nouvel intérêt à ce vieux souvenir de notre histoire nationale, vous propose de faire à la demande du Comité l'accueil le plus favorable, en l'autorisant à élever le Monument des frères de Maistre sur le perron du Château et, en vue de cette installation, à faire subir à ce perron les remaniements indiqués par le plan de M. l'Architecte départemental, étant bien entendu qu'aucun frais ne sera mis à la charge du département.

Adopté.

Dans sa séance du 1ᵉʳ mai 1897, le Comité, sur la proposition de M. Revel, architecte départemental, prend les résolutions suivantes :

Le nouveau perron aura 10 m. 10 d'ouverture et 7 m. 075 de hauteur au dessus du trottoir, piédestal compris, les figures devant avoir 3 mètres, la hauteur d'ensemble du Monument et du perron sera de 10 m. 075 au dessus du trottoir.

La saillie sur la place Château sera supérieure de 1 m.60 à la saillie actuelle et la saillie de derrière aura la largeur d'une marche, soit 0,325 de plus que le perron actuel. La saillie de 1 m. 60 sur la place Château est la saillie maximum accordée par la Ville (1).

L'escalier nouveau sera, comme l'escalier actuel, composé de deux volées : la première de neuf marches et la seconde de dix marches, séparées par un palier de repos de 1 m. 40 de large et de 10 m. 75 de long. Le piédestal du Monument partira de ce palier, sur lequel il fera une saillie de 0 m. 20. Les murs en aile seront couronnés d'une balustrade ajourée et se retourneront sur toute la largeur des dix dernières marches, qui seront ainsi comprises entre ces murs en retour et le socle du piédestal.

(1) Cette circonstance explique que le Comité n'ait pu adoucir la rampe du nouvel escalier, ce qui eût été évidemment bien préférable ; mais elle répond en même temps aux reproches qui ont été formulés à ce sujet.

Les murs seront en pierre de taille de Curienne ; leurs balustrades, en pierre de taille de Hauteville ; les marches et le palier, en pierre de taille de Villebois. Le piédestal sera en pierre de taille de Hauteville ou de Saint-Martin de Bavel (Ain) ou de Nuits (Côte-d'Or). Toute cette pierre sera taillée à Chambéry.

Le Comité adopte finalement le projet présenté par M. Ernest Dubois, en retenant que la troisième figure qui doit symboliser la Savoie sera placée au bas de la stèle en laissant à l'artiste une entière liberté pour fixer définitivement et exécuter cette figure.

A la séance du 29 avril 1897, M. le Président fait part au Comité de la mort inopinée d'un de ses membres les plus méritants et adresse à sa mémoire cet éloquent hommage :

MESSIEURS,

Avant de reprendre nos travaux, vous me permettrez d'être votre interprète en exprimant les regrets que nous a causés la mort si rapide de M. Revel, architecte départemental.

M. Revel avait bien mérité de notre œuvre et acquis des titres particuliers à notre reconnaissance. Il s'était chargé d'établir les projets relatifs au remaniement de l'escalier du Château, au socle du groupe des statues, enfin à son installation. Il était donc associé tout intimément à l'œuvre, puisque le statuaire et l'architecte doivent marcher en parfait accord pour le meilleur effet artistique du Monument.

Il fallait se mettre en relations avec le sculpteur, M. Ernest Dubois, et en outre se conformer aux conditions imposées par la Ville et par le Conseil général. Toutes ces difficultés avaient été heureusement vaincues par M. Revel qui nous avait apporté un travail très complet et très bien étudié. Laissez moi ajouter qu'il avait donné son concours très généreusement et gratuitement, ne se réservant que la rétribution due à ses employés.

Nous nous rappelons tous la séance où il nous a présenté ces plans parfaitement dessinés, très intelligibles à tout le monde, l'obligeance avec laquelle il les développait et les discutait, empressé à se prêter aux corrections, aux changements que le Comité jugeait convenables. Il nous a donné la plus grande preuve de cette courtoisie aimable qui le distinguait et sa perte nous cause de sincères regrets.

J'exprime votre sentiment commun en adressant nos condoléances à son fils, à sa fille et à son gendre qui, nous l'espérons, voudra bien le remplacer dans le Comité et y mener à bonne fin l'œuvre commencée par notre regretté collègue.

M. le marquis de la Serraz remercie M. le Président d'avoir interprété d'une façon aussi juste le sentiment du Comité tout entier et déclare que, comme témoignage de gratitude, celui-ci s'estimera sans doute heureux de confier à M. Bertin, le dévoué et distingué collaborateur de M. Revel, le soin d'achever la tâche patriotique si bien commencée par celui-ci.

M. Raymond émet le vœu que le nom de *Revel* soit gravé sur le socle du Monument, à côté de celui du statuaire.

A l'unanimité, le Comité adopte ces diverses motions et décide que les paroles de M. le Président seront insérées au procès-verbal avec mention d'un vote de reconnaissance à la mémoire de M. Revel.

M. le Secrétaire général est chargé d'aviser M. Bertin, architecte, faisant fonction d'architecte départemental, de sa nomination de membre du Comité.

IV

Dans la séance du 26 mars 1898, le Comité approuve définitivement le plan de restauration de l'escalier du Château, préparé par M. Revel, achevé et présenté par M. Bertin.

M. le Secrétaire général met sous les yeux du Comité le troisième fascicule du *Gaulois-Salon*, qui, parmi les œuvres les plus remarquables de la dernière Exposition de sculpture, signale le groupe principal du Monument de Maistre. Bien que la gravure ne puisse donner qu'une idée imparfaite de l'effet qu'il produit sur place, le Comité est unanime à témoigner sa satisfaction pour la façon magistrale avec laquelle l'artiste a parachevé son premier projet et il est heureux de ratifier le jugement porté par les nombreux critiques d'art qui s'en sont occupés en adressant à M. Ernest Dubois ses plus sincères félicitations et en lui renouvelant le témoignage de son entière confiance.

Lecture est ensuite donnée d'une lettre explicative très intéressante dans laquelle M. Dubois lui-même, avec la conscience qui le distingue et la déférence dont il ne s'est jamais départi vis-à-vis du Comité, soumet à l'appréciation de celui-ci le projet définitif auquel il s'est arrêté pour le groupement de ses deux personnages.

Les critiques d'art, dit-il, s'accordent à constater que Joseph et Xavier de Maistre sont bien ce qu'ils doivent être, que les caractères et les figures ont bien la forme et tiennent bien la place que leur assigne le talent. A cet égard, la gravure du *Gaulois-Salon* est peut-être susceptible de produire une illusion d'optique qui disparaîtra sur place. La photographie, sur laquelle la gravure a été faite, a dû être tirée presque au pied du groupe : Joseph, étant plus haut, est pris *très en plafonnant*, comme disent les peintres, et paraît se raccourcir et se rejeter en arrière, bien que je lui aie donné la même taille qu'à Xavier et que je l'aie campé droit, dans une pose naturelle et ferme, la tête relevée, sans excès et sans effort : mais quand vous contemplerez le groupe, de la place du Château, le grand homme regardera où nous avons voulu qu'il regarde, droit devant lui, impérieux, dédaigneux, n'admettant pas de compromission, voyant les choses de haut et de loin, comme s'il voulait les dominer. Je me suis attaché, par contre, à donner à la figure de Xavier un certain caractère de sveltesse conforme à la nature de son talent. Il faut que l'on voie en Joseph, un puissant, et dans Xavier, un écrivain élégant et aimable. C'est la pensée-mère de mon groupe et je suis heureux qu'elle ait été comprise.

M. le Président prend acte de cette communication pleine d'attraits et de promesses ; et le Comité, approuvant les explications de M. Ernest

Dubois, décide de s'en rapporter absolument à lui du soin d'achever son œuvre en conformité de son projet définitif.

Au cours de la même séance, M. le Président a exposé que, par le bienveillant intermédiaire de M. le général de division Robillard, qui s'est chargé spontanément de cette mission avec la plus grande obligeance, une démarche a été faite auprès du Chef de l'Etat pour obtenir sa souscription. M. le Président de la République a fait répondre qu'il ne souscrivait habituellement pour aucun monument; mais que, dérogeant à la loi qu'il s'était imposée, en faveur d'un pays frontière dont il n'a pas oublié le chaleureux accueil, il était heureux de donner au Comité un témoignage personnel de sa sympathie, à la condition que ce témoignage ne fût pas officiellement livré à la publicité (1). Le général Hagron a transmis en son nom au général Robillard cent francs, qui ont été versés à la caisse du Comité comme don d'un anonyme.

M. le Président n'a pas attendu la réunion du Comité pour adresser à M. le général Robillard des remerciements qui sont ratifiés par acclamation.

(1) Nous avons cru pouvoir transgresser dans ce *livre d'histoire* la recommandation de l'illustre et regretté Chef de l'Etat qui appartient désormais à l'histoire. Lui et le distingué divisionnaire de Chambéry, avec lequel il traversait le col de la Vannoise, le 7 août 1897, ont disparu dès lors de la scène du monde, et c'est à la mémoire de ces deux bienfaiteurs de notre œuvre que s'adresse aujourd'hui notre reconnaissant souvenir.

V

A la séance du 2 juillet 1898, M. le marquis de la Serraz rend compte de la démarche qui a été faite auprès de lui par le Syndicat des tailleurs de pierre de Chambéry au sujet des conditions dans lesquelles devraient s'effectuer les travaux de taille du piédestal et de l'escalier; il manifeste le désir que ces travaux soient confiés aux ouvriers de la ville, qui ne formuleront sans doute que des prétentions parfaitement acceptables.

M. Cl. Bouvier fait observer que la question a déjà été examinée et résolue dans une séance antérieure.

M. Descostes appuie cette observation et rappelle que le Comité, ayant entrepris une œuvre essentiellement patriotique, tient par dessus tout à ce que cette œuvre profite aux ouvriers du pays et à ce que des mains chambériennes collaborent à un monument élevé à deux gloires de notre ville de Chambéry. C'est, d'ailleurs, l'une des raisons du succès et de la popularité de la souscription dans la classe ouvrière.

M. Cl. Bouvier rappelle la généreuse offrande des tailleurs de pierre.

M. le Président dit que tout le monde est et a toujours été d'accord sur ce point. Tout fait espérer, au surplus, qu'à raison même du caractère de l'œuvre, patrons et ouvriers apporteront dans le règlement de leurs intérêts la même bonne volonté et le même esprit de conciliation.

Le Comité décide en principe de s'en tenir aux termes de sa délibération du 26 mars dernier. En conséquence, il est itérativement résolu que les seuls entrepreneurs de Chambéry seront admis à soumissionner et devront s'engager à employer de préférence, à égalité de prix et dans la mesure du possible, des ouvriers du pays et que, dans tous les cas, la taille devra être faite sur place, à Chambéry et pas ailleurs.

Il est, du reste, entendu que, lors de l'adjudication, toutes les démarches nécessaires seront faites et tous les efforts tentés pour que le travail, nécessité par le Monument, profite aux ouvriers chambériens et qu'un accord équitable intervienne entre eux et l'entrepreneur.

Sur la proposition de M. Michel, M. Bertin est chargé de prendre d'urgence et à toutes fins des renseignements précis sur les prix et les conditions éventuelles d'une fourniture à Curienne, à Villebois et à Monthey.

Le 23 juillet 1898, sur l'invitation de M. le Président, M. Bertin rend compte de la mission dont il a été chargé à la précédente séance. Les entrepreneurs de Monthey ne fournissant que de la pierre taillée, il n'y a pas lieu d'entrer plus amplement en pourparlers avec eux, puisque le Comité a décidé d'une façon définitive que la taille se ferait sur place, de manière à procurer un travail avantageux aux ouvriers tailleurs de pierre de Chambéry. Restent alors en concurrence pour l'escalier et le soubassement du Monument les carrières de Curienne et celles de Villebois entre lesquelles le Comité aura à choisir. Les carriers de Curienne demanderaient pour fournir la quantité prévue un délai de quatre à cinq mois ; ceux de Villebois, un délai d'un mois seulement. Il suffirait, pour que les travaux d'encadrement du Monument fussent terminés en temps utile, que la livraison fût achevée au premier janvier prochain.

M. le marquis de la Serraz incline pour la pierre de Curienne, qui est fort belle et plus solide que celle de Villebois.

MM. Cl. Bouvier et Descostes appuient cette opinion en faisant observer que, pour un Monument patriotique et local, il serait préférable de n'employer que des matériaux extraits des carrières de la Savoie.

Le Comité décide en principe que l'escalier et le soubassement du Monument seront construits en pierre de Curienne et exprime le vœu que les carriers de cette localité se mettent en mesure de satisfaire en temps utile à la commande et ne livrent que des matériaux de premier choix, qui fassent honneur à leurs carrières et contribuent à la beauté du Monument.

M. le Président invite le Comité à délibérer sur le choix de la carrière où devra être prise la pierre du piédestal proprement dit.

Divers échantillons, provenant de la collection de M. Lachenal, sont mis sous les yeux du Comité. Il y a en Savoie de nombreuses carrières, telles que celles de Saint-Sulpice, d'Ayn, de la Bridoire, de la Serraz, d'Aussois, qui pourraient fournir des pierres de toute beauté. Il y a aussi, dans l'Ain, la carrière bien connue d'Hauteville.

M. Raymond émet l'avis qu'ici encore il est le cas de donner la préférence aux carrières de la Savoie.

Le Comité décide que le piédestal sera également établi en pierre de Savoie et que l'entrepreneur ne devra recourir à l'emploi de la pierre d'Hauteville qu'autant que des difficultés pratiques sérieuses, dont M. l'architecte Bertin, assisté de M. le marquis de la Serraz, sera seul juge, s'opposeraient à l'exécution du vœu du Comité.

MM. de la Serraz et Bertin sont spécialement délégués pour trancher toutes les questions relatives au choix de la pierre, comme aussi pour procéder, sous la présidence de M. le général Borson, à l'adjudication qui devra avoir lieu à bref délai dans la salle de l'Académie de Savoie.

M. l'architecte Bertin est chargé de rédiger le cahier des charges sans qu'il soit besoin d'en référer plus amplement au Comité. Il reste entendu que les entrepreneurs de Chambéry admis à soumissionner devront engager de préférence, à égalité de prix et dans la mesure du possible,

des ouvriers du pays et que, dans tous les cas,
la taille devra être faite sur place, à Chambéry et
pas ailleurs.

Sur la proposition de M. le marquis de la
Serraz, le Comité, pour affirmer plus nettement
sa volonté à cet égard, décide que la stipulation
additionnelle suivante sera insérée au cahier
des charges :

A égalité de prix, la préférence sera donnée à l'entre-
peneur qui prendra l'engagement ferme de n'employer
dans tous les cas pour la taille que des ouvriers de Chambéry.

Sur la proposition de M. Descostes, le Comité
décide en outre que l'adjudicataire devra s'engager à livrer l'escalier et le piédestal prêt à recevoir les statues au plus tard le 1er mai 1899, de
façon à ce que l'inauguration puisse avoir lieu
dans le courant de l'été prochain.

Le 7 septembre 1898, l'adjudication des travaux de réfection du grand escalier de construction du piédestal a lieu, dans la salle des
séances de l'Académie de Savoie, sous la
présidence de M. le général Borson, assisté de
MM. le marquis de la Serraz et l'architecte
Bertin.

M. Basin, marbrier, conseiller municipal de
Chambéry, est déclaré adjudicataire.

VI

A la séance du 6 janvier 1899, l'ordre du jour appelle la discussion du texte des inscriptions à graver sur le piédestal du monument.

M. le Président fait le premier connaître sa pensée à ce sujet.

Il y a, dit-il en substance, dans les inscriptions à graver une partie en quelque sorte *irréductible* et une autre qui n'est qu'*accessoire*. C'est surtout à titre de Savoyards, nous ayant honorés vis-à-vis de la nation française, que nous entendons glorifier la mémoire de Joseph et de Xavier de Maistre. L'inscription devra le dire, par exemple, en ces termes :

A JOSEPH ET XAVIER DE MAISTRE
CHAMBÉRY LEUR VILLE NATALE ET LA SAVOIE LEUR PATRIE
ONT ÉRIGÉ CE MONUMENT

Ne faudrait-il pas, en outre, rechercher en style épigraphique une formule exprimant cette pensée que nous avons voulu perpétuer la mémoire de leur *union fraternelle*, de la *noblesse de leur caractère*, de *l'unité morale de leur vie* qui a donné à celle-ci une certaine grandeur, reconnue et admirée de leurs adversaires eux-mêmes ; enfin de *leur gloire littéraire dont la France s'honore ?*...

Cette rédaction, à étudier dans ses détails, aurait l'avantage d'être complète, de traduire nettement la pensée-mère de l'œuvre, d'éviter tout écueil et de pouvoir être acceptée de tous.

M. le vice-président d'Arcollières regrette de ne pouvoir partager le sentiment si éloquemment exprimé par M. le Président. Plus l'inscription sera courte, mieux elle vaudra. Du moment que l'on érige un monument à Joseph et à Xavier de Maistre, c'est qu'ils sont d'assez grands hommes pour être connus de tous.

M. Raymond appuie cette opinion et soutient qu'un monument ne doit pas être un mausolée célébrant les vertus de celui à la mémoire duquel il est dédié.

M. le Secrétaire général se prononce pour un moyen terme.

Il admet bien que l'inscription principale, celle faisant face à la place du Château, doit être sobre. Il proposerait celle-ci :

A JOSEPH DE MAISTRE

Au bas, en caractères plus petits, pour marquer la distance, déjà accentuée par l'artiste, entre le génie de l'un et le talent de l'autre :

A XAVIER DE MAISTRE

Plus bas encore, en gros caractères :

LA PATRIE

Mais, pour compléter l'état civil du Monument de Maistre et apprendre aux passants des titres de gloire que certains peuvent ignorer, n'y aurait-il pas lieu d'inscrire sur la façade latérale correspondant à chacune des principales figures le nom, l'année de la naissance et celle du décès (1753-1821 — 1763-1852), et, au-dessous, la liste des principaux ouvrages ?

Enfin, sur la façade postérieure, on graverait une inscription sommaire qui pourrait être ainsi conçue :

CE MONUMENT A ÉTÉ ÉLEVÉ AUX DEUX GRANDS ÉCRIVAINS
QUE LA SAVOIE A DONNÉS AUX LETTRES FRANÇAISES
AVEC LE CONCOURS DE L'ACADÉMIE DE SAVOIE
DU CONSEIL MUNICIPAL DE CHAMBÉRY, DU CONSEIL GÉNÉRAL
DES SOCIÉTÉS SAVANTES DE LA SAVOIE
ET DU GRAND - CERCLE D'AIX - LES - BAINS
A L'AIDE D'UNE SOUSCRIPTION PUBLIQUE
ENTRE LES COMPATRIOTES ET ADMIRATEURS DE JOSEPH
ET DE XAVIER DE MAISTRE

Au bas : la *date de l'inauguration*.

Sur le socle : les noms du *statuaire* et des *architectes*.

M. le Secrétaire général émet, en outre, l'avis que, pour le cas où l'on ne croirait pas devoir entrer dans ses vues, une place fût réservée sur une face quelconque du piédestal pour graver le mot charmant de Xavier de Maistre, dont l'artiste s'est si heureusement inspiré : *Mon frère et moi, nous étions comme les deux aiguilles d'une même montre...,* etc.

— 93 —

M. Michel soutient l'opinion de M. Descostes,
en ce qui touche l'énumération des principaux
ouvrages et l'inscription commémorative ; mais
il s'en sépare en ce qui concerne le mot de
Xavier, mot qui, dit-il, peut être charmant, tout
en renfermant une image dont l'exactitude et la
justesse sont discutables.

Après une discussion à laquelle prennent plus
spécialement part M. le vice-président Mugnier,
MM. Raymond, Cl. Bouvier et Bertin, M. le marquis de la Serraz propose de réduire l'inscription
à son expression la plus simple. Rien sur les
faces latérales et postérieure, et sur la face principale, ces seuls mots :

A JOSEPH ET XAVIER DE MAISTRE

LA SAVOIE

Cette proposition, mise aux voix, est adoptée(1)
en ce qui concerne les faces principale et latérales.

(1) Joseph de Maistre ne l'eût pas désavouée. En matière
épigraphique, il était partisan de la sobriété. Dans l'une des
plus belles pages de son livre *Du Pape*, il s'exprime ainsi :
... « Les Anglais même, quoique sagement obstinés dans
leurs usages, commencent aussi à imiter la France ; ce qui
leur arrive plus souvent qu'on ne croit et qu'ils ne le croient
même, si je ne me trompe. *Contemplez les piédestaux de leurs
statues modernes : vous n'y trouverez pas le goût sévère qui
grava les épitaphes de Newton et de Christophe Wren. Au lieu
de ce noble laconisme, vous lirez des histoires en langue vulgaire. Le marbre, condamné à bavarder, pleure la langue dont
il tenait ce beau style qui avait un nom entre tous les autres
styles et qui, de la pierre où il s'était établi, s'élançait dans la
mémoire de tous les hommes.* »
Pages choisies des Grands Ecrivains, *Joseph de Maistre,*
page 30. — Paris, librairie Armand Colin, 1901.

M. Michel, ayant demandé la disjonction pour la face postérieure, propose d'y insérer cette inscription :

CE MONUMENT
ÉRIGÉ SUR L'INITIATIVE DE L'ACADÉMIE DE SAVOIE
A ÉTÉ INAUGURÉ LE...

Et, sur le socle, les noms de *Revel-Bertin, architectes*, et *Ernest Dubois, statuaire*.

L'amendement de M. Michel est mis aux voix et également adopté.

VII

L'heure de l'inauguration approche.

En dehors du Comité, la population et la presse locale commencent à se préoccuper des fêtes qui devront être données à cette occasion.

Dans son numéro du 26 avril 1899, le *Courrier des Alpes* publie cet appel à la population chambérienne :

A quand le branle-bas ?

Puisqu'il paraît décidé que l'inauguration du Monument de Maistre aura lieu dans le courant du mois d'août prochain, il n'est que temps de se préoccuper de l'organisation des fêtes qui seront célébrées à cette occasion et qui attireront inévitablement dans notre ville une affluence considérable de visiteurs.

Et ce ne seront, certes, pas les premiers venus. Il y

aura assurément dans le nombre le flot des curieux et des indifférents, qu'attire toute fête, de quelque nature qu'elle soit ; des gens qui vont à la foule, qui sont eux-mêmes la foule et qui se mettent en mouvement un peu au hasard de la fourchette, pour voir et sans savoir.

Mais, à côté de cet élément populaire et forain, il y aura, à n'en pas douter, des lettrés, des savants, des esprits distingués, d'illustres prélats, des membres de l'Académie française, des représentants des principales Sociétés académiques de la province, voire même de l'étranger, des correspondants des grands journaux, des gens de toutes nuances et de toute opinion, réunis dans un sentiment commun d'admiration pour le génie de Joseph de Maistre et le talent de Xavier. S'ils étaient encore de ce monde, on y verrait Bonald coudoyer Sainte-Beuve et Auguste Comte fraterniser avec Madame Swetchine.

Ceux-là, — nous parlons des vivants, — forment l'élite et c'est à cette élite, qui dispose de l'opinion et qui la façonne un peu au gré de ses impressions personnelles, qu'il s'agira de donner une bonne idée de la Savoie et de laisser un souvenir sympathique de la population chambérienne, avec ce que nos pères appelaient, dans leur langue parfois si savoureuse, le *goût de revenez-y*...

Nous favoriserons ainsi l'œuvre patriotique entreprise depuis bien des années par ceux d'entre nous qui se sont attachés à faire connaître la Savoie sous ses divers aspects et à démontrer, la plume à la main, que, pour avoir été la dernière à se fondre dans l'unité nationale, notre vieille province n'est en retard sur aucune de ses aînées.

Mais, — pour en revenir à ce qui fait l'objet immédiat de nos préoccupations présentes, — nous estimons qu'il n'y a pas une minute à perdre si nous voulons donner à cette solennité l'éclat et le grand air qu'elle comporte, si nous voulons que le pays en tire tout le profit qu'il doit en tirer.

Certes, nous pouvons être tranquilles et nous dire que le Comité, présidé par notre éminent compatriote, **M.** le général Borson, saura couronner dignement sa tâche. Il n'en est pas moins du devoir de la presse de l'y aider et de celui de la population tout entière de s'associer à nos efforts communs. Il y va de notre dignité, de notre réputation, voire même de nos intérêts.

La Ville de Chambéry a, en toute circonstance, fait ses honneurs avec la distinction d'une grande dame et le bon ton d'une ancienne capitale.

C'est le moment de nous montrer : ne nous sauvons pas ! Montrons-nous !

Pour notre part, — et puisqu'il y a là une question d'intérêt public sur laquelle chacun est autorisé à dire son mot, — nous désirerions tout d'abord que les fêtes du mois d'août prochain conservassent le caractère de l'œuvre même qu'elles sont appelées à couronner :

Qu'elles soient des fêtes *patriotiques* et *littéraires*, — triomphe de l'initiative privée, — auxquelles tout le monde puisse prendre part sans arrière-pensée, faisant pour un jour au moins une trêve bienfaisante et pacifiante entre tous les partis ; où il n'y ait, en un mot, que des Français de Savoie, rendant hommage à la mémoire de deux de nos plus grands écrivains, concurremment avec nos compatriotes venus du dehors pour saluer leur gloire sur la terre même où ils sont nés.

Telle est bien la pensée maîtresse qui, dans la souscription, a réuni des hommes venus des points extrêmes de l'opinion et qui, dans la cérémonie d'inauguration, devra les faire se rencontrer sans froissement, oubliant ce qui nous divise pour ne penser qu'à ce qui nous unit.

Mais, s'il en est ainsi et précisément parce qu'il doit en être ainsi, nos fêtes ne devront pas prendre les allures d'une foire ni de réjouissances, de si bon aloi qu'elles puissent être, rappelant les concours de gymnastique ou de sociétés musicales.

Nous voudrions quelque chose d'analogue à ces fêtes qui viennent d'être célébrées à la Ferté-Milon pour le second centenaire de la mort de Racine. Il nous serait facile, ce semble, d'en organiser le programme avec l'aide généreuse que la Municipalité ne manquera pas de nous prêter et avec le concours dévoué de toutes nos Sociétés littéraires, musicales et artistiques. Ne négligeons pas non plus les Chambériens *chambérianisant*, prompts à bougonner, enclins à critiquer et à tatillonner, mais gens d'esprit et de bonne volonté qui deviennent légion dans notre ville quand on sonne décidément le branle-bas et qu'il s'agit de faire faire bonne figure à notre vieux Chambéry, vis-à-vis de qui vient le visiter, que le visiteur soit empereur, roi, président de République, ministre ou simple membre de *la Mélodieuse* de Tunis ou de *l'Acrobatique* de Tarascon.

Personne, par exemple, ne trouverait déplacé que, conjointement avec la fête civile ou littéraire, l'autorité diocésaine organisât une cérémonie religieuse, qui aurait lieu en grande pompe à la Cathédrale sous la forme d'un service, au cours duquel la voix d'un orateur sacré, — et nous ne serions pas en peine d'en trouver, et de fort éloquents, parmi les enfants de la Savoie, — rappellerait en traits rapides la grande figure que fut Joseph de Maistre et l'union vraiment chrétienne qui unissait les deux frères et tous les membres de cette admirable famille. Que ne pouvons-nous, à cette occasion, voir se réaliser une haute et pieuse pensée et célébrer la translation des restes mortels de Joseph de Maistre dans l'église de Saint-François de Sales, aux côtés de ceux du président Favre et du cardinal Billiet ?

Quant au programme des fêtes extérieures, la coïncidence du Congrès des Sociétés savantes de la Savoie, qui aura lieu à la même date, permettra d'organiser à l'Hôtel-de-Ville ou dans la grande salle du Conseil général une série de séances littéraires et publiques. On inviterait les orateurs à choisir de préférence, comme sujets de leurs communications, des études se rattachant de près ou de loin aux deux héros de la fête, au milieu, à la société et au temps dans lesquels ils ont vécu.

Une représentation de gala pourrait être organisée au théâtre. Il ne serait pas difficile d'obtenir le concours des premiers artistes de Paris, en particulier de ceux de la Comédie-Française : dans un programme de choix, à la fois musical et littéraire, on pourrait introduire la lecture de quelques pages maîtresses de Joseph de Maistre et de quelque épisode bien venu du *Voyage autour de ma chambre* ou du *Lépreux de la cité d'Aoste*. Que diriez-vous de Mounet-Sully lisant le portrait du *Bourreau* ou *Une Soirée sur les bords de la Néva ?*...

Il faudrait aussi, pour la cérémonie d'inauguration proprement dite, indépendamment des discours qui seront prononcés, un festival où serait exécutée une cantate en l'honneur des deux de Maistre. On nous dit merveille de celle que notre sympathique et distingué maëstro, M. Louis Bonnel, a eu l'heureuse inspiration de composer et qu'il tient à la disposition du Comité. Il y a là notamment, paraît-il, un *leit-motiv*, avec vague réminiscense du *Chant des Allobroges* comme base orchestrale, qui est d'une envolée superbe ; mais, pour que cette belle composition produise tout son effet, il sera nécessaire d'en confier l'exécution à de grandes masses chorales, accompagnées par un puissant orchestre. Nul doute que l'autorité militaire, toujours si empressée d'être agréable à notre population qui ne fait qu'un avec notre armée, ne nous prête à cette occasion le concours de l'excellente musique du 97e et des vibrantes fanfares du 4e dragons

et du 13° chasseurs. Notre voisine d'Aix-les-Bains, — en
bonne sœur, — nous prêtera bien aussi ses orchestres et
ses chœurs ?... Et nos vaillantes chorales d'Annecy et de
Moûtiers, pour n'en citer que quelques-unes, ne s'empres-
seraient-elles pas d'accourir au premier signal ?... Quant
à nos sociétés locales, elles tiendront toutes à honneur de
collaborer à une pareille œuvre, sans rivalité d'aucune
sorte ; car il s'agit, encore une fois, de l'intérêt du pays.
Devant des considérations de cette nature, nos artistes
ont le cœur trop haut placé pour ne pas faire taire toute
dissidence et toute dissonance. Qui dit patriotisme dit
harmonie.

Il y aurait bien des articles encore à insérer au programme : trains de plaisir amenant à Chambéry les Savoyards de Paris et ceux de nos deux départements ; décoration de la ville ; ornementation des divers quartiers par
les soins de comités pris parmi leurs habitants ; pose
d'une plaque commémorative sur la façade de la maison
de l'ancienne place de Lans, qui vit naître les deux de
Maistre ; réception des personnages de marque, des représentants de la presse et des sociétés littéraires à leur arrivée ; concerts publics ; banquet académique ; illuminations générales ; excursions aux environs de Chambéry,
dans ces lieux fréquentés autrefois par les de Maistre
et chantés par Lamartine, etc., etc., etc...
Mais nous ne voulons pas empiéter sur les platebandes
du Comité d'organisation, que le Comité du Monument
tiendra sans doute à s'adjoindre et qui aura à se répartir
la besogne, en faisant appel au dévouement, toujours prêt
à se dépenser, du Syndicat d'initiative. L'essentiel,
comme nous le disions en commençant, est de ne pas trop
tarder à se mettre à l'œuvre.
Trois mois sont peu de chose pour organiser des fêtes
de cette importance ; mais nous connaissons notre Cham-

béry : lent à s'ébranler, — impossible à suivre une fois qu'il s'est mis en branle. Trois mois seront donc suffisants à la condition que chacun se pénètre de la nécessité de concourir à une manifestation pacifique appelée à faire le plus grand honneur à notre ville et, ce qui ne gâte rien en une fin de siècle éminemment pratique, à lui rapporter le plus grand profit.

VIII

Dans la séance du 4 mai 1899, M. le général Borson annonce au Comité que Mlle Laracine et M. Joseph Tardy, les copropriétaires actuels de la maison de la place de l'Hôtel-de-Ville (n° 14 des inscriptions apparentes), où sont nés Joseph et Xavier de Maistre, s'apprêtent à faire apposer à leurs frais sur la façade de cette maison une plaque en marbre rappelant ce double événement avec les dates des naissances : *1er avril 1753 — 8 novembre 1763.*

Rappelons à cette occasion que l'Académie de Savoie s'est préoccupée jadis de rechercher quelle était exactement la maison désormais historique où les deux grands écrivains sont nés. Une commission fut nommée à cet effet ; et, dans la séance du 18 juin 1863, le rapporteur, qui n'était autre que M. Timoléon Chapperon, l'historien le plus autorisé du vieux Chambéry, indiqua la maison de Salins, sur la place de

Lans, comme devant être celle où Joseph et Xavier de Maistre ont vu le jour. Cette opinion a été dès lors adoptée par tous leurs historiens. La plaque commémorative la fixera dans la mémoire de la postérité.

Après son mariage avec Mlle Françoise-Marguerite de Morand, qui fut célébré le 17 septembre 1786, dans la cathédrale de Chambéry et béni par l'abbé André Maistre, doyen de la Métropole, vicaire général et official de Tarentaise, Joseph de Maistre vint habiter « dans une maison située au fond de l'allée qui vise la fontaine publique à l'extrémité part du levant et vent de la place Saint-Léger ». Il l'avait acquise, suivant acte du 6 février 1786, Amphoux, notaire, de Messire de Regnault Delanoy.

Cette maison est celle située actuellement au numéro 10, au fond de l'allée de la place Saint-Léger portant le numéro 23 des inscriptions apparentes ; l'appartement occupé par M. et Mme de Maistre était celui du second étage.

Le même jour, 4 mai 1899, a lieu la pose de la première pierre du Monument.

En conformité de la décision prise par le Comité, un parchemin, portant la légende suivante, est déposé dans les assises :

En l'an de grâce mil neuf cent quatre-vingt-dix-neuf,

M. Emile Loubet étant président de la République Française ;

M. Barciet de la Busquette, premier président de la Cour d'appel de Chambéry ;

Sa Grandeur Monseigneur Hautin, archevêque de Chambéry ;

M. le général de division Arvers, commandant la 28° division militaire ;

M. Lefebvre du Grosriez, préfet de la Savoie ;

M. Laronze, recteur de l'Académie de Chambéry ;

M. Antoine Perrier, président du Conseil général de la Savoie ;

M. Jules Challier, maire de la ville de Chambéry,

Sur l'initiative prise par l'Académie des sciences, belles-lettres et arts de Savoie, en sa séance du 15 novembre 1894 ;

Par les soins d'un Comité composé de :

M. le général de division Borson, grand officier de la Légion d'honneur, président ;

MM. François Mugnier et Courtois d'Arcollières, vice-présidents ;

M. François Descostes, secrétaire général ;

M. Joseph Favier, trésorier ;

MM. Raymond Michel et Claudius Bouvier, secrétaires-adjoints ;

MM. Victor Barlet, Jean-Baptiste Bel, Louis Bérard, Arthur Bertin, Claudius Blanchard, le chanoine Bouchage, le chanoine Burdin, Emmanuel Denarié, Victor Denarié, Jules Daisay, Eugène Grasset, Emile Maillot, André Perrin, Emile Raymond, Joseph Revel, Joseph Révil, le marquis Salteur de la Serraz (MM. Grasset et Revel décédés en cours de travaux) ;

Avec le généreux concours du Conseil municipal de Chambéry, du Conseil général de la Savoie, du Grand-Cercle d'Aix-les-Bains, des Sociétés savantes, de la presse et de nombreuses Municipalités des deux Savoie, de la famille de Maistre, des Savoyards de l'intérieur et de l'étranger et des admirateurs des deux de Maistre en tous pays ;

Ce Monument a été élevé à Joseph et à Xavier de Maistre, nés à Chambéry, l'un le 1er avril 1753, l'autre le 8 novembre 1763.

Ernest Dubois, statuaire ; Revel et Bertin, architectes ; Basin, entrepreneur ; les tailleurs de pierre de Chambéry, ouvriers.

La première pierre de ce Monument a été posée le 4 mai 1899.

Des pièces de monnaie, aux millésimes 1898 et 1899, ont été déposées avec le présent parchemin.

IX

Le 15 mai 1899, à la séance du Conseil municipal de Chambéry, M. François Descostes, au nom du Comité du Monument de Maistre, a présenté les observations suivantes :

Le Comité du Monument de Maistre a mené à bien, grâce en grande partie au généreux concours que lui a prêté le Conseil municipal, l'œuvre patriotique qu'il avait entreprise. Cette œuvre a réuni dans une commune pensée, sans distinction d'opinions et à l'écart de toute préoccupation politique, tous les bons citoyens désireux de glorifier la mémoire de deux des plus grands écrivains français et de montrer. non sans orgueil, au pays tout entier que, pour être venue se fondre la dernière dans l'unité nationale, la Savoie n'est pas en retard sur ses aînées.

Le Comité est vivement reconnaissant au Conseil municipal de la magnifique subvention que celui-ci a bien voulu lui accorder ; mais il se permet encore de faire appel à son concours à l'occasion du projet complémentaire de l'éclairage des voies publiques à l'électricité.

Au début, en effet, l'œuvre du Monument ne devait comporter que l'établissement de deux statues en bronze et d'une figure symbolique au bas de la stèle ; mais, — le perron du Château ayant été finalement adopté, d'accord avec la Municipalité, comme l'emplacement le mieux approprié au point de vue de l'aspect et de l'ornementation générale de la ville, — ce choix a entraîné la réfection complète du vieil escalier, suivant un plan fourni par M. l'architecte Bertin, et partant un supplément considérable de dépenses.

Ce supplément n'est pas à regretter, car on pourra bientôt se rendre compte du merveilleux effet que produira cet escalier monumental, qui formera un admirable fond de tableau à notre principale et plus belle rue, — celle qui porte le nom du bienfaiteur de notre ville, — et qui complètera très heureusement l'encadrement de notre vieux Château ; mais la dépense nécessitée par ce bel ouvrage et qui n'est pas moindre de 21,000 francs, grève lourdement le budget de l'œuvre et risque de la mettre en déficit, la somme strictement nécessaire n'ayant pas encore été réalisée.

Dans ces conditions, et pour aboutir, le Comité est obligé de faire un nouvel appel à tous les concours et d'économiser le plus possible sur les dépenses prévues à son modeste budget.

Il n'entend, certes, pas pousser l'indiscrétion jusqu'à solliciter de la Ville une souscription complémentaire pour le Monument lui-même ; mais je crois pouvoir demander, en son nom, à la Municipalité de vouloir bien comprendre dans le projet de l'éclairage des voies publiques les deux candélabres qui devront remplacer celui avec lampe à arc actuellement planté au côté gauche de l'escalier.

Ces deux candélabres sont indispensables pour éclairer

la place du Château, pour mettre le Monument en lumière et en valeur et pour ornementer les deux pilastres qui, sur le plan supérieur, formeront les deux extrémités de la rampe.

Le Comité espère que la Municipalité voudra bien prendre à sa charge les frais spéciaux nécessités par l'établissement de ces deux candélabres.

Il paraît juste et raisonnable, en effet, qu'elle pourvoie elle-même à une dépense municipale et d'utilité publique. L'éclairage est au premier rang de ces sortes de dépenses. Une ville doit la lumière à ses habitants : lumière physique, et lumière intellectuelle et morale.

Que si l'on considère les deux candélabres comme des objets de luxe, dont on pourrait strictement se passer, il est facile d'observer que ces ouvrages d'art n'augmenteront pas sensiblement la dépense normale exigée par l'éclairage, surtout si l'on tient compte de cette circonstance que le candélabre avec lampe à arc, provisoirement emplacé du côté gauche du perron. devra disparaître pour dégager la perspective du nouvel escalier, mais pourra être utilisé ailleurs, moyennant des frais insignifiants de dépose et de repose.

On pourra nous objecter que la Ville a déjà fait beaucoup pour l'œuvre du Monument de Maistre et qu'en donnant une subvention de 15,000 francs, elle a épuisé le maximum des largesses raisonnables et a entendu n'avoir pas à s'engager plus amplement pour cet objet.

Nous répondrons, tout d'abord, que le vote émis par le Conseil, dans la séance du 27 décembre 1895, a été ratifié par l'opinion publique et universellement approuvé par la presse de Paris, des départements et de l'étranger. Ce vote a fait le plus grand honneur à la municipalité républicaine qui l'a émis avec une largeur de vues et une élévation de sentiments patriotiques auxquelles on ne saurait trop rendre hommage.

Or, à l'époque de ce vote, le choix de l'emplacement de

la place Château n'était point adopté : il ne l'a été que
sept mois après, dans la séance tenue par le Comité le 25
août 1896, et sur l'avis du statuaire qui, des cinq emplacements proposés, avait déclaré préférer celui auquel le
Comité a fini par s'arrêter. Donc, au moment où le Conseil votait la subvention de 15,000 francs, il ne pouvait
prévoir et n'a point prévu la dépense extraordinaire qui
est occasionnée par la réfection du grand escalier et par
l'installation d'appareils d'éclairage en harmonie avec
l'ensemble du Monument.

Le Comité sollicite en conséquence de la haute bienveillance du Conseil un vote par lequel il veuille bien comprendre au projet complémentaire les deux candélabres
appelés à éclairer le monument et la place Château, en
conformité du projet Bertin, et les frais d'ailleurs peu
considérables que nécessiteront l'établissement et la mise
en activité des nouveaux appareils.

En formulant ce vote, le Conseil fera une dépense juste
et utile et il aidera un Comité, qui a droit d'être encouragé, à achever son œuvre et à faire remise à bref délai à
la Ville de Chambéry d'un monument qui contribuera
grandement à son ornementation et à sa bonne renommée.

M. le Maire a fait observer que la demande
présentée au nom du Comité était trop juste pour
que le Conseil ne l'admît pas en principe ; mais
il a émis l'avis que, pour l'examen des détails
et la fixation de la somme contributive, elle fût
renvoyée à la Commission des travaux publics,
qui aurait à s'entendre avec M. le marquis de la
Serraz et M. l'architecte Bertin, plus spécialement chargés de la direction technique et du
contrôle des travaux du Monument.

Cette proposition a été adoptée par le Conseil.

Dans la séance du 19 juin 1899, M. le Président annonce officiellement au Comité que l'Académie française sera représentée à la cérémonie d'inauguration par M. le marquis Costa de Beauregard et que Mgr Turinaz, évêque de Nancy, sur l'invitation de Mgr l'Archevêque de Chambéry, prononcera à cette occasion, dans la chaire de la Cathédrale, l'éloge de Joseph de Maistre.

La lettre officielle notifiant au Comité le choix fait par l'Académie française est ainsi conçue :

INSTITUT DE FRANCE

ACADÉMIE FRANÇAISE

PARIS, *le 30 juin 1899.*

Le Secrétaire perpétuel de l'Académie à Monsieur le Général BORSON, Président du Comité pour l'érection d'un Monument à Joseph et Xavier de Maistre.

Monsieur le Président,

Dans sa séance du 22 juin dernier, l'Académie française a désigné Monsieur le marquis Costa de Beauregard, l'un de ses membres, pour la représenter à Chambéry lors de l'érection du monument élevé à Joseph et Xavier de Maistre, qui ont illustré votre pays.

Les frères de Maistre, n'étant pas français de naissance, n'appartenaient pas à l'Académie ; mais il est naturel que la France s'annexe les grands hommes de la Savoie, comme elle s'est annexé le pays lui-même.

Veuillez agréer, Monsieur le Président, l'expression de mes sentiments de haute considération.

Le Secrétaire perpétuel de l'Académie française,

G. BOISSIER.

Le Comité fixe au dimanche 20 août la date de l'inauguration et approuve le texte de la *Cantate à Joseph et Xavier de Maistre*, composée par M. François Descostes et mise en musique par M. Louis Bonnel.

Le 29 juin, le Conseil municipal, au cours de sa séance, s'est occupé de la participation de la Municipalité à la fête d'inauguration du Monument de Maistre.

M. Jarrin, au nom des Commissions réunies des finances et des travaux publics, a présenté le rapport suivant :

Messieurs,

Le Comité du Monument de Maistre s'est abouché, il y a quelques jours, avec M. le Maire pour solliciter la participation de la Ville aux fêtes projetées à l'occasion de l'inauguration de ce Monument.

M. le Maire a transmis aux Commissions réunies des finances et des travaux publics le résultat de cette négociation ; et voici quel serait, après entente, avec le Comité des fêtes, le programme qui vous est soumis.

La partie officielle de la fête, la seule dont nous ayons à nous préoccuper, comprendra la remise du Monument à la Ville de Chambéry par l'Académie de Savoie, le 20 août, à trois heures de l'après-midi ; la décoration et l'illumination de la place du Château, aux abords du Monument ; le pavoisement de l'Hôtel-de-Ville et du parcours compris entre la place de la Gare et le Château ; — l'exécution d'une cantate dont les patriotiques paroles sont dues à notre excellent collègue, M. Descostes ; — le lancement d'un ballon, le *Xavier de Maistre ;* — une représentation de gala au théâtre, et des fêtes de quartiers.

La dépense s'élèverait, suivant devis ci-joint, à une somme de 3,000 francs.

Vos Commissions réunies ont été d'avis que la Ville de Chambéry devait participer à ces fêtes et ont adopté ce programme. Elles ont pensé que nous mériterions véritablement le titre de *Béotiens* et même cette qualification de *Savoyards* qu'on nous décerne si volontiers au dehors, si nous y restions étrangers. Quelles que puissent être nos opinions politiques, il nous appartient de donner l'exemple de la tolérance en honorant le génie dans les personnes de ceux dont les idées ont pu être différentes de celles du jour. Je ne sache pas, du reste, que Xavier de Maistre ait jamais joué un rôle politique ; et, quant à son frère Joseph, il est quelque chose en lui qui doit forcer notre respect: c'est son caractère et son désintéressement. Joseph de Maistre avait su rester fidèle à ses principes. Ambassadeur à Saint-Pétersbourg d'un petit roi dépossédé de ses Etats, Joseph de Maistre allait, en hiver, se coucher à quatre heures de l'après-midi pour travailler dans son lit et n'avoir point ainsi à faire du feu à sa cheminée ; l'ambassadeur n'avait pas de quoi se payer son chauffage.

Il me semble que, par le temps qui court, on ne saurait s'incliner trop bas devant ces exemples de désintéressement et de pauvreté volontaire.

Ce rapport a été vivement applaudi.

La discussion étant ouverte, M. Jules Carret a déclaré qu'il s'abstiendrait de voter les crédits demandés parce que, à ses yeux, la fête du 20 août serait une fête *cléricale.*

M. Descostes, en remerciant M. Jarrin, au nom du Comité de Maistre, des sentiments qu'il venait d'exprimer en termes si élevés, a fait observer que le rapporteur avait répondu par avance aux réserves formulées par l'honorable M. Jules Carret.

La fête du 20 août n'aura aucun caractère politique : ce sera la fête de l'union et du patriotisme, le couronnement d'une entreprise sur le terrain de laquelle ont pu et pourront encore se rencontrer tous les bons citoyens, désireux de rendre hommage à la mémoire de deux grands hommes qui, par leur vie, leur caractère et leur génie, ont honoré leur pays natal.

Le Conseil municipal l'a bien compris lorsque, dans sa séance du 20 décembre 1895, il a voté la superbe subvention de 15,000 francs qui a permis d'acheminer et d'achever l'œuvre avant la fin du siècle ; il ne voudra pas se déjuger et votera sans hésitation les crédits demandés, qui profiteront d'ailleurs à la population de notre ville et permettront à celle-ci de faire bonne figure dans cette mémorable circonstance.

Ces observations étaient d'ailleurs superflues après l'exposé de motifs complet et décisif présenté par M. Jarrin. Le Conseil a adopté les conclusions de son rapport à l'unanimité, moins une voix, des membres présents.

MM. Descostes et Favier, au nom du Comité de Maistre, ont remercié le Conseil du vote qu'il venait d'émettre et qui lui fait grand honneur.

X

Dans ses séances des 29 juillet et 16 août 1899, le Comité s'occupe des derniers préparatifs des fêtes organisées par lui de concert avec la municipalité et avec l'autorité diocésaine.

Ce programme a été arrêté de la manière suivante (1) :

(1) Nous croyons devoir reproduire ici le fac-simile réduit de ce programme, qui fut répandu à profusion dans Chambéry les 19 et 20 août 1899. Ce document, intéressant pour les archéologues de l'avenir, nous a paru avoir sa place tout naturellement indiquée dans ce petit livre d'histoire locale.

PROGRAMME GÉNÉRAL

DES

Fêtes d'Inauguration

19 et 20 Août 1899

Du 17 au 19 Août

Réunion a Chambéry, place de l'Hotel-de-Ville

du

Congrès des Sociétés savantes de la Savoie

SAMEDI 19 AOUT

A 2 heures de l'après-midi

Arrivée du train de plaisir des Savoyards de Paris

A 5 heures

POSE SOLENNELLE

de la

PLAQUE COMMÉMORATIVE

De la naissance de Joseph et de Xavier de Maistre

Sur la façade de l'ancien hôtel de Salins, place de l'Hôtel-de-Ville

A 8 heures et demie

GRANDE RETRAITE AUX FLAMBEAUX

Organisée par l'Harmonie de Chambéry

Avec le concours de la musique du 97e d'infanterie, des trompettes du 4e dragons
et des clairons du bataillon des Sapeurs-Pompiers.

— **ILLUMINATIONS** — **FEUX DE BENGALE** —

DIMANCHE 20 AOUT

A 5 heures du matin

RÉVEIL EN FANFARE PAR « LES AMIS DE LA TROMPE »

AUBADE PLACE CHATEAU

A 9 heures

CÉRÉMONIE SOLENNELLE A LA CATHÉDRALE

*Sur l'initiative et avec la haute approbation de Mgr HAUTIN,
Archevêque de Chambéry.*

Ouverture d'orgue. — Messe en musique.
Eloge de Joseph de Maistre, par Mgr Turinaz, Evêque de Nancy.

A 3 heures et demie, place du Château

Inauguration et Remise du Monument

A la Ville de Chambéry

Ouverture, par la musique du 97ᵉ de ligne.
Discours de M. le Général de division Borson, président du Comité.
Réponse de M. Jules Challier, Maire de Chambéry.
Discours de M. le Mⁱˢ Costa de Beauregard. membre et délégué de l'Académie Française.
Allocution de M. François Descostes, secrétaire général du Comité.
Intermèdes musicaux : Cantate à Joseph et à Xavier de Maistre, exécutée par le Cercle choral et le Cercle musical, avec le concours de l'Harmonie d'Annecy, d'amateurs et d'artistes des Cercles d'Aix-les-Bains. — Air national des *Allobroges*, par la musique du 97ᵉ de ligne.

A 5 heures, place du Palais-de-Justice

Lancement du ballon le « Xavier de Maistre »

Monté par les capitaines MOUTON et LEMAIRE
de la Société d'aérostation la *Défense aérienne*

A 8 heures

— Illumination de la place Château et Projections électriques —

Illuminations Générales

CONCERT AU JARDIN PUBLIC

Fêtes de quartiers — Réjouissances diverses

A 9 heures du soir, à l'ancien Champ-de-Mars

GRAND FEU D'ARTIFICE

Tiré par les fils COLLOMBERT, d'Aix-les-Bains

**Avec figure finale représentant l'apothéose de Joseph
et Xavier de Maistre**

Feux de joie sur les montagnes

LUNDI 21 AOUT

*Excursions dans les environs de Chambéry organisées
par les soins du Syndicat d'Initiative (la Grande-Chartreuse,
le col du Mont-du-Chat).*

Chambéry, le 8 août 1899.   LE COMITÉ.

La Société des Courses d'Aix-les-Bains a bien voulu remettre à lundi de l'après-midi la *Bataille de fleurs,* qui aura lieu à l'hippodrome de Marlioz.

Le Comité du Monument de Maistre fait appel au patriotisme de la population chambérienne et espère qu'elle voudra bien contribuer à couronner dignement l'œuvre qui va doter notre ville d'un monument superbe en pavoisant et en illuminant les maisons particulières.

XI

Le 25 juillet, les deux statues de Joseph et de
Xavier de Maistre arrivent en gare de Chambéry
par le train de deux heures du soir ; elles avaient
été expédiées le samedi précédent de l'atelier des
fondeurs, MM. Capitaingeny et Salins, de Bussy
(Haute-Marne), à découvert dans un vagon de
marchandises qu'elles occupaient en entier.

M. le Secrétaire général, accompagné d'une
délégation du Comité, en a pris livraison à la
gare. Les deux statues ont été immédiatement
transportées par les soins de M. Clerc, camion-
neur, jusqu'au sommet de la rampe du Château.
Une équipe d'honneur, choisie parmi les ouvriers du chantier, a gardé le précieux dépôt
pendant la nuit.

Le 26 juillet, à trois heures et demie du matin, a commencé la délicate opération de l'installation du piédestal. Grâce aux excellentes dispositions prises par M. l'architecte Bertin, aidé
de M. Basin père et de ses deux contre-maîtres,
MM. Mazza et Rauco, tout était heureusement
terminé avant sept heures ; et les Chambériens
matineux avaient la surprise de contempler, aux
premiers rayons du soleil levant, les deux
grands hommes se réveillant sur leur socle de

pierre, au pied de notre vieux Château, dans une attitude superbe, qui réalise pleinement les espérances qu'avait fait concevoir le projet.

Le montage.
Mazza recevant les statues sur le piédestal,
D'après un instantané de M. Chapouilly.

Diverses épreuves photographiques ont été prises par des amateurs au cours de ces intéressantes opérations exécutées avec un entrain et une agilité remarquables par les vaillants ouvriers de M. Basin. Après être restées découvertes pendant quelques heures, les deux statues ont été placées sous le voile d'où elles ne devaient sortir que le jour de l'inauguration.

Le 8 août, la troisième statue arrivait à son

9.

tour et était momentanément entreposée sur le chantier, au bas de l'escalier.

Du 8 au 18 août, a eu lieu, sous la direction de M. Ernest Dubois, la taille en rocher brut du gros bloc placé au bas de la stèle. La statue de la Savoie a été installée le 19 août et l'inscription gravée le même jour sur le piédestal.

Les trois figures, une fois mises définitivement en place, sont découvertes pendant quelques instants et il est ainsi permis aux spectateurs avisés, accourus sur la place Château, de se rendre compte de l'ensemble du Monument et de l'effet superbe qu'il est appelé à produire. A la veille de l'inauguration, la *Quinzaine,* de Paris, en a donné la description suivante :

« Joseph de Maistre est fièrement campé sur un bloc de rocher abrupt, aux flancs duquel on devine les abîmes béants de la haute montagne. La jambe gauche avance résolument sur le devant du rocher, dans un mouvement volontaire plein de vie. La tête, sous la perruque du temps, se dresse sans effort, d'une allure noble et digne. La mâchoire inférieure, proéminente, indique la ténacité et l'énergie. Le col est emprisonné dans une cravate à plusieurs tours d'où s'échappe, en flots réguliers, un jabot convulsivement froissé. Le justeaucorps est entr'ouvert, comme si le grand homme voulait secouer le joug de l'étiquette et respirer mieux à l'aise. Sur les épaules, le manteau du voyageur battu par le vent. Le bras droit, infléchi d'un geste sobre et vigoureux, ramène sur le cœur la plume d'or d'où jaillirent des chefs-d'œuvre. Le bras gauche enveloppe les épaules de Xavier et la main serre les feuillets d'un manuscrit.

« Sur un plan inférieur, Xavier est posé de trois-quarts.
Il porte l'uniforme d'officier au régiment sarde de la
Marine (1) : épaulettes, habits à revers, ceinture à glands,
épée, culotte collante et guêtres. La tête a, avec celle de
Joseph, un air de famille. On y sent la différence des âges.
Les deux profils se ressemblent ; mais le front de Xavier
est plus bombé. Le lieutenant contemple son grand frère
avec déférence et admiration. Le bras droit tombe tout
naturellement le long de la jambe reportée par un mouvement ascensionnel des plus gracieux vers le plan supérieur, sur lequel Joseph s'élève dans une auréole de gloire.

« Au bas de la stèle, une figure symbolique, la Savoie,
offre à Joseph une couronne de chêne et à Xavier un
bouquet de fleurs des Alpes. Derrière le groupe des deux
frères, face à la terrasse du Château, l'écusson des de
Maistre. Une banderolle l'entoure. On y lit la légende
Recidivus in patria... »

(1) Le *Real Navi*, régiment d'infanterie de ligne.

L'INAUGURATION

Du 17 au 19 Août.

LEs fêtes d'inauguration du Monument de Maistre ont été précédées du Congrès des Sociétés savantes de la Savoie, qui, ouvert le jeudi 17 août, à onze heures du matin, dans la grande salle de l'Hôtel-de-Ville, s'est continué le 17 et le 18, sous la présidence de M. Aimé Constantin, président de la Société Florimontane.

Pendant ces trois jours, l'ancienne capitale de la Savoie met la dernière main à sa toilette. La Municipalité fait planter des oriflammes et des trophées de drapeaux tricolores sur tout le parcours de la Gare à la place Château par les Boulevards et la rue de Boigne. Des Comités locaux se sont improvisés et luttent d'ardeur et de bon goût pour décorer les divers quartiers.

Ernest Dubois, ayant sous ses ordres les meilleurs ouvriers de Basin, travaille sous une tente, qui les dissimule aux regards et les protège contre les rayons d'un soleil sénégalien, à la taille du gros bloc appelé à recevoir la Savoie. M. Cottard, l'intelligent et dévoué chef du service de la voirie municipale, s'ingénie et se mul-

tiplie pour faire de la place Château un immense
salon de verdure, digne des hôtes d'élite qui s'y
presseront le 20 août. La population de la ville
fait gaiement ses préparatifs, se grossit de jour
en jour d'hôtes plus nombreux, suit avec intérêt
les derniers coups de ciseau donnés au Monument et défile sous les Portiques devant les
vitrines de M. Laurent Janin, qui, avec le concours de M. le baron Charles de Buttet, de M. le
baron de Morand de Confignon, de M. Emile
Raymond et de M. François Descostes, a eu
l'heureuse idée d'organiser une exposition *mais-
trienne* où se trouvent artistement groupés de
précieux souvenirs du président Maistre, de
Joseph et de Xavier, ses fils.

Voici un numéro de la *Gazette de Nice*, publié
au cours de l'année 1773 ; il reproduit le com-
pliment de bienvenue adressé par le président
noble François-Xavier Maistre, au nom du Sénat
de Savoie, au roi Charles-Emmanuel lors de son
avènement au trône... Ce parchemin richement
enluminé renferme les lettres de bourgeoisie
délivrées au grand magistrat savoyard par les
syndics de la Ville.

Voici le jonc à pomme d'or que Joseph avait
perdu en 1793 aux environs de Lausanne et qui
lui fut rapporté quelques années plus tard ;
l'original de son fameux portrait par Vogel von
Vogelstein dont l'Académie de Savoie possède
une superbe copie exécutée par Molin ; les lettres

inédites adressées par Joseph à sa belle-sœur Costa, née de Morand, et reproduites avec notice explicative dans le numéro du *Correspondant* du 25 juillet 1899 ; un livre offert à Georges-Marie Raymond avec une flatteuse dédicace manuscrite...

Xavier est représenté dans cette touchante restitution par de précieux souvenirs de son double talent de peintre et d'écrivain.

C'est, en premier lieu, un tableau à l'huile figurant un paysage mythologique : grotte, nymphes, satires. Ce tableau a son état civil, puisqu'il est mentionné au chapitre VII du *Voyage autour de ma chambre*.

Puis, voici trois études à l'encre de Chine pour le tableau décrit au chapitre XXI du même ouvrage :

« C'est une jeune bergère qui garde toute seule son troupeau sur le sommet des Alpes : elle est assise sur un vieux tronc de sapin renversé et blanchi par les hivers ; ses pieds sont recouverts par les larges feuilles d'une touffe de cacalia, dont la fleur lilas s'élève au-dessus de sa tête. La lavande, le thym, l'anémone, la centaurée, des fleurs de toute espèce qu'on cultive avec peine dans nos serres et dans nos jardins, et qui naissent sur les Alpes dans toute leur beauté primitive, forment le tapis brillant sur lequel errent ses brebis ».

Signalons encore un cahier relié contenant des pièces de vers inédites, une ou deux pages destinées à la rédaction du *Lépreux* et les délicieux souhaits de nouvel an échangés entre

Xavier, Joseph et leurs sœurs et reproduits par
M. François Descostes dans sa *Jeunesse de Joseph
de Maistre* ;

Un buste en marbre fait à Rome en 1830 et
représentant Xavier à l'âge de 60 ans ;

L'agrandissement photographique d'un portrait de Xavier octogénaire...

La plupart de ces souvenirs sont la propriété
de M. le baron Charles de Buttet, petit-neveu et
filleul de Xavier de Maistre.

Le 19 Août.

Le 19 août, la Ville est en fête.

Le matin, les congressistes des Sociétés savantes vont excursionner au château de la Serraz,
où ils sont fort aimablement reçus par le parfait
gentilhomme qu'est le maître de céans. Au
Bourget-du-Lac, ils visitent la vieille église, au
sujet de laquelle M. Paul Lathoud, architecte, leur
fait une intéressante conférence archéologique.

A deux heures de l'après-midi, la population
se porte en foule à la gare pour assister à l'arrivée du train de plaisir de Paris, qui débarque en
terre savoyarde un convoi de 1,200 enfants de la
Savoie, heureux de revoir leurs montagnes. Des
acclamations enthousiastes et deux jolis arcs

de triomphe, dressés sur la place de la Gare, leur souhaitent la bienvenue.

A quatre heures, a lieu la clôture du Congrès. Le Président y constate avec une vive satisfaction que, parmi les travaux présentés, plusieurs ont eu pour objet les deux grands écrivains dont la Savoie célèbre la mémoire. M. le chanoine Chevalier et M. François Descostes y ont notamment donné lecture de deux études inédites, l'une sur *Saint François de Sales et Joseph de Maistre épistoliers,* l'autre sur *Joseph de Maistre en Sardaigne.*

A cinq heures et demie, a lieu, sur la place de l'Hôtel - de - Ville , l'inauguration de la plaque commémorative apposée sur la façade de l'ancien hôtel de Salins par les soins de Mlle Laracine, descendante de spectable Laracine, l'un des *consuls* de Chambéry signataires des Lettres de bourgeoisie décernées au président Maistre, et de M. Tardy, petit-fils d'un Chambérien, dont Joseph de Maistre fut parrain il y a cent vingt ans.

M. Joseph Tardy, s'adressant aux délégués du Comité et du Congrès des Sociétés savantes, prononce d'une voix vibrante cette chaleureuse allocution :

Monsieur le Président, Messieurs,

Je suis heureux et flatté tout à la fois d'avoir l'honneur d'être l'interprète des habitants de cette maison, où sont nés Joseph et Xavier de Maistre.

Cette plaque commémorative que vous voulez bien inaugurer, rappellera à nos concitoyens que ces grands hommes ont illustré la Savoie par leurs œuvres et par une vie de dévouement et de devoir.

Notre compatriote, M. le marquis Costa de Beauregard, délégué par l'Académie française pour la représenter à l'inauguration du Monument des deux de Maistre, est reçu avec bonheur par notre population qui n'oubliera jamais les services rendus à la Savoie par son père et par lui.

Veuillez agréer, Messieurs, nos remerciements pour votre aimable intervention.

M. François Descostes répond, au nom du Comité, à l'honorable M. Tardy et le prie de partager avec Mlle Laracine la reconnaissance de la Ville de Chambéry pour la généreuse initiative grâce à laquelle le vieil hôtel de Salins ne restera plus désormais ignoré des passants. Et, en effet, voici que la foule applaudit bruyamment à la découverte de la plaque rectangulaire de marbre sur laquelle on lit cette inscription gravée en lettres d'or :

DANS CETTE MAISON SONT NÉS

JOSEPH DE MAISTRE LE 1er AVRIL 1753

ET

XAVIER DE MAISTRE LE 8 NOVEMBRE 1763

A sept heures du soir, les congressistes se réunissent en un banquet fraternel qu'honorent de leur présence M. le baron Carutti, sénateur du royame d'Italie, membre de l'Académie royale des Sciences de Turin, et M. Eugène Ritter, doyen de la Faculté des Lettres de Genève.

Une retraite aux flambeaux, à laquelle prennent part la musique du 97ᵉ de ligne, la fanfare du 4ᵉ dragons et l'Harmonie municipale, termine brillamment cette journée, veille et prélude de celle plus radieuse encore et désormais historique du 20 août 1899.

Le 20 Août.

Le Réveil.

Le temps est superbe : c'est la souscription du Ciel à l'œuvre du Monument. Pas un nuage. Le cirque de montagnes au fond duquel Chambéry est bâti laisse entrevoir la ligne ondulée de ses sommets que bientôt le soleil levant illumine de ses rayons, dissipant la buée légère du matin.

A cinq heures, le bourdon de la Cathédrale et la joyeuse fanfare des « Amis de la Trompe » sonnent le réveil. La vieille cité a mis ses plus beaux atours. Les sapins coupés dans les forêts de Montagnole et de Saint-Cassin marient, le long des places et des rues, leurs teintes d'un vert sombre aux éclatantes couleurs du drapeau national et de l'étendard de Savoie. Les fenêtres des maisons sont pavoisées. Sur la place Saint-Léger, deux immenses velums se gonflent au souffle de la brise et complètent heureusement une décoration du meilleur goût.

La place Château est sablée. Les hôtels et les habitations riveraines disparaissent sous les drapeaux et les oriflammes. La terrasse du vieil hôtel de Vignet, où fut signé le contrat de mariage de Lamartine, est ornée de trophées tricolores. La façade du Château en est tapissée : il n'y a pas jusqu'à l'*appentis*, joyeux aliment des polémiques locales, qui n'ait jugé à propos de se dissimuler prudemment sous un masque de tentures rouges, blanches et bleues.

L'enceinte, où doit se réunir l'assistance conviée à la cérémonie d'inauguration, est tracée par une ligne de mâts et de sapins, réunis par une palissade : elle forme une vaste ellipse qui, se prolongeant à droite et à gauche dans la rue du Château et du côté de la rue Trésorerie, vient affleurer l'entrée de la rue de Boigne. Des convois de fauteuils et de chaises arrivent par centaines et sont prestement disposés en lignes régulières, séparées par des couloirs improvisés.

Pendant ce temps, les trains venant de toutes les directions versent dans la ville des flots de visiteurs, auxquels se joignent les populations de toutes les communes de la région avoisinante. L'heure des messes y a été avancée ; les vêpres ont été chantées aussitôt après. Les paysans, libres et joyeux, arrivent en foule et contemplent émerveillés la décoration de la ville

La Cérémonie religieuse.

La Cathédrale, splendidement décorée à l'extérieur et à l'intérieur, est prête à recevoir les fidèles conviés à l'imposante cérémonie religieuse dont Sa Grandeur Monseigneur l'Archevêque a pris l'initiative et qui a été organisée dans ses détails par M. le chanoine Colombain, vicaire général, et M. le chanoine Bovet, chancelier de l'Archevêché.

Dès huit heures et demie du matin, l'église métropolitaine est envahie par une brillante assistance où toutes les classes de la société sont représentées et unies dans un sentiment de pieuse allégresse. En face de la chaire, aux places d'honneur qui leur ont été réservées, viennent s'installer M. le marquis Costa de Beauregard, délégué de l'Académie française ; M. le baron Carutti, sénateur du royaume d'Italie, délégué de l'Académie des Sciences de Turin ; M. le général de division Borson, grand-officier de la Légion d'honneur, MM. Mugnier et d'Arcollières, vice-présidents, M. François Descostes, secrétaire général, MM. Barlet, Bel, Bérard, Bertin, Blanchard, l'abbé Bouchage, Daisay, Emmanuel Denarié, Victor Denarié, Favier, Michel, Raymond, Révil, le marquis de la Serraz, membres du Comité de Maistre ; M. le général Arvers, commandant la 28e division militaire, et l'un de ses prédécesseurs , M. le général Bérenger ; M. et Mme Ernest Dubois ; les membres de

la famille de Maistre ; ceux de l'Académie de
Savoie et des autres Sociétés savantes ; le colonel
de Witte, du 4e dragons, et divers hauts fonctionnaires.

Aux sons d'une marche triomphale exécutée
par l'orgue, le Chapitre entre processionnelle-
ment par le portail de la grande nef. Trente
chanoines, revêtus des insignes de leur dignité,
précèdent Mgr Luçon, évêque de Belley, Mgr
Turinaz, évêque de Nancy, et Mgr Hautin, archevêque de Chambéry. Sa Grandeur franchit les
degrés de son trône, au chœur, tandis que les
deux autres prélats gagnent les sièges qui leur
ont été préparés en face, sous un dais de brocart
rouge.

Le clergé du diocèse de Chambéry et celui des
autres diocèses de la Savoie, de l'intérieur et
de l'étranger sont représentés par une légion de
prêtres, parmi lesquels on distingue Mgr Lanza,
aumônier en chef de la Cour d'Italie ; Mgr Ribolet, vicaire général d'Alger ; MM. les chanoines Valansio, vicaire général de Belley,
Borrel, vicaire général de Tarentaise, Chevalier,
aumônier de la Visitation, d'Annecy, Truchet,
de Saint-Jean de Maurienne, Hubert de Saint-
Vincent, de Nancy, Falcoz, curé de Saint-André
de Grenoble ; le R. P. Joseph, directeur de l'Orphelinat de Douvaine, chevalier de la Légion
d'honneur.

Mgr Luçon célèbre la messe basse, assisté par
son vicaire général, M. le chanoine Valansio, et
par M. le chanoine Ramaz, vicaire général du

diocèse de Chambéry. Durant le Saint-Sacrifice, la fanfare de l'Orphelinat du Bocage se fait entendre, alternant ses symphonies avec les puissantes envolées de l'orgue, magistralement tenu par M. Trenca ; le *Kyrie* de Papin et le *Sanctus* de Beethoven sont remarquablement exécutés par l'*Harmonie d'Annecy,* sous la direction de M. Ernest Tissot, et l'*Ave Maria* de Cherubini est chantée par un soliste de talent, appartenant à cette dernière Société, dont le généreux concours a été vivement apprécié.

La messe terminée, Monseigneur l'Archevêque et Monseigneur l'Evêque de Belley se rendent au trône dressé en face de la chaire où apparaît bientôt Monseigneur Turinaz. Le grand orateur a prononcé dans cette mémorable circonstance son chef-d'œuvre oratoire. « Jamais peut-être, a dit avec raison l'abbé Pillet dans l'*Univers* du 29 août 1899, l'éloquent évêque n'avait été mieux inspiré. Avec son intelligence de littérateur, avec son cœur de patriote et de catholique, il a considéré successivement Joseph de Maistre comme philosophe, comme théologien, comme voyant, comme littérateur de génie. » Le texte intégral de l'*Eloge de Joseph de Maistre* est reproduit dans la dernière partie de ce volume ; mais ce que l'impression est impuissante à faire revivre, c'est l'action, le souffle, l'accent, la flamme qui ont transporté l'auditoire et lui eussent arraché des applaudissements si la sainteté du lieu l'eût permis.

10.

Monseigneur Turinaz descend de chaire au milieu des frémissements de l'assistance. Les Evêques rentrent au chœur pour donner la bénédiction pontificale. Il est onze heures. La cérémonie a pris fin. La sortie du cortège épiscopal a lieu, aux sons de l'orgue, dans le même ordre que l'entrée et la foule s'écoule lentement, s'attardant à commenter le discours que vient de prononcer l'illustre prélat et à échanger sur la place de la Cathédrale et dans les rues adjacentes les effusions d'une admiration et d'un enthousiasme bien justifiés.

Entre les deux Cérémonies.

A midi, Monseigneur l'Archevêque reçoit à sa table, dans un déjeuner intime, Nos Seigeurs les Evêques, M. le marquis Costa de Beauregard, le Président, les Vice-Présidents et le Secrétaire général du Comité de Maistre, MM. les Vicaires généraux, le R. P. Joseph, l'abbé Pillet, M. le commandeur Courret et divers hôtes de distinction.

Au dessert, dans une de ces improvisations charmantes, remplies de cœur et d'esprit, dont il a le secret, Monseigneur l'Archevêque a souhaité la bienvenue à ses invités, n'en oubliant aucun, ayant pour chacun un mot plein d'à-propos et de délicatesse, se félicitant avec eux du succès de l'œuvre et les laissant tous sous le charme de sa parole et de son hospitalité.

Pendant ce temps, la famille de Maistre, inspirée par un sentiment que l'on ne saurait trop
louer, réunissait dans un banquet amical tous
les ouvriers ayant collaboré à l'entreprise dirigée avec tant d'intelligence, d'activité et de dévouement par M. Basin, vaillamment secondé
par ses deux contre-maîtres, MM. Mazza et
Rauco.

Au vermouth, offert au café de l'Hôtel-de-Ville
par M. Edouard de Buttet, représentant la famille de Maistre, M. Basin lui a, au nom de
son équipe, adressé les paroles suivantes :

Monsieur de Buttet,

C'est avec un sensible plaisir que les ouvriers qui ont
travaillé au Monument des frères de Maistre et moi, en
mon nom personnel, vous remercions de la gracieuse invitation que vous nous avez faite d'assister à cet amical
banquet.

C'est pour nous, travailleurs, une satisfaction de constater l'esprit d'initiative et le dévouement qui ont présidé
à l'organisation de cette journée magnifique, où deux
Savoyards illustres reçoivent l'hommage grandiose qui
leur est dû.

Nous prenons bien sincèrement notre part des fêtes patriotiques dont ils sont l'objet et vous pouvez être certain
que nous nous en souviendrons longtemps.

Nous sommes fiers aussi de constater qu'en l'époque
troublée où nous vivons, les vieux Savoyards ont conservé
intact le respect de la justice ; car le Monument de Maistre est une œuvre de justice rendue à leur génie.

Nous vous remercions donc de nouveau, Monsieur de
Buttet, vous et votre famille ; votre souvenir demeurera
en nous intimement lié à celui de vos illustres aïeux.

M. de Buttet répond en termes pleins de corcialité à ces gracieuses paroles : il remercie les ouvriers chambériens d'avoir répondu à l'invitation de la famille de Maistre et exprime la joie qu'il éprouve à les saluer au nom de tous les parents que la solennité de ce jour a rassemblés.

Les convives se rendent ensuite à l'hôtel de Paris où la table est mise. Chacun a sur son couvert un menu à en-tête du Monument. La chère est bonne ; l'humeur est gaie ; l'enthousiasme croit avec les libations du vieux vin de la Combe de Savoie. On rit ; on chante ; on se rappelle les incidents de l'entreprise, la pose de la première pierre, le *hissage* mouvementé des deux de Maistre enlevés dans les airs, le 25 juillet. Mais le temps s'écoule : il est trois heures. M. Basin se lève et donne le signal du départ. Les ouvriers se dirigent en corps vers la place Château où va avoir lieu la *great attraction* de la journée : — l'inauguration du Monument.

L'Inauguration.

La place ornée, peignée, élégante et bien mise a très grand air. Le cadre est merveilleux. Le soleil, caché derrière les hautes murailles du vieux Château, laisse dans l'ombre l'immense *salon* disposé en plein air, au bas de l'escalier monumental.

De bonne heure, l'enceinte réservée est envahie par une foule bigarrée, où les toilettes exquises des dames et les brillants uniformes de l'armée forment, sur le fond noir et gris de l'ensemble, des tonalités étincelantes.

Sur les terrasses supérieures, à droite et à gauche du Monument, prennent place, d'un côté, l'excellente musique du 97e, dirigée par M. Capez, de l'autre, sous le bâton de M. Louis Bonnel, une masse chorale et instrumentale de 150 exécutants, composée du Cercle choral, du Cercle musical, de l'Harmonie d'Annecy et d'un groupe de solistes gracieusement mis à la disposition du Comité par M. Gaudrey, l'aimable directeur du Grand-Cercle d'Aix-les-Bains.

A trois heures et demie précises, le cortège officiel fait son apparition : il débouche par la porte ogivale du Château. M. le marquis Costa de Beauregard est en tête, superbe dans son costume d'académicien : sur sa poitrine brille la croix de la Légion d'honneur qu'il a gagnée durant la campagne de France. Il porte la double cravate de commandeur des SS. Maurice et Lazare et de Saint-Alexandre de Bulgarie. Tandis que la musique du 97e salue, aux sons de l'hymne national, le membre de l'Institut et les autorités qui l'accompagnent, toute l'assistance se lève et fait à l'illustre académicien, enfant de la Savoie, une ovation enthousiaste, dont les derniers échos vont se répercutant au loin, le long de la rue de Boigne.

Au premier rang, au-dessous et en face du piédestal, ont été disposés deux rangs de fau-

teuils, l'un pour le Comité et ses invités,
l'autre pour les représentants de la famille
de Maistre.

Le président, M. le général de division Borson,
en tenue civile avec plaque de grand officier, a.
à ses côtés, M. Jules Challier, maire de Chambéry ; NN. SS. l'Archevêque de Chambéry et les
Evêques de Nancy et de Belley ; M. le marquis
Costa de Beauregard ; M. le baron Carutti di Cantogno, délégué de l'Académie des sciences de
Turin ; M. du Grosriez, préfet de la Savoie, en
tenue officielle ; le général Arvers ; MM. Forest et
Gravin, sénateurs ; MM. Perrier et Forni, dépu-
tés ; MM. Ernest Dubois, statuaire, et Bertin,
architecte du Monument ; MM. les vice-présidents, secrétaire général et membres du Comité ;
Mgr Lanza, aumônier en chef de la Cour d'Italie ;
M. Eugène Ritter, de la Faculté des Lettres de
Genève ; M. d'Orgeval Du Bouchet, de Belley ;
M. Rostaing, ancien magistrat, de Vienne ; le
comte de Roussy de Sales ; M. Edmond Poncet,
du *Savoyard de Paris* ; le R. P. Joseph ; des
officiers supérieurs, des conseillers généraux,
de hauts fonctionnaires ; tous les dignitaires du
clergé ; de nombreux ecclésiastiques et des représentants de l'Académie de Savoie, de la Société
florimontane, de la Société savoisienne d'histoire
et d'archéologie, de l'Académie de la Val-d'Isère,
de la Société médicale de Chambéry, de la Société
d'histoire naturelle, de l'Académie salésienne et
de la Société d'histoire et d'archéologie de la
Maurienne.

La famille de Maistre est représentée par ceux de ses membres dont les noms suivent :

Le comte de Maistre, de Bissy, arrière-petit-fils de Joseph de Maistre ; Madame la comtesse de Maistre et leurs enfants ;

Le comte Eugène de Maistre, maire d'Allerey (Saône-et-Loire) et ses fils : les Révérends Pères Pierre et Paul de Maistre, de la Compagnie de Jésus, et MM. Xavier et Maurice de Maistre, tous deux officiers de cavalerie, lieutenants l'un au 19ᵉ, l'autre au 26ᵉ dragons ;

Le comte François de Maistre, Mademoiselle de Maistre, MM. Joseph et André de Maistre ;

M. et Madame E. de Toytot, Mademoiselle de Toytot, Madame R. de Toytot ;

Le comte Barle de Foras et Madame la comtesse de Foras ; le comte Nasali-Rocca, ancien officier de cavalerie dans l'armée italienne ;

Le baron Charles de Buttet, Madame la baronne de Buttet et leurs enfants ;

Le baron Edouard de Buttet, Madame la baronne de Buttet ; leur fils, M. Louis de Buttet, sous-lieutenant au 99ᵉ de ligne ;

Le baron et la baronne de Morand de Confignon et leurs enfants.

Les Discours.

M. le général Borson monte le premier à la tribune improvisée qui a été établie sur le côté gauche du palier intermédiaire du grand

escalier. Son discours, vrai modèle d'éloquence académique (nos lecteurs le trouveront avec ceux qui l'ont précédé et suivi,
dans la suite de ce volume), est fréquemment
interrompu par les applaudissements de l'assistance.

L'émotion est à son comble lorsque, sur un
signe de l'orateur, les voiles tombent et que les
trois statues apparaissent grandioses et radieuses aux yeux de tout un peuple enthousiasmé...
Le Président du Comité du Monument de Maistre déclare qu'il les remet avec confiance entre les
mains de M. le Maire de Chambéry et celui-ci,
dans une réponse marquée au coin d'un tact
parfait et d'un ardent patriotisme, affirme que
la Ville, qui fut la capitale de la Savoie, gardera
comme un dépôt sacré cette œuvre d'art qui est
en même temps un hommage rendu à deux
gloires nationales.

C'est au tour de M. le marquis Costa de Beauregard d'apporter à celles-ci leurs « lettres de
naturalisation » et le salut de l'Académie française. L'illustre académicien s'acquitte de sa
tâche en un discours qui est une merveille de
sentiment, de goût et de beau langage. Les mots
heureux y abondent. Certains resteront historiques. Telle cette simple phrase, frappée comme
une médaille antique et qui a eu un énorme
succès : *La Savoie ne repassera pas les Alpes.*
L'œuvre restera ; elle est enchâssée dans cet
écrin comme une pierre précieuse ; mais pourquoi le ton, le charme de la diction, la parole

enveloppante et vigoureuse à la fois, la grâce
hautaine, l'ironie fine du regard, du sourire ou
du geste, l'art de souligner les nuances et de
bercer les oreilles avec l'harmonie du débit en
même temps que les cœurs et les esprits avec
celle des sentiments et des idées, pourquoi toutes
ces choses insaisissables et que le vent emporte
ne peuvent-elles occuper ici que la place d'un
grand et délicieux souvenir?...

M. François Descostes a clos la série des discours en apportant l'hommage de la reconnaissance des promoteurs de l'œuvre à l'assemblée et
aux personnages d'élite qui donnent à ce couronnement de leurs efforts un éclat et un grand
air vraiment dignes des deux mémoires qu'ils
ont voulu honorer... Il expose à grands traits
l'idée patriotique qui a présidé à la construction
du Monument ; il en raconte la genèse et il termine en faisant appel à la jeunesse de la Savoie
et en l'adjurant de lancer aux échos de ses montagnes le cri d'enthousiasme et d'orgueil qui, en
ce moment, fait de cette immense assemblée une
famille n'ayant qu'un cœur et qu'une âme...

La Cantate.

Aussitôt, sur un signe de Louis Bonnel, une
harmonie tour à tour puissante, gracieuse et se
modelant sur les paroles, descend sur l'auditoire qui écoute ravi et applaudit frénétique-
ment. Le jeune maestro a eu, dans cette belle

journée, un succès bien dû à son talent et à son désintéressement. C'est avec raison qu'une plume autorisée a pu lui consacrer, quelques jours après, cette appréciation, qui n'est que la reproduction exacte du sentiment de tous ses heureux auditeurs :

La très belle cantate en l'honneur de Joseph et Xavier de Maistre, si brillamment exécutée le 20 août à Chambéry, vient de mettre en relief le nom de son auteur, M. Louis Bonnel. Ce m'est une occasion que je saisis avec empressement d'entretenir un peu nos lecteurs de cet aimable compositeur que notre ville doit être fière de posséder. Je suis heureux d'affirmer ma conviction en la valeur intellectuelle de M. Bonnel et ma foi en son avenir.

La cantate de M. Bonnel est belle, très belle même, elle est marquée au bon coin et de grands musiciens, même des plus admirés, ne rougiraient pas de la signer. Mélodie séduisante et prenante, harmonie riche et savante, orchestration franche et colorée, tout y est de ce qui fait une œuvre durable. Vers le début, on est saisi. Un magistral tutti d'orchestre amène de la façon la plus éblouissante la phrase imposante : *Salut à toi, terre féconde,* que reprennent bientôt tous les chœurs sur des tenues graves d'orchestre et des accords inattendus du plus heureux effet. M. Bonnel excelle à rendre le sens des paroles. La musique s'est pliée à tous les contrastes de la belle strophe :

Gloire à l'aigle royal qui plane dans les cieux!...

Rude avec ses grands placages de trombonnes quand elle célèbre Joseph qui *tient l'Europe dans ses serres,* sa phrase devient ailée et séduisante pour chanter Xavier, *ce rossignol, berçant les humaines misères...*

Mais que dire de la si jolie phrase chantée par les violons *Salut à toi, sainte Allobrogie ?* Rien n'en égale la délicatesse et la fraîcheur et je vous comprends, mon cher Ernest Daudet, de n'avoir pu rester insensible au charme qui s'en dégage le soir où M. Bonnel nous donna la primeur de sa cantate. Arrive ensuite un grand unisson choral : *France, nous t'apportons nos gloires !...* L'orchestre s'agite au souffle de ces luttes et de ces victoires du passé et amène, avec la couleur locale la plus inattendue, notre grand air des *Allobroges* clamé par tous les cuivres sur un admirable crescendo et un immense roulement de tambours.

La perfection de cette cantate a surpris, je le sais, pas mal de gens de bonne foi qui ne s'attendaient pas à voir une pareille œuvre sortir de la plume de M. Bonnel. Mais pour ceux qui réfléchissent et qui ont suivi notre jeune compositeur depuis ses débuts, la surprise a été moindre.

M. Bonnel a toujours marché de l'avant, chacune de ses œuvres réalise un progrès sur la précédente. Pourquoi la cantate aurait-elle fait exception ? M. Bonnel nous offre un bel exemple de ce que peuvent la volonté et le travail venant s'ajouter aux dons les plus heureux. Il commence par quelques romances charmantes, fraîches d'inspiration, à la mélodie facile, à l'harmonie sans prétention. Depuis lors, son bagage s'est accru de musique religieuse, de musique de piano, d'œuvres chorales très appréciées du monde orphéonique. Et ce n'est pas fini. M. Bonnel réserve bien d'autres surprises à ceux qui s'intéressent à lui. On parle d'un poème symphonique sur Jeanne d'Arc, d'une Pastorale des Rois ; on annonce même un opéra.

Pour moi, j'attends avec confiance. M. Bonnel est un artiste tellement consciencieux que tout ce qu'il nous donnera sera, j'en suis persuadé, original et bon.

La cérémonie touche à sa fin. La musique du 97ᵉ exécute avec un brio entraînant le chant des

Allobroges, qui est salué d'une unanime acclamation ; et la foule, avide de sensations nouvelles, se dirige vers la place du Palais-de-Justice où l'attend un spectacle original et ayant sa saveur locale...

Le « Xavier de Maistre ».

Le 6 mai 1784, Xavier de Maistre, alors lieutenant au Régiment de la Marine, en garnison à Chambéry, réalisait une de ces gageures qui pouvaient passer à bon droit comme le comble de la témérité.

Montgolfier venait à peine d'inventer l'appareil aérostatique auquel son nom est resté attaché. Le brillant officier savoyard voulut prouver que, de ce côté du Rhône, en fait de courage et d'amour de la science, on ne le cédait en rien aux voisins d'en face. Saussure préparait sa première ascension au Mont-Blanc. Xavier le précéda dans les airs.

Avec le chevalier de Chevelu et Jean Brun, il organisa la confection d'une mongolfière et, ledit jour de l'an de grâce 1784, devant le tout Chambéry des anciens jours assemblé dans le parc de Buisson-Rond, il s'élevait majestueusement vers la région des nuages et allait atterrir, après une heureuse et courte traversée, à Challes.

Cette équipée a été racontée par Xavier lui-même et rééditée par tous ses biographes.

Une ascension en ballon s'imposait donc dans le programme des fêtes de Maistre : elle a été brillamment exécutée par les capitaines Mouton et Lemaire, de la Société aérostatique la *Défense aérienne*. A cinq heures et demie, l'opération du gonflement était terminée et, aux acclamations d'une foule énorme massée aux abords du Palais-de-Justice et sur les Boulevards, le *Xavier de Maistre* s'enlevait hardiment, prenait la direction du sud-ouest et disparaissait bientôt comme un point imperceptible dans le ciel bleu...

La Soirée.

La nuit est tombée. La ville illuminée présente un aspect féerique. Sur la place Château, des projections électriques auréolent le Monument, la grande façade de la vieille demeure royale, qui vit naître Emmanuel-Philibert, et l'abside de la Sainte-Chapelle, dont les contreforts et les flèches finement découpées prennent, à travers ces jeux de lumière, des aspects fantastiques.

La joie populaire se donne libre cours dans les rues et sur les places ; mais c'est une joie douce, sereine, de bonne compagnie, qui n'a rien de bruyant ni d'agité.

Dans la salle de l'Académie de Savoie, théâtre de ses travaux, le Comité a réuni, dans un banquet intime, les délégués de l'Académie française et de l'Académie royale de Turin et les principales autorités. Sur la table, ornée de fleurs, la maquette originale des deux de Maistre forme un surtout plein d'à-propos.

M. le général Borson prend à sa droite le marquis Costa de Beauregard, à sa gauche **M.** le baron Carutti di Cantogno. M. Mugnier, vice-président, assis en face du président a, à sa droite, M. le général Arvers, à sa gauche M. Lefebvre du Grosriez, préfet de la Savoie. Puis viennent, côte à côte, dans un abandon plein de cordialité, M. Perrier, député de la Savoie, président du Conseil général, M. Jules Challier, maire de Chambéry, M. Ernest Dubois, **M.** Eugène Ritter, M. Bel, vice-président du Conseil général, MM. Barlet et Bérard, conseillers généraux, M. d'Arcollières, vice-président du Comité, M. le marquis de la Serraz, **M.** Monestès, président du Cercle musical, M. Bertin, architecte, MM. Blanchard, Emmanuel, Antoine et Victor Denarié, Daisay, Michel, Raymond et François Descostes...

Le menu, très soigné, est servi par Michellier. Les cartes d'invitation portent que, eu égard au caractère intime de la réunion, il n'y aura pas de toasts. Personne ne s'en plaint. On y gagne de ne pas voir, dès le milieu du repas, des figures s'allonger, et des condamnés à l'éloquence ruminer... leur improvisation. Le champagne coule à flots. Rien qui sente l'apparat ni la contrainte d'un banquet officiel ; la conversation, vive, spirituelle, animée, rapproche des gens de bonne compagnie et d'opinions différentes, heureux de se retrouver sur un terrain commun ; et, vers neuf heures, quand les convives se séparent, ils emportent de cette soirée le précieux souvenir d'une de ces journées trop rares que les anciens marquaient d'une pierre blanche.

Au Champ-de-Mars, la foule immense se délecte au rayonnement du feu d'artifice tiré par Collombert fils, d'Aix-les-Bains. La silhouette de Joseph et de Xavier de Maistre surgit resplendissante en lettres de feu. Sur les montagnes et les collines prochaines, au Nivolet, à Saint-Jean d'Arvey, à Saint-Cassin, des feux de joie associent la vaillante population des campagnes de la Savoie à la joie de son ancienne capitale ; et, debout sur leur socle de bronze, Joseph et Xavier de Maistre passent leur première nuit d'immortalité.....

Au moment de terminer cette histoire qu'il nous a été si doux d'écrire, nous tenons à remplir un devoir de reconnaissance vis-à-vis d'un collaborateur dont la modestie égale le talent et qui porte dignement un nom illustre dans les arts.

M. Auguste Viotti, un des membres les plus distingués de l'*Union artistique,* a bien voulu, avec une grâce parfaite, répondre au désir que nous lui avions indiscrètement témoigné et se charger de composer pour nous la décoration de la couverture. En faire l'éloge serait une superfluité. Nos lecteurs auront jugé par eux-mêmes de la haute valeur de cette composition, éclose dans l'atmosphère inspiratrice de l'atelier de la rue de Boigne (1) et si bien appropriée à notre *Livre d'or :* sobre, distinguée, d'un éclat discret et sévère, comme elle devait l'être. Ils s'uniront à nous pour adresser, du fond de leur cœur, à l'artiste-amateur, qui est un maitre, le témoi-

---

(1) Le Cercle de l'*Union artistique* est installé au 2me étage de la maison de Villeneuve, rue de Boigne. Depuis vingt ans, libéralement ouverte à tous les rangs, à tous les âges, à toutes les opinions, cette heureuse institution se maintient et prospère dans une harmonie que rien ne vient troubler, pour le plus grand profit du culte des arts dans notre pays de Savoie.

11.

gnage de notre admiration commune. Puissent
les pages qui y sont enfermées n'avoir pas été
trop indignes d'un pareil écrin !...

N'oublions pas non plus, — et c'est par eux
que nous voulons mettre un signet à ce trop
long récit, — les braves *typos* de l'*Imprimerie
savoisienne,* qui ont mis nous ne dirons pas seulement toute l'activité de leurs doigts agiles,
mais toute leur bonne volonté, tout leur cœur de
Savoyards, tout leur goût d'*ouvriers d'art,* pour
faire de cette édition patriotique un monument
qui fasse honneur à la typographie savoyarde
et au pays où Guillaume Fichet vit le jour.

LES DISCOURS

ÉLOGE

DE

JOSEPH DE MAISTRE

PAR

Monseigneur TURINAZ

Evêque de Nancy et de Toul

Sa Grandeur Monseigneur Turinaz,
Evêque de Nancy et de Toul.

MESSEIGNEURS [1],
MES TRÈS CHERS FRÈRES,

Le 26 février 1821, Joseph de Maistre mourait
à Turin. L'aveuglement obstiné qui avait attristé
sa fidélité, méconnu son dévouement, rendu
inutiles les conseils de sa sagesse et les inspirations de son génie, avait condamné ses derniers

---

(1) S. G. Monseigneur Hautin, archevêque de Chambéry, et
S. G. Monseigneur Luçon, évêque de Belley.

jours à l'inaction et à l'impuissance. Ses ouvrages qui, sur tant de hautes questions, heurtaient des opinions alors encore toutes puissantes, ne l'avaient conduit ni au succès, ni à l'influence, ni à la gloire. On put croire que le grand écrivain descendait tout entier au tombeau, enseveli à jamais dans l'indifférence, l'ingratitude et l'oubli (1).

Mais peu à peu cet astre qui paraissait éteint montait à l'horizon et jetait de plus vives et de plus rayonnantes clartés. La profondeur des doctrines de notre illustre compatriote, la puissance de ses démonstrations, l'éclat merveilleux de sa parole, la force et la grandeur de son caractère, la dignité immaculée de sa vie lui attiraient le respect et l'admiration. La publication de sa correspondance révélait l'esprit le plus fin, le plus séduisant, le plus aimable et le cœur le plus tendre. Les conquêtes de la suprématie du Pontife romain, l'union du clergé de la France et du monde entier autour de la chaire de Pierre, enfin la définition du dogme de l'infaillibilité pontificale dont Joseph de Maistre avait été l'apôtre et le docteur mettaient à son front l'auréole d'une gloire immortelle. Historiens, littérateurs, philosophes, écrivains des sciences politiques et sociales lui apportaient des témoignages qui n'étaient pas sans réserve, mais qui préparaient la justice complète dont les arrêts seront ceux de l'avenir.

(1) V. la note de la page 182.

La Savoie, réalisant enfin une pensée déjà ancienne, a voulu élever un monument à l'un de ses fils les plus illustres et associer à cet hommage son frère Xavier, le spirituel et charmant conteur, unissant ainsi dans le même triomphe les deux frères si unis par leur mutuelle affection.

L'Académie de Savoie a eu l'initiative de ce projet ; le Comité formé pour sa réalisation a multiplié les preuves de son intelligence, de son activité et de son zèle. Tous les cœurs se sont rapprochés dans cette manifestation du patriotisme. L'Académie de Savoie, toutes les Sociétés savantes de ce pays, le Conseil général, le Conseil municipal de Chambéry, des villes et d'humbles villages, des hommes de toutes les conditions et de tous les partis ont donné à cette œuvre si grande et si belle les offrandes de leur générosité.

Vous avez voulu, Monseigneur, dans une inspiration venue de votre cœur et qui répondait aux vœux du Comité, qu'une cérémonie religieuse fît monter vers Dieu les prières de tout un peuple pour le vaillant défenseur de la cause de Dieu et de son Eglise, et qu'un évêque de la Savoie fût l'interprète des sentiments et de la joie de ce peuple. Dans l'accablement des travaux de mon ministère j'ai accepté, mais non sans hésitation. Puisse ma parole ne pas trahir la grandeur du sujet que je dois traiter, vos désirs, vos espérances, et la solennité de cette fête patriotique et religieuse, savoisienne et française !

Pour réunir dans le cercle étroit de ce discours les titres de Joseph de Maistre à notre reconnaissance et à notre admiration, je dirai, aussi rapidement que possible, ce qu'a été en lui le *philosophe*, le *théologien*, le *voyant* et l'*écrivain* de génie.

Il a de l'aigle de nos montagnes l'essor, l'audace et la puissance. Je le montrerai planant dans les hautes régions de la science, de l'éloquence, du génie, de la vie la plus noble et la plus pure, sollicitant par ses écrits, par ses exemples, par les enseignements de cette fête, les âmes, la Savoie, la France, à s'élever vers les sommets où règnent la vérité, la vertu et l'honneur. « *Sicut aquila provocans ad volandum pullos suos, expandit alas suas et assumpsit eum.* »

I

La haute philosophie étudie les problèmes de la vie et de la constitution des peuples, de l'autorité qui les gouverne, de l'action de Dieu et de sa Providence dans le monde, de l'origine des connaissances et du langage, des vérités qui servent de bases à toutes les sciences humaines, de la valeur et des relations de la raison et de la foi ; telle fut la philosophie de Joseph de Maistre.

Je ne pourrai, mes Très Chers Frères, qu'indiquer rapidement les solutions que notre illustre compatriote a données à ces hauts et difficiles problèmes.

Dans son premier et grand ouvrage : *Les Considérations sur la France*, il étudie les principes, la marche, les caractères et le but providentiel de la Révolution française, dont il fut le témoin et la victime. Sans rancune et sans passion, dominant l'horreur que lui inspirent les excès et les crimes, il voit, dans cette effroyable mêlée, dans ces flots de sang, dans les victoires des armées françaises contre l'Europe coalisée, dans cette transformation d'un peuple qui prépare celle de tous les peuples, il voit et il montre la main toute puissante et miséricordieuse de Dieu.

Il va jusqu'à dire que cette révolution « est *satanique* dans son essence. » Elle a pour cause la philosophie incrédule du xviiie siècle, la corruption des mœurs, les défaillances du clergé, les égarements de la noblesse. La France est châtiée, mais elle est un *fléau* qui doit *battre* les autres peuples ; elle a sa grande et admirable mission que Dieu lui garde malgré tout. « Nation impétueuse qui ne revient à la vérité qu'après avoir épuisé l'erreur (1). »

De Maistre n'a pas été, comme on l'a affirmé si souvent, l'apôtre du pouvoir absolu. Avant la Révolution, il passait en Savoie et à Turin pour

---

(1) *Considérations sur la France*, chap. viii.

un libéral. « Il était, écrit son fils Rodolphe, pour les libertés justes et légitimes qui empêchent les peuples d'en convoiter de coupables. » Mais quand les ferments de révolte s'agitent en Savoie, il réclame une action nette et ferme de l'autorité, il déplore l'hésitation et la peur.

S'il a aimé passionnément la France, il a détesté constamment l'Autriche, son ingérence en Italie et sa domination sur le gouvernement sarde (1). A la fin de sa vie, quand, après le retour de ses princes, la réaction contre l'état des esprits et les tendances des peuples lui paraissait aveugle, il fit entendre plus d'une fois les conseils de la modération et de la prudence.

Pour lui, il est vrai, l'idéal du gouvernement est la monarchie française à laquelle il veut donner pour limites l'influence de la religion, les coutumes et les traditions du passé, les institutions que les rois et les peuples ont établies. Mais peut-être il oublie trop que Richelieu, Louis XIV et Louis XV ont supprimé ces garanties et ces barrières et préparé, par le pou-

(1) Il écrit, le 15 août 1794 : « Si je n'ai point de fiel contre la France, n'en soyez pas surpris ; je le garde pour l'Autriche. C'est par elle que nous sommes bousculés, perdus, écrasés. C'est par elle que nous sortons d'ici non seulement sans argent, mais sans considération, j'ai presque dit sans honneur. Vous parlez d'orgueil, de prétentions ; trouvez-moi une domination plus insultante que celle que l'Autriche exerce à notre égard. » V. encore les lettres du 6 août et du 28 octobre à M. le comte de Vignet, et les *Maximes de la politique autrichienne d'après J. de Maistre*, dans la notice écrite par son fils Rodolphe, en tête des *Lettres et Opuscules*, p. IX.

voir absolu, les excès et les ruines de la Révolution.

Il enseigne que la souveraineté vient de Dieu, mais que Dieu se sert du peuple pour l'établir (1).

Il repousse avec son ferme bon sens et son impitoyable logique, en invoquant l'expérience et l'histoire, les constitutions faites *a priori* et pour l'*homme* en abstraction qui n'existe pas. « Les législateurs, dit-il, avec leur puissance extraordinaire, ne font que rassembler les éléments préexistants dans les coutumes et le caractère des peuples (2). »

Une de ses maximes favorites était « que les peuples sont responsables et qu'ils ont toujours le gouvernement qu'ils méritent. » Il adressait aux peuples cette exhortation : « Vous avez un moyen sûr d'opérer de grandes et salutaires révolutions. Au lieu d'écouter les prédications de la révolte, travaillez sur vous-mêmes ; car c'est vous qui faites les gouvernements ; ils ne peuvent être mauvais si vous êtes bons (3). »

Le grand problème de l'action de la Providence dans le monde, de la prospérité des mé-

---

(1) *Etude sur la Souveraineté*, liv. I, chap. I et IV.

(2) *Considérations*, chap. VI. « Qu'est-ce qu'une constitution ? N'est-ce pas la solution du problème suivant : Etant donnés la population, les mœurs, la religion, la situation géographique, les relations politiques, les bonnes et les mauvaises qualités d'une *certaine nation*, trouver les lois qui lui conviennent ? Or ce problème n'est pas seulement abordé dans la Constitution de 1795. »

(3) *Etude sur la Souveraineté*, liv. II, chap. VI.

chants et des épreuves des justes a été l'objet
constant et privilégié des études du profond
penseur. *Les Soirées de Saint-Pétersbourg* sont
consacrées presque complètement à la solution
de ce problème qu'il avait abordé plusieurs fois
dans ses précédents ouvrages. « Les soirées de
Saint-Pétersbourg sont mon œuvre chérie, disait-
il ; j'y ai versé ma tête (1). »

A ce problème la Providence divine elle-même
a donné deux solutions : l'une finale et complète
dans les sanctions de la vie future, l'autre anticipée et imparfaite par les conditions des bons
et des méchants dans la vie présente.

Sans négliger la première solution, de Maistre
s'est consacré à réfuter les objections de la légè-
reté, de l'aveuglement et de l'ingratitude dirigées contre la seconde.

Avec la pénétration de son génie, le grand philosophe remarque que la question de la prospérité des méchants et du malheur des justes est
mal posée : « Car il est non seulement faux,
mais évidemment faux que le crime soit en général heureux et la vertu malheureuse dans le
monde. Il faut donc changer la question et demander pourquoi, dans l'ordre temporel, le juste
n'est pas exempt des maux qui peuvent affliger le
coupable et pourquoi le méchant n'est pas privé
des biens dont le juste peut jouir ; mais cette
question est tout à fait différente de l'autre (2). »

(1) Lettre à L. Deplace, 11 décembre 1820.
(2) *Soirées de Saint-Pétersbourg*, Ier Entretien.

La loi de la souffrance étant donnée, on ne sait ce qu'on dit lorsqu'on se plaint qu'elle soit appliquée aux hommes vertueux, et on ne le sait pas davantage lorsqu'on se plaint que les lois générales de la nature laissent beaucoup de scélérats impunis, car ce qu'on demande, c'est le miracle en permanence.

« D'ailleurs, l'innocence n'existe pas. Où donc est l'innocence, je vous en prie ? dit-il à ses amis qui conversent avec lui. Où est le juste ? Est-il ici autour de cette table ? » Comptons, si nous le pouvons, nos crimes et péchés que nous pourrions appeler personnels. « Songeons-nous à cette épouvantable *communication* de crimes qui existe entre les hommes : *complicité, conseil, exemple, approbation*, mots terribles qu'il faudrait méditer sans cesse. Rarement l'homme se rend seul coupable, rarement un crime n'en produit aucun autre. Où sont les bornes de la responsabilité ? (1) »

Dans les *Soirées de Saint-Pétersbourg* et dans un ouvrage spécial intitulé : *Eclaircissements sur les sacrifices,* de Maistre démontre, avec une puissance remarquable de doctrine et d'érudition, la réversibilité des douleurs de l'innocent *au profit des coupables* (2), la force expiatoire du

---

(1) *Soirées de Saint-Pétersbourg*, III° Entretien.

(2) « Ainsi, il peut y avoir eu dans le cœur de Louis XVI et dans celui de la céleste Elisabeth tel mouvement, telle acceptation capable de sauver la France » ; — et ailleurs : « On demande parfois à quoi servent les austérités terribles pratiquées par certains ordres religieux et qui sont aussi des dé-

sang, principe de la vie, la renaissance spirituelle par le sang répandu, enfin la puissance
du sacrifice du Calvaire, qui résume et réalise
ces données de la foi de tous les peuples, et
répond à ce que le grand écrivain appelle admirablement « le cri prophétique du genre
humain. »

Mais il est impossible d'analyser en quelques
paroles de pareilles doctrines ; il faudrait lire
les ouvrages du profond penseur et les lire, comme il lisait lui-même, la plume à la main.

C'est dans les *Soirées de Saint-Pétersbourg* que
se trouvent les pages célères sur la guerre et le
bourreau, peinture dont le coloris si étincelant
et si sombre n'a jamais été surpassé par aucune
parole humaine. La guerre est divine, dit-il, parce
qu'elle est un châtiment de Dieu, un effet de la
chute primitive de l'homme ; elle est divine dans
l'enchainement imprévu des faits et des circonstances qui décident de l'issue des combats et du
sort des empires ; elle est divine dans les vues
de la Providence qui abaisse et supprime les
nations et les peuples et les transfigure dans le
sacrifice et dans le sang. Oui, tout cela est vrai,
tout cela est grand et beau ; mais de Maistre se
trompe quand il affirme que la guerre, « étant
donné l'homme tel qu'il est, » et que la gloire
de la profession des armes, qui exige le courage,

vouements ; autant vaudrait précisément demander à quoi
sert le christianisme puisqu'il repose tout entier sur ce même
dogme agrandi de l'innocence payant pour le crime. » *(Considérations,* chap. III.)

l'abnégation, le dévouement et souvent l'héroïsme, « sont naturellement inexplicables. »

En admettant (et c'est la conviction de de Maistre) que le droit de punir aille jusqu'à la peine de mort, les redoutables et lugubres fonctions de bourreau ont leur place légitime dans l'ordre social que Dieu a voulu ; mais il est inexact que « le bourreau *soit créé comme un monde*, que toute grandeur, toute puissance, toute subordination repose sur l'exécution, qu'il soit le lien de l'association humaine, et que si vous ôtez cet agent incompréhensible, dans l'instant même l'ordre fait place au chaos, les trônes s'abaissent et la société disparait (1). »

Joseph de Maistre a spécialement réfuté deux philosophes, Locke et Bacon. Au premier, il a consacré un des entretiens des *Soirées de Saint-Pétersbourg* ; à l'autre, un ouvrage considérable qui n'a paru que depuis sa mort et dont Sainte-Beuve a dit : « Dans aucun de ses livres, de Maistre ne s'est montré si brillamment et si profondément lui-même (2). »

(1) *Soirées*, Iᵉʳ Entretien.
(2) *Portraits littéraires*, Ed. Garnier, IIᵉ vol , p. 454.
Dans son excellent ouvrage : *Le comte Joseph de Maistre*, M. Amédée de Margerie résume ainsi les résultats de la lutte de de Maistre contre Bacon : « Joseph de Maistre établit victorieusement :
1° Que Bacon n'est aucunement, comme on l'a dit, le père de la méthode et de la science expérimentales ;
2° Que sa méthode, soit par ses procédés, soit par le but qu'elle propose, est impropre aux découvertes et n'en a amené aucune ;
3° Que sa conception de la science, enfermant l'esprit hu-

Il a traité encore la question de l'origine du langage et des connaissances humaines. Il n'est pas traditionnaliste, comme on l'en a accusé ; il reconnait la valeur et les droits de la raison, et la philosophie qu'il combat est la philosophie superbe, incrédule, révoltée contre Dieu.

II

Ce profond et hardi philosophe est un grand théologien.

Ce simple fidèle, cet homme du monde, ce magistrat est arrivé par la puissance de son travail et par les élans de son génie à la science de la Foi. Privé d'une préparation qui est la voie ordinaire et qui parait nécessaire à tous, il n'a pas craint d'aborder cette science, la plus haute, puisqu'elle a pour objet Dieu et ses œu-

main dans la sphère du sensible et supprimant la métaphysique, conduit à un positivisme qui nie ou élimine toutes les vérités de l'ordre moral.

D'autre part :

1° Il se trompe autrement, mais autant que Bacon, sur la nature vraie et la marche de l'induction ;

2° C'est à tort qu'il conteste la valeur critique des procédés de la méthode baconnienne ;

3° C'est sans fondement qu'il attribue à Bacon le dessein réfléchi et caché de faire servir sa méthode et sa science à la destruction du christianisme. (*Le comte Joseph de Maistre*, p. 143.)

vres, la plus vaste, puisqu'elle touche à tous les problèmes qui sollicitent l'intelligence de l'homme et qu'elle invoque, comme ses auxiliaires, toutes les sciences naturelles.

Auprès des Docteurs de la théologie catholique, de Maistre a obtenu une place glorieuse par son érudition étonnante, par la puissance de ses démonstrations, par la forme nouvelle et personnelle qu'il leur a donnée et par l'éclat de ses victoires.

En effet, il s'est consacré à la démonstration de la règle même de la foi dans l'autorité qui enseigne, de la base de la hiérarchie qui gouverne et par conséquent des assises premières, essentielles, de la société que Notre Seigneur Jésus-Christ a fondée pour le salut du monde. Il a consacré deux de ses ouvrages : *du Pape* et *de l'Eglise gallicane*, à la suprématie, à l'autorité infaillible de celui auquel il a été dit : « Tu es Pierre, et sur cette pierre je bâtirai mon Eglise, et les portes de l'enfer ne prévaudront pas contre elle (1). — Quand tu seras converti, confirme tes frères (2). — Pais mes agneaux, pais mes brebis (3). »

Son esprit si droit et si pénétrant, l'intuition de sa foi si ferme et si vive lui ont fait comprendre que là est le nœud de toutes controverses religieuses, là est la tête et le cœur du catholicisme.

(1) Math., XVI, 18.
(2) Luc, XXII, 32.
(3) Joann., XXI, 15.

Après les luttes du XVIIe siècle contre l'autorité suprême du Vicaire de Jésus-Christ, après les égarements de la philosophie incrédule du XVIIIe siècle, après les orages et les châtiments de la Révolution, les doctrines du Gallicanisme subsistaient encore dans le clergé, dans les classes élevées de la société et dans les représentants du pouvoir civil. Joseph de Maistre voulut leur opposer la solution de ce triple problème : Le Pape et son autorité infaillible ; le Pape dans ses rapports avec les souverainetés temporelles ; le Pape dans ses rapports avec la civilisation et le bonheur des peuples (1).

Il expose dans une langue vive, alerte, brillante, accessible à tous, les preuves de la théologie catholique et réfute les objections, mais il ajoute aux preuves de la tradition, les documents très remarquables de l'Eglise russe que personne n'avait étudiés avant lui. Il y ajoute encore, et c'est le caractère spécial et le mérite exceptionnel de son œuvre, des preuves que je serais tenté d'appeler de simple bon sens, tant elles sont lumineuses, puissantes et irrésistibles, prises dans la nature même du pouvoir pontifical et de la constitution de l'Eglise. Il retourne contre le Gallicanisme ses affirmations et il l'étreint dans un cercle de fer ou plutôt dans ses serres d'aigle. Bossuet lui-même, malgré sa science et son génie, ne peut échapper à

---

(1) C'est l'objet du livre *Du Pape* dont le livre sur *l'Eglise Gallicane* n'est que le complément.

cet implacable lutteur et sa défaite reste comme un éclatant témoignage de la vérité défendue par notre illustre compatriote.

« Le jugement du Pape, a dit le Gallicanisme dans la déclaration de 1682, n'est pas irréformable, à moins que le consentement de l'Eglise n'intervienne ». « Mais, répond de Maistre, quel sera ce consentement ? Celui de l'Eglise dispersée ? et alors quel sera ce consentement ? Explicite ou tacite ? Sous quelle forme et quand sera-t-il démontré pour protéger l'Eglise contre l'erreur ? Ce consentement est insuffisant et impuissant. » — Sera-ce le consentement des Conciles généraux ? « Mais une souveraineté périodique et intermittente est une contradiction dans les termes : car la souveraineté doit toujours vivre, toujours travailler, toujours agir. Il n'y a pour elle aucune différence entre le sommeil et la mort. Or, les Conciles étant des pouvoirs intermittents dans l'Eglise, et non seulement intermittents, mais, de plus, extrêmement rares et purement accidentels, sans aucun retour périodique et légal, le gouvernement de l'Eglise ne saurait leur appartenir (1).

Dans une lettre adressée le 22 mai 1814 à un des serviteurs les plus dévoués et les plus influents de Louis XVIII, de Maistre résumait en traits rapides son livre sur le Pape. Il écrivait : « La France a fait des maux énormes au monde. C'est au roi de les guérir et ce sera le

______

(1) *Le Pape*, liv. I, chap. II.

plus beau rôle de l'univers. Rappelez-vous cette chaîne de raisonnements : Point de morale publique ni de caractère national sans religion ; point de religion européenne sans le christianisme ; point de véritable christianisme sans le catholicisme ; point de catholicisme sans le Pape ; point de Pape sans la suprématie qui lui appartient (1). »

Sans doute, mes Très Chers Frères, cette œuvre magnifique et puissante n'est pas sans quelques imperfections. De Maistre a serré de trop près sa comparaison, d'une part entre le pouvoir du Pape dans l'Eglise, pouvoir qui exige la soumission intérieure, l'adhésion de l'intelligence, et d'autre part, le jugement de l'autorité suprême dans la société civile. Car ce jugement, qui doit être considéré en fait comme infaillible parce qu'il n'admet pas l'appel, n'exige pas l'adhésion et la soumission de l'intelligence.

On lui a reproché ces paroles qui paraissent tout d'abord n'exprimer qu'un paradoxe : « Il ne s'agit pas seulement de savoir si le Pape *est* infaillible, mais s'il *doit* l'être. » Le grand écrivain ne se trompe pas : si le Pape doit être infaillible, il l'est certainement, l'œuvre de Jésus-Christ ne pouvant être imparfaite. Il a d'ailleurs donné de l'existence de l'infaillibilité des démonstrations décisives.

Je ne puis qu'exposer en quelques paroles la

_____

(1) Lettre à M. le comte de Blacas.

doctrine de de Maistre sur le pouvoir du Pape
de délier les peuples du serment de fidélité. Il
n'entend pas prêcher le pouvoir même indirect
du Pape sur les rois, mais il prétend que ce
pouvoir n'a rien d'absurde. « Il prend la liberté
de dire à son siècle quil y a contradiction manifeste entre son enthousiasme constitutionnel et
son déchaînement contre le Pape (1). » En effet,
ce pouvoir du Pape « secondé comme il devait
l'être par le droit public et le consentement des
peuples » restreignait la toute puissance des
rois et préservait les peuples de deux abîmes :
l'abîme de la tyrannie sans limites et l'abîme de
la révolte sans règle conduisant aux horreurs de
l'anarchie.

« L'autorité du Pape fut la puissance choisie
et constituée au moyen-âge pour faire équilibre
à la souveraineté temporelle et la rendre suppor-
table aux peuples (2). Il ne faut pas l'oublier,
cette souveraineté était absolue et supposait
évidemment un contrat entre les rois et les peuples. C'est sur l'obligation de ce contrat, sur sa
violation et sa déchéance, sur ce *cas de conscience*
que prononçait l'autorité spirituelle et suprême
de l'Eglise.

Retour étonnant des choses humaines ! vues

---

(1) *Le Pape*, liv. III, ch. iv.
(2) V. *Le Pape*, liv. III, ch. viii. — V. aussi *Discours de Pie
IX*, recueillis par le P. de Francisis (discours XCVI à l'Académie : *Della religione cattolica*, 20 juillet 1876). Après avoir
exposé ces pensées, Pie IX ajoutait: « Les temps où nous
vivons sont bien changés. »

impénétrables de la Providence divine! Les peuples se réunissent aujourd'hui pour essayer d'établir un arbitrage qui éloignerait autant que possible le fléau de la guerre. Cet arbitrage, le moyen-âge l'avait placé dans l'autorité la plus haute, la plus sage, la plus indépendante de toutes les autorités humaines. Nous avons vu, de nos jours, un homme d'Etat célèbre et puissant, après avoir été l'adversaire de l'Eglise, demander l'arbitrage de Léon XIII ; et c'est l'aveuglement de la haine et de la peur qui a écarté l'autorité du Vicaire de Jésus-Christ du *Congrès de la paix* frappé d'ailleurs d'impuissance.

Dans un chapitre du livre *du Pape* et dans de nombreuses et brillantes pages de *l'examen de la philosophie de Bacon,* de Maistre donne son concours puissant à la méthode d'apologétique inaugurée par Chateaubriand dans *le Génie du Christianisme* et suivie depuis lors par nos grands orateurs et nos grands écrivains. Cette méthode démontre la divinité du Christianisme et de l'Eglise par leurs bienfaits, par la grandeur et la beauté des dogmes, de la discipline et du culte catholiques. Il est plus érudit et plus profond que Chateaubriand. Obligé de restreindre sa démonstration, il jette sur cette voie nouvelle les plus vives clartés. En exposant les influences de la Papauté et de l'Eglise sur la liberté et l'esclavage, le sacerdoce et la virginité, les pouvoirs politiques, la pénitence chrétienne, l'art et le beau, il arrive au faîte de la doctrine et de l'éloquence.

Et ce théologien est un victorieux.

Il a contribué puissamment, et plus qu'aucun théologien de notre temps, à grandir l'autorité et l'ascendant de la Papauté, à créer cette union aujourd'hui plus parfaite que jamais entre l'épiscopat, le clergé, les peuples catholiques et la chaire infaillible de Pierre. Sa victoire a été à ce point complète, écrasante, que ses adversaires ont été vaincus en vertu de leur doctrine sur l'infaillibilité des Conciles généraux. En effet, le Gallicanisme affirmait l'infaillibilité des Conciles généraux, et c'est un Concile général qui a défini l'infaillibilité du Pape.

De Maistre avait prétendu que les Conciles généraux étaient désormais impossibles. Il s'est trompé dans une certaine mesure sur le fait lui-même. Un Concile général a été réuni au Vatican, mais il n'a pu achever son œuvre. Il n'a défini qu'un nombre restreint de vérités et, parmi ces vérités, il a défini celle dont Joseph de Maistre avait été le vaillant, l'éloquent, l'admirable défenseur.

Je me demande si l'histoire de la théologie catholique et l'histoire de l'Eglise comptent beaucoup de pareils triomphes.

III

Ce philosophe, ce théologien est un voyant. On l'a appelé un demi-prophète. Son regard assuré, puissant, a souvent pénétré les ombres de l'avenir, et il a annoncé des événements qui paraissaient dépasser les prévisions humaines.

Comment expliquer cette sorte de divination : car il n'y a évidemment ici ni inspiration, ni seconde vue ?

La sûreté d'un jugement qui voit les événements dans leurs causes, la perspicacité supérieure d'une intelligence ont pour conditions essentielles une indépendance absolue à l'égard des intérêts personnels et secondaires, une domination souveraine sur les passions qui aveuglent et qui égarent. La droiture et la force de la volonté qui, pour que l'intelligence voie plus clairement et plus loin, écarte l'influence des préjugés, du parti-pris, et même parfois l'influence des sentiments les plus respectables, des affections les plus légitimes, sont une source puissante de lumière. Cette indépendance, cette souveraineté, cette droiture et cette force étaient la part magnifique de Joseph de Maistre. Nous l'avons vu et nous le verrons encore, en particulier, dans le jugement qu'il a porté sur la Révolution française.

Il faut ajouter à ces ressources si rares et si précieuses l'étude approfondie du passé et du présent, les leçons de l'expérience, les révélations d'une foi que rien ne déconcerte, la science des principes constitutifs des sociétés, une confiance sans bornes dans la Providence et dans la mission divine de l'Eglise catholique et enfin les illuminations du génie. Voilà ce qui explique dans Joseph de Maistre les visions de l'avenir.

Il signale les causes des événements qu'il annonce. Il ne prétend pas tout savoir ; souvent il exprime des doutes : « Pour moi, écrit-il en 1807, je ne doute nullement de quelque grand événement extraordinaire, mais la date est indéchiffrable (1).

Il a d'ailleurs du prophète le zèle ardent, les tableaux superbes, le verbe enflammé et les foudroyants anathèmes.

La plus célèbre de ses prophéties a pour objet la Révolution française. Les sentiments d'indignation et d'horreur que ses crimes lui inspirent ne peuvent ébranler un instant cette conviction qu'elle est une force que Dieu conduit et qu'elle fera son œuvre. « Jamais, dit-il, la divinité ne s'est montrée plus claire dans aucun événement humain. Si la Révolution emploie les instruments les plus vils, c'est qu'elle punit pour régénérer (1). »

Le génie de Bonaparte, ses victoires, sa domination sur l'Europe, le Concordat, le rétablissement du culte, le couronnement de l'Empereur par le Pape ne peuvent jeter même un doute sur cette autre conviction que « la Révolution dure encore et qu'à son tour elle sera vaincue ». « Tout annonce, dit-il, que le règne de Bonaparte sera long, mais sa puissance, qui est révolution-

______

(1) Lettre à M. le Comte de Blacas, 6 juin 1807.
(2) *Considérations*, chap. I.

naire, ne durera pas (1) ». « Pour moi, ajoute-t-il, si le grand Napoléon doit établir une dynastie légitime et durable, je renonce de tout cœur à ma qualité d'être raisonnable (2). »

Les fautes de l'Empereur confirment ces prévisions : « Jamais, écrit-il au roi de Sardaigne, le 25 mai 1810, jamais souverain n'a mis la main sur un Pape et n'a pu ensuite se vanter d'un règne long et heureux. »

La Restauration ne le rassure pas. Il écrit en 1817 : « La Révolution qui vient de finir (à ce qu'on dit) n'était qu'une préface (3) » ; et en 1819 : « Il est infiniment probable que les Français donneront encore une tragédie (4) » ; mais il ne dit pas en combien d'actes.

En 1821, il affirme que la « famille royale sera de nouveau chassée de France (5). » N'est-ce pas notre temps qu'il annonçait dès lors en ces termes : « La division sera si grande dans les intelligences et dans les cœurs qu'il viendra un temps où deux amis ayant les mêmes convictions et se proposant le même but ne pourront s'entendre sur rien ? (6) »

Malgré des tentations de découragement auxquelles il n'a point échappé, de Maistre est le prophète de l'espérance.

(1) *Lettre* 50ᵉ, 13 décembre 1807.
(2) *Correspondance diplomatique*, 1ᵉʳ vol., 21 mai 1811.
(3) Lettre 133ᵉ au R. P. Supérieur général des Jésuites.
(4) Lettre 154ᵉ à M. le chevalier d'Orly, 3 mars 1819.
(5) Conversation avec le Cᵗᵉ de L..., membre de la police sous la Restauration, citée dans la préface de l'ouvrage *Pensées du Cᵗᵉ J. de Maistre*, par un Père de la Compagnie de Jésus.
(6) *Ibid.*

La France redevenue l'apôtre de Dieu par son apostolat, l'union plus étroite que jamais du sacerdoce et du Souverain Pontife, la destruction du Gallicanisme, les progrès du catholicisme en Angleterre, voilà encore les prédictions de ce grand voyant.

Il faut lire les pages splendides de foi, d'espérance et d'éloquence dans lesquelles, en présence des scandales et des crimes, des profanations sacrilèges, des désastres et des ruines de tout ce qui est grand et sacré, de Maistre chante le triomphe prochain du christianisme. Ecoutez :

« Aujourd'hui, l'expérience » (de l'issue des attaques dirigées contre l'Eglise depuis sa naissance) « se répète avec des circonstances encore plus favorables ; rien n'y manque de tout ce qui peut la rendre décisive. Soyez donc bien attentifs, vous tous que l'histoire n'a point assez instruits. Vous disiez que le sceptre soutenait la tiare ; eh ! bien, il n'y a plus de sceptre dans la grande arène ; il est brisé, et les morceaux en sont jetés dans la boue. Vous ne saviez pas jusqu'à quel point l'influence du sacerdoce riche et puissant pouvait soutenir les dogmes qu'il prêchait ; il n'y a plus de prêtres, on les a chassés, égorgés, avilis, dépouillés ; et ceux qui ont échappé à la guillotine, aux poignards, aux fusillades, aux noyades, à la déportation, reçoivent aujourd'hui l'aumône qu'ils donnaient jadis. Vous craigniez la force de la coutume, l'ascendant de l'autorité, les illusions de l'imagination ; il n'y a plus rien de tout cela, il n'y a

plus de coutume, il n'y a plus de maitre, l'esprit
de chaque homme est à lui. La philosophie
ayant rongé le ciment qui unissait les hommes,
il n'y a plus d'agrégations morales. L'autorité
civile, favorisant de toutes ses forces le renver-
sement du système ancien, donne aux ennemis
du christianisme tout l'appui qu'elle lui accor-
dait jadis; l'esprit humain prend toutes les
formes imaginables pour combattre l'ancienne
religion nationale. Ces efforts sont applaudis et
payés, et les efforts contraires sont des crimes.
Vous n'avez plus rien à craindre de l'enchante-
ment des yeux, qui sont toujours les premiers
trompés ; un appareil pompeux, de vaines cérémonies n'en imposent plus à des hommes devant
lesquels on se joue de tout depuis sept ans. Les
temples sont fermés ou ne s'ouvrent plus qu'aux
délibérations bruyantes et aux bacchanales d'un
peuple effréné. Les autels sont renversés ; on a
promené dans les rues des animaux immondes
sous les vêtements des pontifes ; les coupes
sacrées ont servi à d'abominables orgies, et, sur
ces autels que la foi antique environne de ché-
rubins éblouis, on a fait monter des prostituées
nues. Le philosophisme n'a donc pas de plain-
tes à faire ; toutes les chances humaines sont en
sa faveur ; on fait tout pour lui et tout contre sa
rivale. S'il est vainqueur, il ne dira pas comme
César : *Je suis venu, j'ai vu, j'ai vaincu*, mais
enfin il aura vaincu ; il peut battre des mains
et s'asseoir fièrement sur une croix renversée.
Mais si le christianisme sort de cette redoutable

épreuve plus pur et plus vigoureux, si Hercule chrétien, fort de sa seule force, soulève *le fils de la terre* et l'étouffe dans ses bras, il s'est révélé divin, *patuit deus* (1). »

Ecoutez encore : « Le Souverain Pontife et le sacerdoce français s'embrasseront et, dans cet embrassement sacré, ils étoufferont les maximes gallicanes. Alors le clergé français commencera une vie nouvelle (2). » « Lorsqu'une postérité qui n'est pas fort éloignée verra ce qui est résulté de la coopération de tous les vices, elle se prosternera pleine d'admiration et de reconnaissance (3). » « Souvenez-vous de ma prophétie *chérie* : Cette immense et terrible révolution fut commencée avec une fureur qui n'a pas d'exemple dans le catholicisme ; ses résultats seront pour le catholicisme (4). »

Sans doute, mes Très Chers Frères, ce voyant s'est trompé quelquefois, mais bien moins souvent qu'on ne l'a prétendu. Parfois aussi, dans son ardeur et son entraînement lyrique, sa parole a pu dépasser sa pensée.

De Maistre est le prophète de l'espérance.

Que dirait-il aujourd'hui ?

Il n'a pas été le témoin de la longue série de luttes, de crimes et de bouleversements qui ont agité le siècle qui s'achève ; il n'a pas vu ces divisions fatales qui pénètrent partout et qui

(1) *Considérations,* ch. v.
(2) Lettre 154ᵉ.
(3) Lettre 49ᵉ, 24 juillet 1807.
(4) Lettre 27ᵉ, à Mᵐᵉ la baronne de Pont, 30 août 1805.

mettent en péril la sécurité, l'honneur, l'existence même de la France, les efforts de l'anarchie s'élançant à l'assaut de toutes les institutions sociales, les attentats contre les libertés les plus hautes et les plus nécessaires, et les ténèbres montant autour de nous, de tous les abîmes. Mais il n'a pas vu l'ascendant toujours grandissant de la Papauté, la régularité et le zèle sans exemple du clergé, les congrégations religieuses se multipliant pour secourir et consoler toutes les misères, les laïques, les hommes et les femmes du monde enrôlés sous la bannière de la charité, les œuvres innombrables de la foi, de la piété et de la miséricorde, les merveilles de l'apostolat jusqu'aux extrémités du monde !

Ah ! je voudrais qu'il fût ici ; je voudrais l'entendre. Sa parole de feu flétrirait les erreurs, les crimes, les trahisons ; mais, je le crois, je veux le croire, de ses lèvres et de son cœur s'échapperait, en des accents plus vibrants que jamais, l'hymne qui célébrerait, au milieu des défaites et des hontes d'aujourd'hui, la victoire qui viendra..... peut-être après de terribles épreuves.

IV

Ce grand philosophe, ce grand théologien, ce grand voyant fut un écrivain de génie.

Mais avant de rendre au génie de de Maistre l'hommage qui lui est dû, je voudrais revenir un instant dans la sincérité, dans l'impartialité la plus absolue sur les erreurs et les défauts que j'ai signalés dans ce discours et qui sont comme des ombres légères dans l'éclat qui environne l'illustre écrivain.

Joseph de Maistre a dit : « On ne doit au Pape que la vérité. » C'est une belle et noble parole. Il n'a eu et n'aura lui-même de moi que la vérité. Elle est d'ailleurs assez grande et assez belle ; elle suffit à sa gloire.

Quelles sont les causes de ces erreurs et de ces défauts ?

Tout d'abord l'imperfection inévitable de la nature humaine à laquelle les plus grands hommes, les plus grands Docteurs et les plus grands Saints n'ont point échappé. Saint Augustin, au déclin de sa vie, a écrit le livre de ses *Rétractations*. Saint Thomas d'Aquin, le prince sans égal de la théologie, le génie peut-être le plus prodigieux de tous les temps, saint Thomas d'Aquin, mort à quarante-neuf ans, a modifié, dans ses derniers ouvrages, plusieurs des opinions qu'il avait d'abord enseignées.

Qui s'étonnerait que, sur les questions les plus hautes et les plus ardues de la philosophie, de la théologie, de l'ordre social, de Maistre se soit parfois égaré, que le pied du hardi pionnier ait glissé quelquefois sur les pentes qui donnent le vertige, que l'aigle luttant contre la tempête ait hésité dans son vol au

milieu des nuées sombres ou des lueurs éblouis-
santes de la foudre ?

Une autre cause d'erreurs est dans l'exagéra-
tion que de Maistre a appelée « le mensonge des
honnêtes gens », dans ses tendances au paradoxe,
aux affirmations dont l'imprévu et l'audace sai-
sissent le lecteur.

Il a les défauts de ses éminentes qualités.
L'homme aux convictions profondes, à l'énergie
toujours en éveil, au caractère virilement trempé,
au dévouement vraiment généreux, doit redouter
de dépasser parfois la mesure dans son ardeur,
dans l'attaque et dans la lutte. Les âmes aux
convictions faibles, les âmes prudentes avant
tout, redoutant les difficultés, voulant la paix à
tout prix, penchent vers les concessions coupables et les défaillances.

Je demande de quel côté le péril s'est trouvé
toujours, de quel côté il est aujourd'hui encore.

De Maistre est, par nature, un apologiste et
un lutteur. Il subit l'entraînement et comme
l'ivresse du combat. Ce nouveau Croisé, ce chevalier des guerres saintes « est armé de la foi au
dedans et du fer au dehors. » Il s'attaque de
préférence aux plus vantés et aux plus forts.
Comment s'arrêterait-il ? Il porte de si beaux
coups ! Il ramasse en courant les armes de ses
ennemis pour les retourner contre eux.

Sa méthode est celle de l'offensive, méthode
vraiment française et qui seule ramènera la victoire à nos drapeaux.

Comme notre vieille brigade autrefois, la force

et l'honneur de l'armée sarde, il a redit sans cesse ce cri qui fit souvent frémir les ennemis sur les champs de bataille : *En avant, Savoie ! En avant !*

Il manie avec une rare habileté l'arme terrible, mais dangereuse, de l'ironie mordante, étincelante, impitoyable, et on a pu dire que son style était « du Voltaire retourné. »

Mais quelles sont aussi les causes de la puissance et de la gloire du grand écrivain ? .

Il avait dans son âme un principe de force, d'élévation, de grandeur qui rayonne dans tous ses écrits.

Ce principe, il le puisait dans les dons si rares de sa nature, dans ses convictions religieuses et dans sa vie si parfaitement chrétienne.

C'est une rare et admirable puissance pour un écrivain d'habiter les hauteurs et de n'en descendre jamais. Les sujets qu'il traite, les points de vue auxquels il les considère, s'ils sont nobles et grands, élèvent sa pensée, son émotion et sa parole.

La dignité du caractère et de la vie de Joseph de Maistre n'a jamais subi de défaillances. Il aurait pu, comme un grand orateur catholique de notre temps et de notre pays auquel on disait: « A certains moments, vous n'auriez eu qu'à vous baisser pour ramasser la fortune et les honneurs, » il aurait pu répondre : « Oui, mais il aurait fallu se baisser (1). »

----

(1) Berryer.

De Maistre est resté debout. Dans les épreuves
de l'exil, dépouillé de tous ses biens par la Révolution, ambassadeur sans ressources d'un roi
sans royaume, délaissé plus tard par ceux qu'il
avait si noblement servis, supplanté par de vulgaires ambitieux, mourant dans l'impuissance
et la solitude (1), il n'a jamais abaissé la
dignité de son caractère et sacrifié l'indépendance de son âme. Sa vie a été la traduction fidèle
de sa belle devise : *Fors l'honneur nul souci.*

Dans la variété si grande de ses écrits, dans
ses lettres les plus familières, dans le récit des
détails les plus intimes de son existence, dans
les épanchements les plus touchants de sa tendresse paternelle, jamais il n'est trivial ou vulgaire.

L'aigle, qui a quitté l'azur où il planait, la
région des orages contre lesquels il luttait dans
son audace, replie ses ailes sur le nid où repo-
sent ceux qu'il aime, mais ce nid lui-même est
placé sur les hauts sommets.

La puissance de de Maistre, ce fut son travail

(1) « Le chevalier Maistre, écrivait un contemporain bien
placé pour observer les choses, est arrivé juste à temps pour
voir expirer son grand frère, dont la mort n'a pas fait plus de
sensation que celle de ton gardeur de vaches s'il se fût rendu
à Turin pour cette opération. Ceux qui se sont aperçus que
le comte Maistre n'existait plus n'ont su dire autre chose à sa
louange, sinon que c'était un radoteur enthousiaste et qu'on
était heureux d'en être débarrassé dans un moment où il
embarrassait plus qu'il n'était utile. C'est vraiment duperie
que d'avoir de la sagesse, de l'esprit, du génie. » (Voir la
Jeunesse de Charles-Albert, par le marquis COSTA DE BEAU-
REGARD, p. 106.)

obstiné, et par ce travail, le trésor de son érudition et de sa science : « Je suis brûlé plus que jamais, écrivait-il de Saint-Pétersbourg, de la fièvre de savoir (1). »

« Il consacrait habituellement à l'étude de douze à quatorze heures par jour dont la lecture prenait une bonne part (2). » Il lisait la plume à la main, reproduisant dans d'énormes in-folios les passages qui le frappaient le plus et fixant par l'écriture les pensées qui passent comme l'éclair et que plus tard on ne retrouve plus. C'est ainsi qu'il recueillit les fruits de ces immenses lectures des Pères de l'Eglise, des Docteurs, des philosophes de tous les temps, des ouvrages d'histoire, de littérature, de politique, de jurisprudence, de sciences naturelles, des écrivains grecs, latins, français, italiens, anglais et allemands.

De plus, la souplesse de son style est vraiment merveilleuse : auprès des tableaux fameux de la guerre, du bourreau, de Voltaire, des victoires futures de l'Eglise, voici des démonstrations de la logique la plus pressante et de l'ironie la plus impitoyable ; voici la peinture si gracieuse et si brillante de la navigation sur la Néva (3) ; voici

(1) Lettre à Mme la comtesse de Goltz, 2 mai 1805.
(2) Témoignage de Mme Swetchine.
(3) L'opinion générale, sinon universelle, est que l'auteur de ce récit de la navigation sur la Néva est Xavier de Maistre. On ignore que l'origine de cette opinion est une simple affirmation de Villemain. *(Cours de littérature française*, édit. Garnier, 4 vol., leçon 61, p. 380.)
Or Villemain ne donne de cette affirmation aucune preuve.

cette correspondance si variée, si spirituelle et parfois si tendre et si touchante.

Son style a des qualités maîtresses : le naturel, la limpidité, la force, la grandeur et souvent l'éclat du coloris le plus magnifique, les envolées d'une éloquence superbe et émouvante.

Ah ! c'est que, comme tout grand orateur et tout grand écrivain, de Maistre est un lyrique ; son sujet le saisit, sa pensée s'exalte, l'inspiration l'emporte ; il ne raconte plus, il peint ; il ne parle plus, il chante.

L'harmonie forte et douce, le rythme musical lui viennent d'eux-mêmes et sans s'en douter, comme dans le portrait de Voltaire, il arrive à écrire ce vers :

> Paris le couronna, Sodome l'eût banni.

Il n'aimait pas Joseph de Maistre ; il l'a attaqué avec violence et injustement, tronquant même un texte, supprimant des paroles essentielles pour formuler cette accusation qui est une calomnie : « Le comte de Maistre, catholique et magistrat, engage les juges, en cas d'incertitude, à prononcer des condamnations même capitales » et (même leçon, p. 386. V. J. de Maistre, *Soirées de Saint-Pétersbourg*, Ier entretien, 3e édit., Pélagaud, p. 45 et 46) Villemain ose supprimer ces mots dans le texte de de Maistre : « Les juges, dans ce cas, sont grandement coupables ou malheureux.

Sainte-Beuve a reproduit sur ce récit l'affirmation de Villemain en disant : « Villemain nous a appris... » D'autres ont répété la même affirmation.

La publication de la correspondance de Joseph de Maistre démontre qu'il était capable de faire les récits les plus brillants et les plus gracieux. J'ajouterai qu'on retrouve dans le tableau de la navigation sur la Néva le ton un peu solennel et parfois les hautes pensées qui paraissent révéler Joseph de Maistre plutôt que son frère. Voir en particulier le passage sur la statue de Pierre le Grand.

Le plus éloquent des orateurs de ce siècle, Lacordaire, a dit : « L'éloquence est le son que rend une âme passionnée. »

De Maistre avait l'éloquence des nobles et grandes passions.

L'instrument de cet admirable artiste est la langue française dont il a loué la puissance et *la monarchie* (1). Cette langue, il en connaît et il en possède toutes les ressources. Je l'ai déjà dit : il aime et avec quelle ardeur ! la France, sa langue, son caractère, sa mission, son prosélytisme. Ce Savoisien est bien Français, ce Français est bien Savoisien (2). Il a de la Savoie

(1) *Considérations sur la France*, ch. II.

(2) Quelques-uns s'étonneront peut-être que je me serve du nom de *Savoisien* et non de *Savoyard*. Si nous remontons au-delà de vingt ou de vingt-cinq ans, l'usage d'employer le mot *Savoisien* était absolument universel en Savoie. En remontant plus haut, les autorités ne manquent pas pour confirmer cet usage.

S. François de Sales emploie le mot *Savoysien*. En offrant à « Messieurs de Thonon » cet ouvrage, il espère qu'il en sera bien accueilli et profitable, car, dit-il, « son air est tout *savoysien*. » (Œuvres de saint François de Sales. Edit. nouv. et comp. d'Annecy, t. I, p. 13). On écrivait alors *Savoye*.

Joseph de Maistre se sert du même mot. Je citerai seulement les titres suivants de quelques-unes de ses brochures : Adresse de quelques parents des militaires *savoisiens* à la Convention nationale des Français. — Mémoire sur les prétendus émigrés *savoisiens*, etc...

Claude de Seyssel qui publia en 1508 ses *Histoires singulières de Louis XII*, le poète Claude de Buttet né en 1520, le satirique Menenc, les éditions de Froissard, en 1559, et de Comines, en 1829, disent *Savoysiens*. Les traités publics portent d'abord *Savoysiens* et, depuis 1672, *Savoisiens*.

Je demanderai à ceux qui se sont efforcés de faire adopter

le ferme bon sens, le regard de l'intelligence
appliquée et pénétrante, l'énergie et la patience
dans le travail, la fidélité inviolable, mais un
peu brusque et grondeuse. Il a de la France
l'esprit facile et brillant, la verve étincelante,
les ardeurs dans la lutte et les élans de l'enthousiasme.

Tout ce que j'ai dit explique, dans une certaine mesure, la valeur de l'écrivain. Toutes
ces ressources, toutes ces puissances sont les
auxiliaires du génie, mais ne le suppléent
jamais ; elles entrent même pour une part dans
le génie, à la condition d'être par lui élevées et
transfigurées. Sans lui, le travail obstiné, les
trésors de la doctrine, la noblesse de l'âme, la
souplesse et la beauté du langage feront des
versificateurs habiles, des publicistes ingénieux
et féconds, des rhéteurs corrects et brillants ; ils
ne feront ni un vrai poète, ni un puissant orateur, ni un grand écrivain. Il faut au front de
l'homme et dans son âme le rayon d'en haut : le
génie est un don de Dieu. Ce rayon céleste,
ce don divin, Joseph de Maistre les avait
reçus. Un critique littéraire qui n'était pas
chrétien a dit qu'un grand nombre de pages de
Joseph de Maistre resteront parmi les plus
belles pages qui aient jamais été écrites dans

---

partout et toujours le mot de *Savoyard* quelles sont leurs
raisons et quel est leur droit.

Il en est qui prétendent que le mot *Savoyard* vient des
manifestes espagnols, des chansons genevoises et du patois
piémontais.

une langue humaine (1). Ses écrits sont immortels.

Dans quelques heures, vous saluerez le groupe des deux de Maistre. Cette œuvre d'un grand artiste résume admirablement les conclusions de ce discours.

Regardez bien : Joseph de Maistre est debout dans une attitude de dignité et de grandeur. La tête est haute, le visage austère, énergique et vivant, le regard assuré et presque dominateur.

Son bras droit est replié contre sa poitrine et sa main tient sa vaillante plume. On pourrait croire au premier regard que ce bras ainsi vivement replié ôte à la statue quelque chose de sa grâce et de son harmonie, mais il manifeste la force de l'infatigable lutteur.

(1) Sainte-Beuve. *Portraits littéraires*. Edit. Garnier, 2ᵉ vol.
« Son vrai triomphe est dans le style. Ici, il est, non pas sans égal, mais sans pareil. Solidité, éclat, mouvement, images, souplesse, hardiesse, originalité, onction, brusquerie même, il a toutes les qualités de la parole qui sait se faire écouter; et seul peut-être de son siècle..., il n'imite rien, ni personne. Son style restera la durable admiration de ceux qui lisent pour le plaisir de lire. On dirait que, comme certaines fontaines pétrifiantes de son pays, qui pétrifient en un moment ce qu'on jette dans leur bassin, il a le don de pétrifier en un instant ce qui tombe dans sa pensée, tout ce qui en sort est moulé sur sa nature, revêtu d'une surface impérissable et immortelle ; pour caractériser son style, il faut trois noms : Bossuet, Voltaire et Pascal.
« Bossuet pour l'élévation,
« Voltaire pour le sarcasme,
« Pascal pour la profondeur.
« (Lamartine, *Cours de Littérature*, t. VIII, p. 74). »

La main gauche est appuyée sur l'épaule de
Xavier placé sur un plan inférieur dans son costume d'officier de la marine sarde. Il tient à la
main le manuscrit du *Voyage autour de ma
chambre* et regarde son grand frère.

Cette union exprime la tendresse de Joseph
pour sa famille et l'entente parfaite des deux
frères.

A leurs pieds la Savoie leur offre l'hommage
de sa reconnaissance et de son admiration.

Derrière Joseph de Maistre se dressent les
hautes murailles du château des princes qu'il a
si fidèlement servis. Ces tours, ces créneaux sont
le symbole du passé dont il n'a point méconnu
les faiblesses et les fautes, mais dont il a loué
la grandeur et la fécondité. Cette chapelle où
reposa le saint Suaire et dont les vitraux, depuis
des siècles, étincellent au soleil, est le symbole
de la Foi dont il a été le dévoué, l'infatigable et
souvent le sublime apôtre.

Devant lui s'étend la ville de Chambéry transformée, et par-delà Chambéry et la Savoie, la
France qu'il a tant aimée.

O philosophe, ô théologien, ô grand voyant,
ô grand écrivain, ô Joseph de Maistre, restez
debout, la tête haute, la main et la plume toujours prêtes pour le combat, dans ce cadre qui
est digne de vous ! Que les générations présentes et les générations de l'avenir, en passant
devant votre fière image, apprennent ce que peuvent pour la vraie gloire, non seulement la
science, l'éloquence et le génie, mais la dignité

parfaite de la vie, la fermeté invincible du caractère et l'indépendance sacrée des nobles âmes !

Appelez à vous nos grands hommes et nos
grands saints. Que leurs enseignements unis à
vos enseignements, que leurs exemples et les
vôtres nous éclairent, nous soutiennent et nous
guident ! *Sicut aquila provocans ad volandum
pullos suos, expandit alas suas et assumpsit eum* (1).

Nous nous abaissons, relevez-nous ; nous
descendons, faites-nous remonter les pentes
fatales ; redites à ce peuple qui s'égare ses exploits
et sa mission providentielle ; dites-lui qu'il faut
agir, travailler, combattre, espérer toujours ;
montrez-lui les chemins de la prospérité et de
la grandeur, et préparez les triomphes de l'Eglise
et de Dieu dans les triomphes de la France.

(1) *Deuter.*, XXXII, 11.

DISCOURS

DE

M. le Général BORSON

Président du Comité

Le Général Borson prononçant son discours.
D'après un instantané du Vte de Vaux Saint-Cyr (1).

(1) Les gravures qui suivent ont été faites, comme celle-ci, d'après des instantanés gracieusement communiqués par le Vte de Vaux Saint-Cyr.

Ce n'est pas sans émotion que je prends la parole devant cette Assemblée. Tout se réunit pour donner à cette solennité un caractère imposant : l'objet de la cérémonie, la présence de Nos Seigneurs les Evèques, celle des autorités qui représentent l'Administration, l'Armée, la Magistrature, celle d'un grand nombre de membres des Corps constitués et des Sociétés savantes de la Savoie, enfin le concours de populations impatientes d'assister au couronnement d'une œuvre patriotique. Je me rassure par la pensée que votre bienveillance est acquise, par avance, à qui ayant au cœur l'amour du pays, n'a d'autre préoccupation que celle du bien public. La gloire de la patrie, l'honneur de la cité, l'hommage à rendre à deux illustres

concitoyens, Joseph et Xavier de Maistre, tels
sont les motifs de l'initiative prise, il y a quatre ans, par l'Académie de Savoie pour l'érection d'un Monument destiné à perpétuer leur
mémoire. A son appel se sont réunis des hommes d'opinions diverses, mais animés d'un
même sentiment de patriotisme et de la résolution de mener l'entreprise à bonne fin. Elevé
par de bienveillants suffrages à la présidence
du Comité, je viens remplir un devoir en vous
parlant brièvement de ceux que nous honorons aujourd'hui et en faisant à la ville de
Chambéry, dans la personne de son honorable
Maire, la remise de l'œuvre magistrale dans
laquelle l'inspiration d'un artiste éminent a traduit la pensée commune. Heureux si je pouvais
vous faire partager la satisfaction intime que
j'éprouve de voir, après tant d'années, la renommée de Joseph et Xavier de Maistre consacrée
par le bronze dans leur ville natale, dont les événements les ont tenus longtemps exilés durant
leur vie, heureux d'avoir à vous rappeler pendant quelques instants les titres qu'ils ont
acquis à votre admiration et à votre reconnaissance.

Laissez-moi, avant tout, saluer avec vous la
présence ici des délégués de deux illustres Com-
pagnies. L'Académie des Sciences de Turin,
jalouse de s'associer aux honneurs rendus à
celui qui fut l'une de ses illustrations, a chargé
de la représenter à cette fête M. le baron Carutti,
sénateur du royaume d'Italie, le savant éminent,

l'historiographe érudit de la Maison de Savoie, qui a conservé les relations d'amitié et d'étude les plus courtoises avec ses anciens compatriotes.

Le délégué de l'Académie française est notre concitoyen. Héritier d'un nom mêlé aux fastes de la Savoie et auquel il a ajouté un nouveau lustre en versant son sang sur les champs de bataille de 1870, il nous revient l'un des élus de notre littérature nationale ; il a tous les titres pour nous parler de la patrie et de ses illustres fils, à qui elle décerne aujourd'hui les couronnes dues au génie du philosophe, au talent charmant du conteur, à la grandeur morale de tous les deux.

Chambéry a donné le jour à Joseph et Xavier de Maistre ; à quelques pas d'ici est le toit qui abritait leur famille. Notre vieille cité en est justement fière et s'est mise aujourd'hui en fête. La population se presse aux abords du vieux manoir féodal, symbole de pierre de notre histoire. Sur tous les visages on lit le sentiment de joie qui accueille au foyer de famille le retour de parents et d'amis longtemps éloignés et qui reviennent après avoir accru le patrimoine de fortune ou d'honneur de tous. Le monument de bronze élevé sur ce palier est pour notre ville la prise de possession d'une part de gloire qui lui revient, un nouveau fleuron ajouté à sa couronne, un titre de noblesse de plus pour son passé. C'est là un bien commun dont chacun, dans la cité, a droit de prendre sa part.

14.

La cité ! Ce mot a un sens profond qui parle à l'esprit et au cœur. C'est, dans l'unité de la patrie, le premier faisceau qui groupe les familles, qui conserve avec la force constitutive de celle-ci quelque chose du charme du foyer domestique. Les membres en sont unis par les sentiments de solidarité et de fraternité nés de la vie de tous les jours. C'est la communauté de joie et de deuil, la trace laissée par les mêmes événements dans la vie de chacun, ce sont les mêmes intérêts qui affectent tous les citoyens, les mêmes passions qui font battre les cœurs, les traditions et les souvenirs qui se transmettent par les récits du foyer. Ce sont enfin les mêmes maisons de prière et le même champ de repos. Ces liens sont à la fois doux comme le parfum de la fleur cueillie dans la solitude de la forêt, forts comme le chêne qui la protège de son ombre.

Ils sont plus puissants dans une ville comme la nôtre qui a un passé de plusieurs siècles, semé de vicissitudes de toute sorte, de guerres, de changements de souveraineté au travers desquels elle a conservé sa physionomie distincte, son caractère propre, je dirai son autonomie. Et c'est pourquoi nous l'aimons notre vieille cité ! Elle s'est formée lentement autour de ce château féodal dont les assises séculaires ont résisté aux injures du temps, dont les arceaux gothiques portent encore la trace de leurs herses et de leurs ponts-levis, dont les voûtes ont vu passer les chevaux et les hommes d'armes, les chevaliers bardés de fer, rangés sous l'enseigne de la croix blanche de Savoie et qui suivaient nos Comtes et nos Ducs à la Croisade et en Orient. Gardiens de ces passages des Alpes que les Romains ont nommés « les portes de la guerre » ils marchaient droit devant eux par les armes, la politique et les alliances. Ces mêmes voûtes ont vu passer les cortèges nuptiaux des princesses de la Maison de France qui s'appelaient Marguerite, sœur de Henri II, dont notre poète Marc-Claude de Buttet a célébré l'esprit et la grâce ; Madame Christine, qui montra dans les troubles de sa régence une âme héroïque digne d'Henri IV son père, pour venir jusqu'à Madame Clotilde, sœur de l'infortuné Louis XVI. Dans le cours des siècles, au milieu de ces alternatives de succès et de revers, de victoires et de défaites, Chambéry a vu passer dans ses murs des rois comme Louis XII, François Ier, Henri II et Louis XIII, des empereurs comme celui qui, le 19 février 1416, dans une des salles du Château, créait nos Comtes de Savoie Ducs et Vicaires perpétuels du Saint-Empire, jusqu'à celui qui, revenu vainqueur en 1859 de ces plaines de la Lombardie où nous avons combattu sous ses ordres, a stipulé notre union indissoluble à la France.

Chambéry vivait d'une vie sociale, religieuse, intellectuelle et politique qui a frappé tous les historiens et dont témoignent les institutions et les souvenirs du passé. N'avons-nous pas tout près d'ici notre vieux donjon dont la date de construction se perd dans la nuit de nos origines ; la Sainte-Chapelle dont on admire les ogives élancées et les grandes verrières et à qui une restauration intelligente a rendu une seconde jeunesse, digne de ses grands et pieux souvenirs ; le portail de Saint-Dominique qui nous rappelle notre Sénat, ce grand corps de justice, investi d'une part du pouvoir législatif et en qui se personnifiaient, avec notre langue nationale, nos franchises, notre autonomie, notre indépendance savoyardes.

Ce témoignage n'est pas de moi, Messieurs ; il est du magistrat qui, en 1892, a pris pour sujet de son discours à la rentrée de la Cour d'Appel : *Le Sénat Souverain de Savoie.* « La Savoie, a écrit « M. l'avocat général Noguères avec une impar- « tialité qui l'honore, a su, à travers les âges, « marquer son nom dans tous les genres de spé- « culations intellectuelles, et elle peut, avec une « légitime fierté, se vanter de compter dans son « trésor de brillantes illustrations, se succédant « par une chaine non interrompue et formant, « autour de son front, une auréole d'honneur.

« Les populations de la Savoie ont toujours « aimé l'indépendance et la liberté. Là, sur un « espace restreint, vivait un petit peuple sachant « se faire respecter et défendre fièrement son « indépendance ; puisant dans son courage et « ses vertus les moyens de dominer les plus « terribles épreuves.

« Tête carrée et cœur généreux, tenaces dans « leur volonté, que rien ne fait dévier, avec le « sentiment inné de la loyauté et de la justice,

« suivant leur route d'un pas égal et soutenu,
« celui des montagnards sur les pentes les plus
« abruptes, courageux sans témérité ni forfante-
« rie, ne se pressant jamais mais arrivant au
« but, tels nous apparaissent les rudes habi-
« tants de ce pays, qui prêtèrent à leurs magis-
« trats un vigoureux concours. »

Il y avait donc ici au centre de notre province un foyer latent de forces vives, des
hommes préparés par leur éducation et leur
tempérament moral à jouer un rôle sur un plus
vaste théâtre, et comme dans l'attente d'événements qui leur donneraient une sphère d'activité plus en rapport avec leurs moyens. C'est
là ce que de grands penseurs ont appelé l'influence du milieu sur l'éclosion des hommes de
génie et d'action.

Tout récemment encore, dans une séance de
l'Université, le Ministre de l'Instruction publique, dans un langage d'une forme littéraire achevée, s'exprimait ainsi : « Celui qui aura compris
« la grandeur farouche des falaises de l'Armo-
« rique, l'harmonie et la grâce de la Touraine,
« la puissance du massif montagneux de l'Au-
« vergne, la beauté rayonnante des rivages mé-
« diterranéens, comprendra, du même coup,
« pourquoi les têtes bretonnes sont si dures,
« pourquoi la vie fut si heureuse aux bords de
« la verte Loire. »

Dans le même ordre d'idées, Messieurs, nous
dirons à notre tour : Celui qui aura vu et compris dans leur beauté la nature des Alpes avec

ses contrastes, entre les aspects grandioses de la haute montagne et les sites agrestes de la vallée, entre les mornes solitudes où plane l'aigle au-dessus des abîmes et les retraites ombreuses de la forêt et de la prairie où chante le rossignol et où voltige le papillon, celui-là aura le secret de ces tempéraments d'esprit et de caractère qui ont trouvé leur incarnation dans Joseph et dans Xavier de Maistre.

Quand le voyageur, en parcourant nos Alpes, arrive dans la région des hauts sommets et contemple le panorama qu'il a sous les yeux, il voit le riche manteau de verdure déchiré çà et là par les érosions des glaciers et des torrents ou par quelque convulsion de la nature qui a mis à nu la charpente du sol. Il y a des roches dont les couches superposées tantôt horizontales, tantôt plissées, fracturées, renversées même, se déroulent comme les vagues d'une mer en furie subitement solidifiées. Déposées par l'action lente des eaux, elles conservent néanmoins au milieu de ces bouleversements leurs assises régulières semblables aux étages d'un édifice gigantesque qui n'est pas de main d'homme. Mais parfois, au milieu de ces entassements, surgissent des coulées d'autres roches d'aspect compact dont la structure décèle l'origine ignée. Elles ont traversé et brisé le revêtement extérieur sous l'action puissante d'une force irrésistible. C'est le granit. Il plonge ses racines à travers l'écorce terrestre jusqu'aux profondeurs où bouillonne la masse fluide. Qu'il survienne des marées puissantes comme un déluge, de nouveaux bouleversements, les roches granitiques subsistent immobiles comme d'énormes piliers au milieu des effondrements des couches latérales ou comme des butoirs inébranlables contre lesquels viennent se heurter les continents soulevés du sein des eaux ou les terres nomades roulées et charriées par les grandes marées terrestres.

C'est là l'image des hommes de grand caractère que le poète latin a dépeints il y a deux mille ans par ces deux vers plus durables que l'airain :

Et si fractus illabitur orbis
Imparidum ferient ruinæ.

Tel fut Joseph de Maistre dont on peut dire : Homme de granit par la volonté, l'énergie morale, la force de la pensée ; homme au cœur d'or par les sentiments !

Un siècle s'est écoulé depuis que la Révolution française a passé sur la Savoie comme un souffle de tempête, renversant les institutions séculaires, effaçant les frontières, dispersant violemment les individus et les familles. Toute une génération fut jetée inopinément hors des voies battues, obligée de se frayer la route vers de nouvelles destinées. A côté des calamités publiques et privées, des déchirements intérieurs, du sang versé et des exécutions sanglantes, ce fut, il faut le reconnaître, pour beaucoup la fortune militaire, et pour quelques-uns la gloire.

Dans cette grande tourmente politique, au milieu du choc entre les idées nouvelles et l'ancien ordre de choses, on comprend que les résolutions aient varié selon les situations sociales, les caractères, les inspirations ou les nécessités du moment.

C'est ainsi qu'au son du clairon de la guerre, surgit une pléiade d'hommes jeunes et ardents, épris des idées nouvelles et d'une ambition généreuse, qui a fourni à nos annales militaires les Curial, les Dupas, les Decouz, les Dessaix, les Pacthod, dont les noms ont retenti sur les champs de bataille de la République et de l'Empire. Vous m'excuserez si, cédant à un sentiment d'amour-propre, je donne place, au-dessous de ces noms illustres, au jeune enrôlé volontaire qui, parti de Saint-Pierre d'Albigny en 1793, entra comme élève sous-lieutenant avec la première promotion de l'école polytechnique et, après avoir fait la guerre en Suisse, en Italie et en Allemagne, termina sa carrière colonel d'artillerie, commandeur de la Légion d'honneur (1).

Pour Joseph et Xavier de Maistre, les traditions de famille, les liens de fidélité envers le Roi en qui se personnifiaient pour eux le droit et l'autorité légitimes, leur dictèrent d'autres résolutions. Obéissant à la voix de leur conscience, ils s'engagèrent résolument dans le che-

---

(1) Etienne-Louis Borson, né le 28 mai 1771 à Saint-Pierre d'Albigny, mort le 13 octobre 1852 à Dijon.

min où se rencontraient pour eux l'exil, le sacrifice des biens, celui de leurs plus chères affections, peut-être même de la vie. Aujourd'hui, après plus d'un siècle écoulé, après que les événements ont parlé et que le vote unanime des populations a consacré notre union indissoluble à la mère-patrie, rien n'empêche de rendre hommage à ceux qui, à ce grand tournant de l'Histoire, donnèrent ces exemples de fidélité inébranlable à leurs principes.

Ils sortaient d'une famille de robe, annoblie par les fonctions de la haute magistrature, dans laquelle régnaient d'austères traditions, mêlées au goût de la poésie et des lettres et ouvertes aux idées qui avaient pénétré l'esprit public. Un écrivain distingué, mon ami et mon collègue dans le Comité et à qui je me plais à rendre ce témoignage public qu'il a été le moteur et l'âme de notre entreprise, a décrit sous une forme attrayante ce qu'était, dans le cadre de la vie provinciale, cet intérieur de famille, où le père, Président de chambre au Sénat, nous apparaît avec la physionomie d'un sénateur de l'antique Rome, tandis que la mère berçait ses enfants au murmure des vers harmonieux de Racine (1)

Au moment de l'occupation de la Savoie par l'armée française, Joseph, l'aîné, sénateur, avait déjà révélé son mérite de jurisconsulte. Avide de connaissances de toute nature, travailleur

(1) M. François Descostes, auteur de l'ouvrage *Joseph de Maistre avant la Révolution*.

infatigable, ignorant comme Pline l'ancien ce qu'était une heure donnée au moindre loisir, son génie se sentait à l'étroit dans son cadre de vie et il supportait avec peine ce qu'il a appelé *l'énorme poids du rien*. Xavier, son cadet de dix ans, nature d'artiste un peu indolente et rêveuse, douée de beaucoup de finesse d'observation, mais capable de grande énergie à ses heures sous l'influence d'une résolution généreuse ou de l'esprit du devoir, était entré dans cette armée Sarde qui a marqué sa trace glorieuse dans nos annales et servi de premier instrument à l'élévation de la Maison de Savoie. Le cours naturel de leur vie se trouva brusquement changé par les événements.

Pour Xavier, comme pour les officiers alors au service du roi de Sardaigne, l'honneur militaire ne leur permettait pas d'abandonner en temps de guerre et dans la mauvaise fortune le drapeau sous lequel ils servaient. Quant à Joseph, il portait cette fière devise : « Fors l'honneur nul souci. » C'est le même homme qui, dans son exil de Lausanne, cherchant à consoler la marquise Costa de la mort prématurée de son fils Eugène, tombé à dix-sept ans sur le champ de bataille des Alpes-Maritimes, lui écrivait : « Madame, l'honneur et la raison sont à nous, le reste n'en dépend pas. » C'est lui qui, en 1806, ambassadeur à Saint-Pétersbourg d'un roi dépouillé, très mal récompensé de ses sacrifices par la froideur de sa Cour, au milieu de bien des froissements et des mécomptes,

écrivait à son ministre : « Dans les révolutions,
« chacun doit prendre le chemin tracé par sa
« conscience, sans jamais examiner où il abou-
« tit. Dans le cas actuel, si celui que j'ai pris
« menait à un précipice ; fort bien ! Je ne repren-
« drais pas moins le même s'il fallait recom-
« mencer. » Enfin,. lorsque après le traité de
Tilsitt qui ruinait les espérances de la Maison
de Savoie de rentrer en possession de ses Etats,
on représentait à Joseph de Maistre que tout
était fini, qu'il trouverait facilement à s'établir
en Russie comme son frère, que ce serait pour
lui la sécurité de l'avenir, le rapprochement
avec les siens, il répondit fièrement : « Tant
qu'il y aura une Maison de Savoie et qu'elle
agréera mes services, je ne changerai jamais. »

En 1800, nous retrouvons Joseph de Maistre à
Venise, fugitif, sans patrie ni foyer, ses biens
confisqués, une seule pièce, située au rez-de-
chaussée, servant d'habitation à lui, à sa
femme et à ses enfants. Sur un simple brasier se
préparaient les aliments de la famille. De 1801 à
1817, où il reprit le chemin de la Savoie, Joseph
de Maistre est à Saint-Pétersbourg, diplomate
sans train de maison, souvent aux prises avec
la gêne et les privations, réduit à se passer de
pelisse dans le climat rigoureux du Nord, écrivant à son ministre avec sa joyeuseté de monta-
gnard : « C'est comme qui dirait se passer de
chemise à Cagliari. »

Comment n'être pas frappé de cette grandeur
d'âme que rien ne rebute, qui se montre supé-

rieure à la mauvaise fortune et commande
autour d'elle le respect dans un monde où le
luxe et les distinctions sociales tiennent une si
grande place.

Joseph de Maistre avait, il est vrai, des com-
pensations morales de haute valeur. Parti d'un
coin reculé des Alpes et monté sur la scène où
se jouaient les destinées du monde, il s'était
fait sa place dans les chancelleries d'Etat où il
était regardé comme une sorte d'oracle devan-
çant les événements de ses prévisions et, une
fois accomplis, en mesurant les conséquences.
Il était devenu, du consentement de son propre
souverain, une sorte de conseiller intime de
l'Empereur de Russie, associé aux actes impor-
tants et aux secrets d'Etat.

Mais ce ne serait pas assez de ces dons d'esprit
et de caractère pour expliquer sa grande renom
mée et c'est dans ses œuvres immortelles que
son génie brillera de tout son éclat.

Je dois me borner ici, Messieurs, à proclamer
l'opinion unanime qui classe notre compatriote
parmi les plus grands écrivains français. Alors
même que je me croirais en mesure d'aborder
ce vaste sujet, il sortirait du cadre qui m'est imposé par le temps et par les circonstances. Que
pourrais-je dire d'ailleurs qui ne fût pâle et insuffisant après l'éloge prononcé ce matin dans
l'Eglise métropolitaine par l'éminent prélat,
l'orateur sacré et patriote dont la parole éloquente s'est fait entendre si souvent sur le

champ funèbre de Mars-la-Tour et qui est l'une
des gloires actuelles les plus populaires de notre
Savoie. Il a bien voulu, malgré les sollicitudes
de l'administration de son vaste diocèse, répondre à l'appel de notre Comité ; nous le prions
d'agréer l'hommage de notre reconnaissance.

Joseph de Maistre est le penseur de génie, le
philosophe profond, à la vaste érudition, le dialecticien hors de pair. Il s'est formé par une
longue méditation et n'a écrit que tard, alors
que son esprit mûri par le spectacle des événements, s'élevant par son instinct propre vers les
hauts sommets, avait fixé, par une vaste synthèse,
la solution des questions qui sont au fond des
éternels débats de la pensée humaine. Il s'est
fait l'éloquent défenseur des doctrines qui s'appellent : la révélation, la chûte originelle, la vie
surnaturelle dans les sociétés comme chez les
individus, le rôle souverain de la Providence
dans le gouvernement du monde. Institutions,
lois et mœurs, tout chez lui dérive de la même
source et tout y converge. L'idée dominante est
celle d'une théocratie, en entendant ce mot non
d'une domination politique, mais dans le sens
d'un principe souverain qui, pour emprunter la
formule du préambule de la Constitution républicaine de 1848, proclame des droits et des
devoirs antérieurs et supérieurs à toute loi écrite.

A l'être abstrait, sorti parfait des mains de la
nature, libre d'obéir à ses passions ; aux conséquences rigoureuses qu'en tirait la philosophie rationaliste du XVIIIᵉ siècle, Joseph de

Maistre oppose victorieusement l'homme découronné par la chùte originelle avec ses aspirations complexes, relevé par la grâce d'En-haut et soutenu dans le combat de la vie, aux prises avec des principes contraires sans être contradictoires. Ces antinomies mystérieuses s'appellent au for intérieur de l'âme : la raison et la foi, le libre arbitre et la prescience divine, l'humilité et l'énergie morale, l'individu et la Providence, et dans la vie des sociétés : l'autorité et la liberté, la vertu de la virginité chrétienne et la virilité des races, la loi du sacrifice par l'expiation et l'aspiration universelle de l'humanité à une ère de paix et de bonheur.

Son style, tour à tour noble et familier, brillant et sévère, a une saveur qui lui est propre, parce qu'il met à contribution, pour rendre sa pensée, tout ce qui est du domaine des connaissances humaines : sciences exactes, philosophie, histoire, auteurs sacrés, antiquité païenne. Il manie d'une main impitoyable l'ironie ; il l'a retournée contre la philosophie du XVIIIe siècle, qui en avait fait une arme si redoutable pour attaquer les vérités surnaturelles.

C'est un lutteur de grande et fière allure en qui revivent tour à tour l'historien, le légiste, le chevalier, le chrétien, interprétant, il est juste de le reconnaitre, le mystère de justice plutôt que le mystère d'amour et de miséricorde.

Il sonde d'un regard impassible les abîmes où la pensée humaine s'arrête, souvent hésitante et éperdue, telle que celle de l'origine du mal.

Dans ses vues générales, dans ses aperçus hardis sur les grands horizons de l'humanité, Joseph de Maistre domine de haut les souffrances et les épreuves individuelles ; il assiste sans être ébranlé ni ému aux victoires apparentes et transitoires de la force sur le droit, du mal sur le bien, du crime sur la vertu. Les crises sociales lui apparaissent comme les débordements d'un torrent dévastateur à qui, d'un sommet élevé, contemplerait le cataclysme, sachant d'où vient l'irruption des grandes eaux, à quelles lois elles obéissent et comment elles seront contraintes, à un moment donné, de s'apaiser, de rentrer dans leur lit, pour féconder à nouveau le sol qu'elles ont submergé et lui faire porter les plus riches moissons.

Quoiqu'il en soit, et à quelque point de vue que l'on se place pour juger les opinions émises par Joseph de Maistre, il est incontestable que sa renommée va en grandissant à mesure que sa haute figure recule dans les profondeurs du passé. Beaucoup pour qui les *Soirées de Saint-Pétersbourg* étaient un domaine mystique et sombre qu'ils n'abordaient qu'avec un sentiment de méfiance, ont été surpris de céder à l'entraînement d'une lecture où l'élévation de la pensée et la vigueur de la dialectique ressortent dans une langue superbe d'allure et de variété, semée de traits et de saillies. Peut-être aussi les événements écoulés au cours du siècle qui finit ont-ils donné raison à quelques-unes de ses prévisions et déterminé un nouveau courant d'idées.

Pour rester dans le domaine théologique, qui
ne serait frappé en voyant la disparition du
gallicanisme de la scène religieuse et la procla-
mation du dogme de l'infaillibilité pontificale
suivre, à un demi-siècle de distance, la publication de son ouvrage *du Pape*. Comment n'être
pas saisi en lisant le passage d'une de ses lettres
où il prédit, sous le nom de *riénisme*, l'avènement de la secte qui afflige la Russie de tant de
drames sanglants !

Mais Joseph de Maistre ne s'est pas contenté
d'un exposé scientifique de ses doctrines, ce qui
eût fait de lui un philosophe de l'ordre spécu-
latif ; s'il en eût été ainsi, son nom ne suscite-
rait pas tant d'animosités et sa renommée tant
de controverses ; ces mêmes théories il les a
mises aux prises avec les faits et en a poursuivi
jusqu'au bout, je dirais presque à outrance, les
applications historiques. C'est à cette lutte sans
merci du rude joûteur, à ce corps-à-corps aux
proportions épiques que nous devons ses aperçus sur la loi du sacrifice et de l'expiation, sur
la vertu du sang versé, sur les fléaux divins,
pages d'une sombre, âpre, parfois étrange, mais
indéniable grandeur. La guerre est selon lui
l'échelon supérieur de la loi universelle de
mort qui sévit par la destruction violente d'un
bout à l'autre du vaste domaine de la nature
vivante, depuis l'humble graminée à la base du
règne végétal jusqu'aux races supérieures des
animaux de proie. Et après avoir tracé ce tableau tout empreint d'une terreur majestueuse

et mystique, il s'écrie : Quel être exterminera celui qui les extermine tous ? Lui, c'est l'homme, répond-il, qui est chargé d'égorger l'homme.

La guerre est donc le fléau divin d'une inéluctable et mystérieuse fatalité, c'est l'instrument des desseins de la Providence ; il en démontre le rôle dans la vie de l'humanité, la vertu salutaire par l'abnégation, l'esprit de sacrifice, la lutte contre les jouissances matérielles. Mais, étrange et indiscutable anomalie, ces théories absolues dont la hauteur effraie ont pour correctifs, en quelque sorte, les antinomies non moins mystérieuses de l'âme humaine et Joseph de Maistre montre que les hommes de guerre, loin d'être livrés aux instincts sanguinaires, sont le plus souvent, dans la vie sociale, sensibles et généreux.

« Le spectacle épouvantable du carnage, écrit-il dans les *Soirées de Saint-Pétersbourg*, n'endurcit pas le véritable guerrier..... Au milieu du sang pu'il fait couler, il reste humain. Dès qu'il a remis l'épée au fourreau, la sainte humanité reprend ses droits et peut-être les sentiments les plus exaltés et les plus généreux se trouvent-ils chez les militaires. »

Il est lui-même, on peut le dire, un exemple de ce dualisme dans les sources intimes et dans les manifestations de l'âme.

La publication de sa correspondance l'a montré sous un jour nouveau et imprévu. Il y a un contraste frappant entre le théocrate et le grand justicier social tel que semblent le révéler ses ouvrages et l'homme privé, père tendre, ami affectueux, de relations agréables et faciles même avec les dissidents religieux et politiques traités avec rigueur dans ses écrits. Ses lettres sont pleines de charme et d'abandon ; l'esprit y vole a dit un critique, le cœur y chante, les larmes y brillent dans les yeux. Si ses autres œuvres le font admirer, ses lettres le font aimer. Il écrit à sa belle-fille : « Je vous serre avec mes « vieux bras sur mon jeune cœur », et lors du départ de son fils pour la guerre : « Je suis seul « ici, sans femme, sans enfants, sans amis, au « moins de ceux avec qui l'on pourrait pleurer. « Il m'a fallu avaler ce breuvage amer et tenir « le calice d'une main ferme. Je ne vis plus, « nul ne sait ce qu'est la guerre s'il n'y a « son fils. »

Sainte-Beuve, vivement frappé de cette délicatesse de sentiments, s'écrie : « Homme supé- « rieur, mais en même temps homme excellent, « sincère, amical, père de famille modèle, sa « correspondance nous le montre à chaque page « dans toute la vivacité de son naturel, dans « tout le piquant de l'humeur et, si l'on peut « dire, dans toute la cordialité du génie. » Joseph de Maistre est mort à Turin en 1821, régent de la grande Chancellerie, c'est-à-dire du Ministère de la Justice. Il était âgé de 67 ans et sa fin a été ce que devait être celle du chrétien fidèle et juste, fort et humble, qui avait mis ses forces et sa vie au service de sa foi.

La grandeur de cet homme de génie est d'avoir

remonté le courant de son siècle et d'avoir préparé pour nos générations le retour au christianisme dont il a salué l'aurore.

Xavier de Maistre est une figure des plus attachantes, qu'on l'étudie dans ses œuvres littéraires et son caractère ou qu'on le suive dans les péripéties de sa vie. Il connut aussi les rigueurs du sort, pendant quelques années l'exil et la gêne, mais la Providence se montra plus bénigne à son égard. Réfugié en Russie, après quelques années d'épreuves, où il dut recourir à son talent de peintre pour trouver des moyens d'existence, il reconquit vite une position sociale qui le mit en jouissance des biens de la fortune et de la considération la plus méritée

Si la hauteur des vues, la force de la pensée sont l'apanage de l'aîné, la grâce de l'imagination, l'amour de la nature, la sensibilité sans apprêt, la simplicité émue appartiennent au second. Sa renommée ne souffre de la supériorité de son frère aucune atteinte; elle est plus populaire. Il est cher à tous ceux qui, sans s'élever jusqu'aux hautes régions des spéculations philosophiques, se plaisent dans la contemplation de la nature, dans le mélange de la vie réelle et de la rêverie, dans l'observation psychologique dont le regard sonde les faiblesses humaines, tempéré par une douce tolérance exempte d'ironie, de désenchantement ou d'amertume.

Tout a été dit sur le *Lépreux de la cité d'Aoste,*

ce récit simple et touchant, où l'accent de pitié est si profond et si sincère : « Cette larme qui coule toujours », suivant l'expression de Lamartine. Xavier s'y met en scène avec une si grande absence de toute préoccupation personnelle qu'il y figure pour ainsi dire comme l'écho de la pitié humaine.

Quand on réfléchit que ces pages ont été écrites par un jeune officier au milieu des hasards et des dangers de la campagne des Alpes, on se sent pris de sympathie pour cette nature riche et variée qui captive par ses contrastes.

Le *Voyage autour de ma chambre* est un chef-d'œuvre de grâce enjouée, d'observation sagace du cœur humain, dont le style ne relève d'aucune école. Il fut composé vers 1787, et publié en 1794 à Lausanne, sur les instances de son frère Joseph qui en écrivit plus tard la Préface. « On y trouve, y est-il dit, un système complet de philosophie transcendante, de manière que les dames mêmes qui n'aiment et ne lisent guère des gros livres, en sauront, sur la critique de l'âme, autant que feu le professeur Kant, de nébuleuse mémoire. »

Un des mérites inimitables de cet ouvrage est la transition insensible par laquelle l'auteur passe des choses badines ou légères aux pensées les plus élevées et nous ouvre pour ainsi dire le fond de son âme. Dans le chapitre consacré à l'ami qu'il a perdu et qui commence par ces mots : « J'en avais un, la mort me l'a ôté », le ton s'élève graduellement pour atteindre l'élo-

quence qui jaillit du cœur comme les sources
emprisonnées dans le sein de la terre se font
jour brusquement à la surface du sol. « Avec
son souvenir, dit Xavier en terminant, une
preuve invincible de l'immortalité entre avec violence dans mon âme et l'occupe tout entière. »

Parfois la boutade de mauvaise humeur n'est
que le voile de l'émotion comme dans l'épisode
bien connu où il jette notre Chambéry par-
dessus bord ; mais que nous lui pardonnons
volontiers, sachant qu'il en usait avec sa ville
natale comme avec un ami intime dans les heures moroses.

L'arrivée d'un mendiant sonnant à sa porte
avait dérangé brusquement notre voyageur dans
ses rêveries. Rosine, la petite chienne, l'accueille
par ses aboiements et Xavier par cette apostrophe exécrable, inventée par l'avare et cruelle
richesse (c'est lui qui parle) : Fainéant, allez
travailler. — Monsieur, dit-il pour m'attendrir,
je suis de Chambéry. — Tant pis pour vous. —
Mais l'importun se fait reconnaître : c'est le
vieux Jacques, le berger de Bissy. La chienne le
caresse ; Joannetti, l'ordonnance, partage avec
lui son maigre repas. Xavier s'attendrit et ajoute :
« C'est ainsi que dans mon voyage j'allais pre-
« nant des leçons de philosophie de mon domes-
« tique et de mon chien. »

Xavier est resté dans l'esprit de tous l'homme
à la nature rêveuse, indolente même, *non curante*
comme l'appelait son frère ; mais, par une de
ces antinomies qui font de l'homme un être

complexe, il était susceptible de retours énergiques, de force, de volonté et d'activité sous l'impulsion d'un mouvement intérieur. Il en a donné un premier exemple, ici même, lorsque le 6 mai 1784, jeune cadet au régiment de Royal-Marine, en garnison à Chambéry, ne disposant que de moyens très imparfaits, il n'hésite pas à répéter l'expérience des frères Montgolfier et à exécuter une première ascension aérostatique. Cette expédition nous apparaît à juste titre, à plus d'un siècle de distance, comme un acte d'audace et de courage. L'annonce avait mis en mouvement toute la population de Chambéry accourue dans le parc de Buisson-Rond. Tous ceux qui ont lu le charmant récit de l'épisode écrit par Xavier lui-même, se le représentent debout dans la fragile nacelle, le porte-voix à la main, poussant du haut des airs le cri de : « Honneur aux dames ! » qui peint bien ce monde aimable où, civils et militaires, autorités et magistrats, se mêlaient dans une élégante et joyeuse familiarité. Le soir même, on fêta le retour de l'intrépide aéronaute dans un banquet qui prouva, dit Xavier, qu'on peut être gai sur la terre même en descendant du ciel, et l'on se sépara, ajoute-t-il, pénétré d'estime pour la physique et la folie.

Après bien des années écoulées, nous retrouvons chez Xavier de Maistre un exemple analogue d'énergie morale. C'était en 1806. Il venait d'être pourvu à Saint-Pétersbourg d'une haute situation scientifique, plus civile encore que militaire.

Mis en demeure de choisir entre le titre de conseiller d'Etat et le grade de colonel, Xavier opte pour ce dernier et, ressaisissant son épée, se fait désigner pour l'armée du Caucase. Il monte à cheval et fait un parcours de neuf cents kilomètres en une seule traite de neuf jours pour prendre part à un assaut. Au débotté, il écrit à son frère Joseph : « J'arrive à temps si la « ville n'est pas prise aujourd'hui. Si l'on donne « l'assaut tu entendras parler de moi. Je ferai « en sorte qu'on me loue comme le soldat de « César, mort ou vif. » Il court au danger et reçoit une blessure grave qui faillit le priver d'un bras.

Xavier s'était fixé en Russie par une union où il avait trouvé, avec les avantages de la fortune et de la considération, l'harmonie des sentiments qui assurent le bonheur domestique. Des enfants qui en naquirent, il ne conserva aucun, malgré un séjour de quatorze ans qu'il vint faire en Italie pour essayer de l'influence d'un climat plus doux. Il est mort à Saint-Pétersbourg en 1852, à l'âge de quatre-vingt-neuf ans. Dans sa longue carrière, il revit à plusieurs reprises la Savoie qu'il avait quittée à l'âge de vingt-deux ans. C'est à l'un de ses voyages que Lamartine salua son retour en lui dédiant la Méditation où on lit cette strophe :

> Salut au nom des cieux, des monts et des rivages,
> Où s'écoulèrent tes beaux jours,
> Voyageur fatigué qui reviens sur nos plages
> Demander à tes champs leurs antiques ombrages,
> A ton cœur ses premières amours.

La nostalgie du pays natal éclate souvent sous
la plume de Xavier dans ses épanchements intimes. Il écrivait en 1802 de Moscou : « La crainte
« de ne plus voir mes pénates empoisonne tout
« ce qui peut m'arriver d'heureux. »

En 1804 : « Je vis toute la journée dans un
« superbe bois de pins. Je dessine, je rêve ; cela
« sent l'odeur des Alpes. O bois touffus de ma
« patrie ! »

Près de quarante ans s'écoulent ; l'accent est
aussi tendre, aussi pénétrant.

Il écrit alors à l'une de ses nièces : « Je fais
« de temps en temps des rêves de retour en
« Savoye. J'ai devant les yeux une vue du Nivo-
« let prise de la fenêtre du corridor de Bissy.
« Je ne regarde jamais cette (dent) chérie et le
« rocher de Chaffardon, sans que mon cœur
« s'envole du côté de Bissy.

« Alors le souvenir de ma jeunesse, de cette
« bonne Savoie revient avec force et j'entends
« le bruit de ses ruisseaux aux bords de la
« silencieuse Newa. »

Xavier revit ici tout entier, tel qu'il s'est dépeint lui-même : « Je descends, dit-il, le sentier
de la vie sans crainte, sans désir, alternant entre
la joie et les larmes et cueillant chemin faisant
quelques fleurs. » Ecrivain qui a fait vibrer les
cordes de la plus délicate sensibilité, épris de
la nature qu'il a dépeinte avec le pinceau et la
plume, officier intrépide aux heures du danger,
homme aimant dont le cœur est ouvert à toutes
les affections, fidèle au culte de l'honneur et de

la patrie, Xavier de Maistre a excité les plus
vives sympathies chez tous ceux qui l'ont étudié
en France et à l'étranger.

Vous serez heureux comme moi, Messieurs,
de retrouver l'écho de ces impressions dans ces
lignes et que je traduis de l'allemand :

« Dans Xavier de Maistre, l'homme et l'écrivain excitent la même sympathie. Il n'a pas sacrifié à la vaine gloire et a su se maintenir dans
la sphère de ses dons naturels. Tandis que d'autres seront oubliés, qui avaient des visées plus
hautes, la simplicité des récits, la délicatesse du
goût lui ont fait un succès durable. Ses ouvrages
révèlent la vivacité d'un cœur aimant ; le sentiment délicat et pénétrant qui les anime s'exalte
jusqu'à l'éloquence et à l'enthousiasme lorsqu'il
aborde les sujets dignes de profonde méditation :
l'amour de la patrie, l'immortalité, l'éternité.

« L'accord parfait chez Xavier de Maistre du
fond et de la forme provoque notre admiration.
Celle-ci a franchi les limites de son pays natal
et s'étend à l'univers entier. Le *Voyage autour de
ma chambre* et le *Lépreux de la cité d'Aoste* ont été
traduits dans toutes les langues, qui ont une littérature. Le nom de Xavier ne tombera pas dans
l'oubli. Tel qu'il est, simple et modeste, il appartient à cette littérature universelle composée
par les esprits qui ont su exprimer sous une
forme éternelle, ce qui est vraiment du domaine
de l'humanité (1). »

(1) *Xavier de Maistre, sa vie et ses œuvres*, par Wilhelm
Ungewitter ; Berlin, 1892.

Tels nous apparaissent, imparfaitement dépeints, nos illustres compatriotes. Je comprends
votre impatience de retrouver dans leurs moules
de bronze les traits de caractère qui vous ont
frappés. Levez donc les voiles qui les cachent ;
saluons-les de nos acclamations ; ce sont des
concitoyens nés dans nos murs qui y rentrent
pour toujours : *Redevivi in patriâ*. Ils ont attendu
longtemps l'hommage public, mais la patrie
acquitte en ce jour sa dette envers les fils qui
lui ont donné une part de gloire. L'artiste s'est
bien pénétré de l'âme de ses personnages, il
leur a donné le mouvement et la vie. A l'un
l'énergie, la grandeur d'âme, l'inspiration ; à
l'autre la grâce, la modestie, la noblesse de sentiments ; à tous deux la distinction née de la
race et de la dignité du caractère.

Leur réunion sur le même piédestal, dans une
fraternelle étreinte, rappelle le lien d'affection
intime des deux frères, tempérée par l'admiration et le respect du cadet pour son aîné ; la
Savoie qui leur apporte des couronnes est bien
la vierge forte et chaste de nos montagnes qui
pose fièrement le pied sur le granit. C'est la
fille de l'austère nature des Alpes, dont la
chevelure ne s'est pas même ornée de la fleur
des glaciers.

L'artiste, esclave de la pensée maîtresse de
l'œuvre, lui a refusé l'élégance charmeresse de
la Diane antique ; il en a fait l'incarnation de la
région grandiose et sauvage des hauts sommets
où l'idée de patrie épurée et abstraite se dégage

des vains bruits de la terre et des passions de l'heure qui fuit.

« *A Joseph et Xavier de Maistre la Savoie* », cette inscription éloquente dans sa sobriété exprime bien la pensée commune ; au-dessus des divisions et des luttes de partis, c'est le cri de concorde patriotique qui sort de nos poitrines. L'étranger qui visite notre ville se convaincra à l'aspect de ce groupe que la Savoie, bien avant son annexion à la France, vivait de sa vie intellectuelle. Nos écrivains, de saint François de Sales aux deux de Maistre, sont inscrits au livre d'or des lettres françaises.

Joseph et Xavier de Maistre avaient des sympathies pour la France, et l'on trouve dans la correspondance de ce dernier ce mot charmant : *La France qui est bien aussi mon pays.* Quant à Joseph, tout en combattant avec une âpre énergie les idées et les principes de la Révolution, il aime la France et son génie est fier de ses grandeurs, enthousiaste de tout ce qui l'élève ; il proclame le rôle qu'elle remplit dans la civilisation du monde, déclare que sa disparition serait une épouvantable calamité : « *Le peuple français est vraiment*, dit-il, *le bras de Dieu sur la terre.* »

Nos compatriotes des bords du Rhône, de la Loire et de la Seine, loin de prendre ombrage de notre amour-propre provincial, y verront un fleuron ajouté à la couronne nationale formée des gloires de toutes ces régions du beau pays de France qui, sur notre grande frontière, s'appellent la Lorraine, la Franche-Comté, la Savoie, le Dauphiné, la Provence.

C'est à vous, M. le Maire, comme au premier magistrat de la cité, que le Comité fait la remise de ce Monument, avec la satisfaction d'avoir doté Chambéry d'une œuvre d'art de haute valeur qui consacrera la réputation d'un grand artiste. La mission que j'ai à remplir m'est, à bien des titres, agréable. Nos relations m'ont permis d'apprécier vos sentiments de patriotisme et votre dévouement aux intérêts de la Ville. Vous n'êtes pas insensible au culte du passé, et, respectueux des institutions de nos pères, vous avez tenu à ce que la Compagnie des Chevaliers-Tireurs, destinée à conserver parmi nous le goût et la pratique des exercices de tir, gardât son nom si populaire, ses règlements, ses nobles traditions. Soyez-en remercié !

Vous avez prêté à notre Comité un concours qui a facilité notre tâche et votre sympathie pour notre œuvre s'est manifestée avec plus d'éclat à l'occasion de cette fête d'inauguration. Vous avez interprété notre désir en en faisant une fête populaire. Le peuple est aujourd'hui non seulement partie agissante, mais prépondérante dans l'action sociale. En s'élevant à une existence plus facile, à une instruction plus étendue, il doit s'initier aux jouissances de l'esprit et du cœur, aspirer à une vie intellectuelle plus haute. Son patriotisme lui a appris à être fier des hommes qui ont honoré le pays. Du piédestal où ils se dressent, ils enseignent à l'étranger les fastes de la patrie ; ils servent de leçons vivantes aux générations nouvelles en leur rappelant ce qu'ont été leurs pères ; ils leur inspirent, avec le culte de la fidélité et de l'honneur, une noble émulation pour les actions généreuses et les mâles vertus.

DISCOURS

DE

M. Jules CHALLIER

Maire de Chambéry.

M. Jules Challier, Maire de Chambéry, répondant au Président du Comité.

Monsieur le Président,

Au nom de la Ville de Chambéry, je reçois
de vos mains ce Monument érigé à la mémoire
impérissable de deux de ses plus illustres
enfants.

J'adresse à l'Académie de Savoie l'expression
de nos remerciements et de notre reconnaissance pour sa généreuse et louable initiative.

A vous, Monsieur le Président, je rends particulièrement hommage pour le dévouement et
l'énergie dont vous avez fait preuve. Vous avez
dirigé avec votre haute autorité et votre remarquable savoir les laborieuses séances d'un
Comité composé d'hommes éclairés, à l'ardeur
infatigable, dont certains nous ont communiqué
leur enthousiasme et leur confiance dans l'heu-

16.

reuse issue de cette entreprise. Nous ne saurions trop louer leur zèle, car en travaillant à cette œuvre, ils travaillaient à la grandeur de notre pays.

Je m'associe aux louanges méritées que vous décerniez tout à l'heure à l'éminent artiste dont le ciseau a reproduit, avec un beau talent, la vivante image de deux grands génies, et la figure symbolique de la Savoie leur décernant les palmes de l'immortalité.

Nous adressons avec vous une parole d'affectueux souvenir au regretté M. Revel, architecte, et nos éloges à M. Bertin, son collaborateur. L'un et l'autre ont puissamment contribué à compléter l'heureuse installation de cette œuvre d'art.

Je n'essayerai point de dire après vous, Monsieur le président, ce que furent Joseph et Xavier de Maistre. Une analyse de leur pensée, une appréciation de leurs écrits exigeraient tout un livre. En termes éloquents, vous avez su rappeler la vie et les vertus civiques de ces deux grands écrivains et profonds philosophes.

Il ne nous appartient pas de juger l'œuvre de Joseph de Maistre : l'extrême rigueur et la sévérité de sa doctrine ont pu émouvoir nombre d'esprits des plus distingués, elle s'explique par les troubles des temps, le milieu dans lequel il a vécu, par les malheurs d'un prince auquel il vouait un attachement et une fidélité que chacun loue sans réserve. Mais tous s'accordent à reconnaître sa bienveillance et son urbanité dans le commerce de la vie. Cet homme extraordinaire, dont les écrits devançaient les temps, ne courut jamais au devant de la gloire : si grande était sa modestie, que la publication de ses principaux ouvrages ne fut complétée qu'après sa mort.

Le temps a marché et l'humanité irrésistiblement progresse, nivelant les idées, mais elle garde le souvenir de ceux qui ont donné le haut exemple de la constante fidélité, de l'abnégation et d'une vie exempte de tout reproche.

Ecrivain spirituel, savant, chimiste, excellent peintre paysagiste, Xavier de Maistre mérite aussi les honneurs de la postérité. Peu d'hommes eurent autant de dispositions pour tous les genres de talent ; peu furent autant favorisés de tous les dons de la nature. On ne peut le lire et le connaître sans l'aimer.

Au profond philosophe, à l'écrivain distingué, à ces deux génies, a été élevé ce Monument dû à votre participation, Monsieur le président, à la générosité de nombreux donateurs, au concours du département et de la ville de Chambéry.

La Savoie s'honore ; elle honore aussi la grande patrie française tout entière par cette imposante manifestation à laquelle sont venus prendre part des hommes d'élite accourus des points les plus éloignés de la France pour rendre hommage à Joseph et Xavier de Maistre, à leur talent et à l'intégrité de leur vie.

Cette statue, confiée à nos soins, ne cessera d'être l'objet de notre culte. Avec vous, Monsieur le président, nous la plaçons sous l'égide de nos concitoyens et nous la léguerons aux générations futures comme le dépôt d'un précieux et patriotique souvenir.

DISCOURS

DE

M. le Marquis COSTA DE BEAUREGARD
de l'Académie française.

Le Marquis Costa de Beauregard saluant les de Maistre
au nom de l'Académie française.

Voici bientôt un demi-siècle de notre réunion à la France. Au cours des années qui s'achèvent, nos pères sont morts, nos enfants sont nés, les traditions des uns sont devenues légendes pour les autres. La Savoie ne repassera plus les Alpes.

Notre dévouement rajeuni, comme nos vieilles gloires, appartiennent désormais à la seconde patrie que nous nous sommes donnée. C'est pourquoi l'Académie française m'accrédite auprès de Joseph et de Xavier de Maistre. Envoyé par elle, j'apporte ici leurs lettres de naturalisation. Pour eux, c'est aujourd'hui comme le retour d'un double exil. Ils retrouvent une famille littéraire en même temps qu'ils rentrent dans leur ville natale.

En choisissant l'un des vôtres pour la représenter ici, l'Académie a voulu vous dire, Messieurs, qu'elle s'associait non seulement par courtoisie, mais de tout son cœur à votre œuvre patriotique.

Ce sera pour moi un inoubliable souvenir que d'être venu chargé d'un tel message auprès de vous, Monsieur le Président, auprès de vous, Monsieur le Maire, auprès de vous, Messieurs de l'Académie de Savoie, auprès de vous tous enfin, mes amis, mes compatriotes, qu'un même souffle d'orgueil national rallie autour de ce Monument.

L'âme apaisée de notre vieille Savoie plane sur cette fête. Elle semble nous sourire comme à ces frères désormais inséparables dont l'étreinte confond ici, dans une vivante image, l'éternelle grandeur et le charme de notre terre natale.

Nous pouvons, Messieurs, sans craindre l'avenir, élever cette statue aux deux de Maistre. Leur immortalité est sortie du creuset où le temps épure toute gloire humaine. Nos arrière-petits-fils passeront respectueux devant ce piédestal que la Savoie d'aujourd'hui dresse à ses hommes d'autrefois.

Joseph de Maistre ne nous apparaît plus, en effet, que semblable à quelqu'une de ces figures de justes peintes par Michel-Ange dans le terrible Ciel de son Jugement dernier.

Maistre assiste impassible et hautain aux bouleversements de la Révolution française.

C'est la justice de Dieu qui passe. Il attend d'elle la séparation des bons et des méchants. Il a foi dans cette justice. Il l'espère. Il l'appelle, parce qu'il l'aime d'un amour implacable.

Ecrivain, philosophe, théologien magnifique, Maistre proclame la banqueroute de la raison sans la foi. Il accepte toutes les humiliations du mystère. Bien plus, il se complait dans ces certitudes inexpliquées et l'expression de ses croyances jaillit imprévue, miraculeuse, sans cesse renouvelée par le sens inattendu qu'il leur donne.

Pour lui, pour ce survivant d'une époque psychologique disparue, le vieil ordre de choses est à ce point immuable que, lorsqu'il essaie de tracer les grandes lignes de l'avenir, Maistre ne parvient à reproduire qu'un merveilleux décalque du passé.

Sa politique dérive de sa théologie, son droit royal de son droit divin. S'il n'attribue pas tout à fait au roi la même infaillibilité qu'à Dieu, il n'en exige pas moins du royaliste la même soumission que du chrétien.

Croyons, Messieurs, aux témoins qui se font égorger. Il n'en est guère qui, plus héroïquement que le comte de Maistre, aient affronté le martyre pour leur foi.

La Révolution envahit son pays, renverse ses autels, peut-il se lasser de haïr la Révolution? La résignation du vaincu assure le triomphe du vainqueur. Maistre ne se résigne pas. L'idée de faire jouer à son roi exilé un grand rôle en

Europe, de faire du Piémont démantelé un rempart contre la Révolution, ne peut germer que chez un homme de génie dont le patriotisme et la fidélité ne reculent même pas devant l'impossible.

Si nous voyons le comte de Maistre détester la casaque blanche de l'Autrichien à l'égal de la carmagnole du Français, c'est que la machiavélique politique de de Vins, de Beaulieu, de Mélas, lui apparaît aussi redoutable pour son prince que le canon de Montesquiou, de Joubert ou de Bonaparte.

S'il aime la Russie, c'est qu'il espère pour son maitre dans le caractère chevaleresque de l'empereur.

Voilà pourquoi, Messieurs, sans argent dans un monde où l'argent était tout, ambassadeur sans cordons au milieu de tous les ordres de l'Europe, Maistre use sa vie à sonner le ralliement des monarchies contre la Convention, contre le Directoire, contre l'Empire.

Et pourtant, et pourtant il aime la France, il croit à son rôle providentiel. C'est d'elle qu'il attend le salut après la ruine.....

Je m'étonnerais cependant que, dans votre pensée, Messieurs, la statue que voilà fût élevée au royaliste que je viens de vous dire. Je m'étonnerais plus encore qu'elle célébrât le prophète dont le dernier cri a été : « Je meurs avec l'Europe. »

Non, vous avez voulu personnifier, glorifier le sacrifice dans cette hautaine figure.

Si Joseph de Maistre fût demeuré « écrasé sous l'énorme poids du rien », je veux dire sous le néant d'une vie heureuse, le monde y eût perdu un génie.

Seule l'adversité donne l'essor aux grandes âmes, seul le sacrifice conduit l'homme à ces hauteurs où ne sauraient l'atteindre la pauvreté, la faveur, l'ingratitude, l'injure, à ces hauteurs où il ne relève plus que de sa conscience et de Dieu.

Vous avez voulu, pour notre éternel exemple, placer sur la brèche, qui défie encore bien des assauts, l'image d'un de ces grands citoyens dont l'antiquité disait que l'écroulement du monde les trouverait sans peur...............

Messieurs, l'artiste à qui nous devons ce groupe admirable, n'aurait dû couler en bronze que l'un de ces deux frères Il aurait dû laisser l'autre simplement pétri de cet argile dont nous sommes tous faits. Près de Xavier s'évanouit, en effet, cette sensation presque pénible que donne le voisinage de ceux que l'on n'ose aimer autant qu'on les admire. Joseph de Maistre ne sera jamais rien pour nous dans l'habitude intérieure de la vie. Xavier nous sera, au contraire, de bonne rencontre à toute heure.

Voyez comme il sait joliment rester le cadet de son glorieux aîné, voyez combien lui semble doux l'abri de son grand frère. Chez lui tout part du cœur, même la pensée. Son cœur est un instrument si précis, si souple, qu'il enregistre les impressions les plus fugitives. Fantaisiste toujours, ce cœur découvre ce que personne n'a vu, n'a même essayé de voir. Il fait s'envoler des choses les plus simples comme un essaim d'idées douces, tristes, charmantes et toujours neuves.

Xavier butine sur son fauteuil, dans son corps de garde, en ballon, à travers les ruines d'Aoste et, quand un coup de vent l'a chassé loin de ses horizons familiers, il butine encore toujours sur les fleurs qu'a fait éclore un autre ciel.

Ah ! n'essayez pas d'analyser son œuvre, vous n'y trouveriez que des rêves ; mais quelle douce impression ils vous laissent. Combien cette adorable simplicité qui écrit, comme l'abeille fait son miel, contraste avec la douloureuse façon d'écrire aujourd'hui.

Xavier faisait naïvement le tour de sa chambre. On ne fait guère maintenant que le tour de soi-même.

On cherche avant tout la sensation suraiguë, maladive. Aux souffrances du cœur s'ajoutent les douleurs de l'esprit. On vide tous les paradis, même les paradis terrestres. Ce ne sont qu'autopsies répugnantes, analyses chimiques microscopiques d'âmes, de cœurs, de consciences.

La littérature est devenue un laboratoire, un amphithéâtre plutôt, où l'on chante, le scapel à la main, un hymne à l'universelle dégénérescence.

N'est-ce pas, Messieurs, n'est-ce pas parce qu'elle s'effraie de cette dégénérescence qui la menace dans sa vie, que la France s'en va partout, aujourd'hui, réveiller ses grands morts, ces morts qui parlent, selon l'expression magnifique du vicomte de Voguë, ces morts qui parlent de Dieu comme Bossuet à Meaux, de patriotisme comme Jeanne d'Arc à Domrémy, d'idéal comme Lamartine à Belley, d'honneur, de désintéressement, de fidélité comme Joseph de Maistre à Chambéry. Ecoutons-les, Messieurs ; ils nous donneront le courage de croire, d'espérer, de chanter encore, de mourir et d'aimer d'un même éternel amour, ce qu'ils ont tant aimé... Car, comme dit le poète...

>..... Le temps fait justice
>Et construit à la fois, pris d'un tardif remords,
>Le tombeau des vivants et le socle des morts.

DISCOURS

DE

M. François DESCOSTES

Secrétaire général du Comité.

M. François Descostes à la tribune.

MESSIEURS,

Au pied de ces statues, qui font désormais
partie intégrante de notre patrimoine municipal,
je viens adresser les remercîments des promoteurs de l'œuvre à tous ceux dont le généreux
concours leur a permis de l'achever avant la fin
du siècle ; et j'apporte, au nom du Comité du
Monument de Maistre tout entier, l'hommage de
notre patriotique reconnaissance aux personnages illustres et à cette magnifique assemblée
qui donnent à ce dernier acte de notre vie sociale
un éclat, une physionomie, un grand air vraiment dignes des deux mémoires que nous venons
honorer !...

Mme Swetchine a dit que « posé sur le seuil de
deux pays et son oreille familiarisée avec les
deux langues, deux littératures se faisaient na-

tionales pour le comte de Maistre ». Il était juste
que les deux littératures fussent représentées à
son apothéose et elles ne pouvaient l'être mieux
que par les deux messagers (1) qui, sur les flancs
opposés de nos Alpes, sont réciproquement un
trait d'union entre deux peuples de même race,
que rapprochent les intérêts et la communauté
de glorieux souvenirs militaires, et qui sont faits
pour se comprendre, pour s'aimer et pour se
donner la main à travers ce tunnel de Fréjus
percé par le génie d'un enfant de la Savoie (2) !...

La fête que nous célébrons, Messieurs, répond
bien, d'ailleurs, à la pensée-maitresse de l'entreprise qu'elle couronne. C'est une fête *familiale*
et *pacifique* : fête de l'esprit, — acte d'union et de
patriotisme, — glorification de l'amour fraternel,
— affirmation de la solidarité qui lie entre eux
les générations, les citoyens d'une même ville,
les enfants d'une même race ; — cri parti du
cœur d'une province qui sait se souvenir et
honorer toutes les grandeurs, toutes les beautés,
tous les sommets !

A ce titre, Messieurs, la journée du 20 août
1899 datera dans les annales de notre terre de
Savoie et restera l'une des plus belles pages de
son livre d'or.

---

(1) M. le baron Carutti, de l'Académie des Sciences de Turin, et M. le marquis Costa de Beauregard, de l'Académie
française.
(2) Germain Sommeiller.

Notre histoire redira à nos petits-neveux qu'en ce jour mémorable, la Savoie a payé sa dette à ses deux gloires nationales et que l'Académie française, en déléguant auprès de nous l'auteur d'*Un Homme d'autrefois,* a voulu en quelque sorte décerner à leur mémoire, non seulement des lettres de naturalisation, mais les palmes que les circonstances ne lui ont pas permis d'attribuer de leur vivant à ces deux étrangers dont la plume était si française !...

Cet acte de tardive justice, pouvions-nous l'accomplir mieux qu'en élevant au pied de ce château ducal, rempli de tant glorieux souvenirs, dans ce cadre formé par sa masse imposante, ses tours sveltes et légères émergeant d'un berceau de verdure et l'abside rajeunie de son admirable chapelle, qu'en élevant, dis-je, un monument devant lequel le passant s'arrêtera désormais et qui complètera ce majestueux décor dont nous avons le droit de nous enorgueillir !..

Oui, Messieurs, nous pouvons le dire maintenant,—à cette heure où, déchirant leurs voiles, Joseph et Xavier de Maistre, fraternellement unis comme « les deux aiguilles d'une même montre », entrent ensemble dans l'immortalité du bronze, — le ciseau d'Ernest Dubois a réalisé toutes les espérances que nous avions mises en lui ; c'est bien une œuvre de maître qu'il a élevée à la mémoire de deux des maîtres de notre langue. Le piédestal et l'escalier qui lui servent d'assises, taillés par des mains cham-

bériennes dans le granit de Savoie, cadrent merveilleusement avec ces deux figures ; et les noms
de *Revel* et *Bertin*, — l'architecte qui commença
l'œuvre et celui qui la paracheva, — figureront
avec honneur au bas de cette stèle, à côté de
celui de l'éminent artiste qui a préludé à la statue de Bossuet, l'aigle de Meaux, par celles de
Joseph de Maistre, l'aigle des Alpes, et de
Xavier, le papillon léger qui a butiné sur les
fleurs de nos montagnes tant de parfums exquis
et de délicates senteurs...

C'est en effet, Messieurs, une noble et généreuse pensée que celle qui nous a réunis tous,
— qui que nous soyions, d'où que nous venions,
quelles que soient nos opinions personnelles,
— dans cet hommage à rendre à deux grands
écrivains dont les figures, l'une superbe, l'autre
gracieuse, planent, immaculées et indiscutées,
au-dessus de nos agitations et de nos luttes,
parce que leur œuvre, devenue classique, a
enrichi le patrimoine littéraire de la France de
quelques purs rayons de gloire ; parce que
leur vie, entrée dans le calme et la sérénité de
l'histoire, a enrichi le patrimoine moral de
l'humanité de quelques beaux exemples d'héroïsme et d'abnégation !
Quel est donc le coin de la terre qui ne s'enor-
gueillirait d'avoir donné le jour à deux hommes,
marqués au front de l'étincelle divine, dont l'un
a écrit des pages d'une éloquence sublime,
d'une harmonie incomparable, d'un éclat

éblouissant, d'une verve étincelante, d'une limpidité cristalline, parfois d'une causticité qui
lui a valu le nom de « Voltaire retourné » ;
dont l'autre, sur un mode plus léger et plus
doux, a traduit, avec un inimitable humour,
ses rêveries de distrait et les mélancoliques
agitations d'une âme de poète illuminée, comme
celles de son grand frère et de son ami Lamartine, par les fortifiantes clartés de la foi ?...

Quelle est, dans notre France si riche en
hommes, — dans ce pays qui, suivant le mot de
Joseph de Maistre lui-même, est appelé par la
Providence à exercer une sorte de magistrature
sur l'univers entier, — quelle est la ville, grande
ou petite, qui ne s'honorerait de pouvoir dire :
« Un des miens a écrit la *Soirée sur les bords de
la Néva*, les dialogues où les plus hauts problèmes sont abordés avec une hardiesse et une
profondeur qui n'ont d'égale que la magie du
style, et ces lettres les unes diplomatiques, les
autres intimes, où le dialecticien inexorable
dépense à profusion et comme en se jouant des
trésors de science, d'observation fine, de perspicacité politique et aussi des trésors de tendresse, de grâce et de bonté.....
« Un des miens encore, seul à ignorer qu'il
avait fait un chef-d'œuvre, traçait tel chapitre
du *Voyage autour de ma chambre* ou tel épisode du
Lépreux, qui sont restés tout bonnement, tout
simplement des pages maîtresses de la littérature française. Gros in-folio ou élégant elzévir,

le format n'y fait rien. Un sonnet a suffi pour immortaliser Arvers. Un chapitre, tenant en deux colonnes de journal, suffirait à la gloire de Xavier... »

Eh bien ! Messieurs, il s'est trouvé que la ville, qui a le privilège de tenir ce langage, est notre vieille cité de Chambéry. Et avec cette conscience de notre valeur qui, lorsqu'elle s'affirme au nom d'une collectivité, n'est ni de la fatuité, ni de l'orgueil, mais un signe de race et la marque des cœurs haut placés, Chambéry, sous le règne d'une municipalité intelligente et de deux maires libéraux (1), a prêté l'oreille à l'Académie de Savoie qui est venue lui dire :

« Rappelons à la mère-patrie, à celle dont nous avons toujours parlé la langue, à laquelle nous nous sommes donnés sans retour, pour laquelle nous avons, en 1870, généreusement et sans regret versé notre sang ; rappelons-lui que les *Cadets de Savoie* ne sont pas entrés les mains vides dans le giron de la famille française ; que la Savoie lui a apporté non seulement la frontière invulnérable de ses montagnes, la splendeur de ses glaciers, la *houille blanche* de ses chutes d'eau, la richesse de ses mines, le pittoresque de ses paysages, la luxuriante variété de ses produits ; non seulement le loyalisme et le patriotisme prêt à tous les sacrifices de tous ses enfants ; mais l'éclat immaculé de son histoire

____

(1) MM. Revoil et Jules Challier.

et des hommes qui, — de par le jugement de la France elle-même, — ont été classés, bien qu'étrangers par leur naissance, parmi les gloires les plus pures des lettres françaises et qui, par la grandeur de leur caractère et l'unité de leur vie, ont inspiré l'admiration de ceux-là même qui ne partageaient pas leurs idées !... »

La Savoie, Messieurs, n'est pas restée sourde à ce chevaleresque appel ; et nous avons pu assister à ce magnifique spectacle d'un petit pays se levant avec unanimité, fier de prouver au monde qu'il a ses lettres de noblesse et qu'avant l'annexion de 1860, résultat de ses libres suffrages, il avait apporté déjà au vaste domaine des spéculations de l'esprit humain un contingent glorieux dont, par une sorte de prise de possession anticipée, la France n'avait pas hésité à s'emparer.

Oui, Messieurs, — je le dis parce que le mouvement d'où notre œuvre est sortie est, à lui seul, un titre d'honneur pour mon pays, — la Savoie, dans cette circonstance, a donné un bel exemple du culte que chaque province doit professer pour ses grands hommes ; « elle s'est honorée en les honorant », suivant le mot superbe de Léon XIII ; et notre histoire enregistrera avec fierté ce fait que les statues des de Maistre, les serviteurs fidèles d'un petit roi détrôné, ont été élevées avec les généreuses souscriptions de deux assemblées républicaines, le Conseil municipal de Chambéry et le Conseil général de la Savoie ;

avec celles plus modestes, mais non moins méri-
tantes des Conseils municipaux de nos plus
humbles communes ; avec celles, plus touchan-
tes encore peut-être, des Savoyards de Saïgon,
de Buenos-Ayres et de Tunis venant à travers
les mers apporter leur obole à l'œuvre commune
et la mêler aux riches contributions de l'Académie de Savoie, du Grand-Cercle d'Aix-les-Bains,
de nos voisins de la vallée d'Aoste, de nos
vieilles maisons savoyardes ; de telle sorte que,
dans son laconisme, l'inscription gravée sur
cette stèle, à la demande d'un des nôtres (1), dit
vrai et dit tout :

A JOSEPH DE MAISTRE

A XAVIER DE MAISTRE

LA SAVOIE

Oui, c'est bien la Savoie, — la Savoie auguste et
fière, la Savoie au cœur large, à l'âme droite, au
front pur, au regard franc, — qui, sous les
traits de cette chaste création d'Ernest Dubois,
debout sur un rocher abrupt, montre à la France
attentive les deux enfants nés dans les murs de
son ancienne capitale et dépose à leurs pieds
la couronne de chêne semée de fleurs cueillies
sur ces sommets que Joseph fixe de son regard
perçant et qui, là-bas, au-dessus de la colonne
élevée au bienfaiteur de Chambéry (2), forme le
fond de cette admirable perspective !...

(1) M. le Marquis de la Serraz.
(2) Le Général de Boigne.

Et avec quel art le statuaire a su, Messieurs, en réalisant le tour de force de les unir sur un même socle, garder à chacun sa physionomie, tout en marquant la différence de taille qui existe entre eux !

Joseph a bien vraiment la flamme du génie : dans ce monde supérieur où il plane, transfiguré et baigné de lumière, il se lève comme un prophète, se met en garde comme un athlète et se dresse comme une apparition... Regardez-le !... Il ne semble rattaché à la terre que par ce geste arrondi du bras gauche qui vient fraternellement, tendrement, s'appuyer sur l'épaule de Xavier ; — tandis que Xavier, sur un plan inférieur, à la fois troublé, étonné et ravi, l'écoute, l'admire, semble répondre à son appel et s'efforce de monter jusqu'à lui ; mais l'un et l'autre, dans la dualité de leurs natures distinctes, en se complétant l'un l'autre, ils arrivent à personnifier la Savoie.

Leurs œuvres, comme leurs figures, portent l'empreinte du pays où ils sont nés.

Xavier, c'est la grâce des pâturages, la limpidité des lacs, le susurrement du ruisseau qui se faufile à travers les hautes herbes ; c'est le chant de l'oiseau, le bourdonnement de l'insecte ailé, le zigzag aérien du papillon...

Joseph, c'est la vigueur entraînante des torrents, la rudesse des rochers abrupts, le fracas des avalanches, la splendeur des levers de soleil sur les hautes cîmes ; c'est le vol de l'aigle ou le grondement du tonnerre !

Le relief des Alpes s'est, pour ainsi dire, incrusté en eux. Comme dans la montagne, dont les flancs présentent, suivant l'altitude, des aspects et des végétations différentes, on voit s'épanouir chez eux toutes les floraisons de l'esprit ; mais, jusque dans les manifestations si profondément distinctes de leur plume, ils conservent entr'eux une ressemblance de famille et je ne sais quelle allure primesautière, quelle âpreté montagnarde, qui les classe, parmi nos grands écrivains, sur un rayon à part et ne permet de les enfermer dans les cadres d'aucune école.

L'un procède de Bossuet par l'éloquence et de Pascal par la profondeur ; l'autre, de saint François de Sales par la grâce naïve et de Sterne par l'humour dépouillé de tout apprêt ; mais tous les deux viennent de la montagne : ils en ont la saveur, la marque bien authentique ; ils sont à la littérature française ce que sont à l'armée nos chasseurs alpins, ce qu'est à la nation notre province natale. Ils en incarnent le tempérament, le caractère, le génie ; et, si elle nous laisse en propre ces glorieux serviteurs du passé qui ne lui ont point appartenu, la France peut, sans contradiction, s'en approprier la gloire littéraire et s'honorer de leur grandeur morale, de même que la *bonne Lorraine,* les grands hommes de Bretagne, de Bourgogne ou de Gascogne et jusqu'aux maîtres félibres de la Provence sont encore et toujours des gloires de la France, de cette France que notre grand de

Maistre a aimée, a « passionnément aimée » : je l'ai pensé toujours, je l'ai écrit souvent et j'ai été heureux de l'entendre proclamer aujourd'hui par des voix plus autorisées que la mienne !

Aussi, Messieurs, nous pouvons le dire bien haut, — sur ce terrain large, accessible à tous, dont nous ne sommes jamais sortis et où nous avons donné rendez-vous à tous les hommes de cœur, — le Monument de Maistre, élevé en terre française, consomme irrévocablement cette annexion littéraire qu'avait préparée saint François de Sales, à laquelle avait participé avant lui Marc-Claude de Buttet, l'un des poètes de la *Pléiade,* et qui reçoit aujourd'hui son couronnement définitif, puisque l'Académie française qui, hier, honorait de ses plus hautes récompenses des ouvrages consacrés à l'ami de Philothée et au philosophe des *Soirées,* nous envoie, pour la représenter auprès de nous, l'un des siens et l'un des nôtres. Le soldat-gentilhomme-écrivain dont tous ici, sans distinction de partis, nous venons d'acclamer la gloire militaire et littéraire, aura eu, dans sa noble vie, deux grands honneurs : celui de conduire au feu les fils de la Brigade de Savoie sur les champs de bataille de la patrie envahie et de recevoir sur son lit d'hôpital, en Allemagne, la croix de la Légion d'honneur décernée par le gouvernement de la Défense nationale à l'héroïque blessé de Béthoncourt ; — et la mission d'apporter aux deux de Maistre le salut de l'Académie fondée par Richelieu !...

Et ne puis-je pas ajouter, Messieurs, que l'écrivain de génie que fut Joseph de Maistre aura reçu aujourd'hui, dans l'enceinte de sa ville natale, l'hommage à la fois le plus complet, le plus éloquent et le plus autorisé qui puisse être offert à une grande mémoire comme la sienne ?...

Ce matin, la chaire de l'Eglise où il a été baptisé, entendait louer sa vie et son œuvre, au nom de l'épiscopat français, par un orateur sacré, l'un des nôtres, le grand évêque de Nancy, compatriote et continuateur du grand évêque d'Orléans (1), venu, à la prière d'un filleul et d'un successeur de saint François de Sales (2), de cette frontière mutilée des Vosges où un prélat... *savoyard* ou *savoisien?* — peu m'importe! France et Savoie sauront bien toujours le reconnaître ! — où un enfant de la Savoie, sous la mitre épiscopale, est la personnification vibrante et enflammée du patriotisme national, de sa foi dans l'éternelle justice et de ses invincibles espérances !

Ce soir, l'écrivain, l'homme, le serviteur fidèle viennent d'être loués par un des nôtres encore, le valeureux divisionnaire qui, dans sa verte vieillesse, continue à mettre au service de son pays sa plume, sa parole, son cœur ouvert à toutes les nobles entreprises ; le soldat qui personnifie en lui un demi-siècle de notre histoire

(1) Mgr Dupanloup est né à Saint-Félix (Haute-Savoie).
(2) Mgr Hautin, archevêque de Chambéry.

militaire; le Français de la frontière Sud-Est qui demeure le trait d'union vivant entre nos deux nationalités, qui, après avoir donné quinze ans de jeunesse à la Maison de Savoie et combattu pour elle sur les champs de bataille de la Lombardie, a suivi avec enthousiasme le sort de sa terre natale et brillé au premier rang de cette phalange d'officiers qui ont apporté à l'armée française les fortes et glorieuses traditions de leur pays !

La Savoie aura ainsi présenté au monde, sous ces statues et dans cette trilogie d'hommages, où l'hermine épiscopale s'unit aux palmes vertes de l'Institut et aux étoiles du généralat, les rejetons qui ont été sa gloire dans le passé et ceux qui resteront pour elle les plus pures illustrations de l'avenir !

Pour nous, Messieurs, humbles ouvriers de cette œuvre de justice, hommes d'opinions et de milieux divers, mais tous hommes de cœur et hommes de bien, rapprochés par une même pensée, nous avons dû à la poursuite désintéressée du but commun de nos efforts, quatre années d'intimité courtoise dont la moindre ombre n'a jamais altéré le charme et la douceur.

A l'heure où notre œuvre s'achève, nous saluons avec bonheur cette journée, cette réunion, cette assemblée qui n'a, pour une heure tout au moins, qu'un cœur et qu'une âme; et nous bénissons les deux grands hommes, dont notre ville gardera les statues comme un dépôt sacré, d'avoir su réaliser ce miracle de faire

l'apaisement et l'union dans l'admiration pour
ceux dont on a dit que Dieu en avait fait « deux
des plus beaux exemplaires de l'humanité !... »

En notre nom à tous, Messieurs, je salue ceux
chez lesquels la Savoie retrouve, dans toute leur
pureté, les traits distinctifs de sa race ; ceux que
la patrie reconnaissante a fait entrer au Panthéon des grands écrivains français ; ceux qui
revivent dans de nobles familles et dans ces
petits-enfants que je vois ici portant l'uniforme sacré qui incarne nos plus chères affections et nos plus chères espérances ; ceux dans
lesquels nos petits-neveux vénéreront comme
nous ces grandes et saintes choses, éternelle-
ment belles, qui s'appellent la fidélité, le caractère, le génie !...

Et maintenant, à vous ! ô nos chanteurs !
A vous, voix robustes de notre jeunesse des
deux Savoie, à vous de jeter aux échos de nos
montagnes ce cri qui résume cette journée historique et dont Louis Bonnel a fait une harmonie d'une admirable envolée :

Gloire aux grands écrivains français !

CANTATE

A Joseph et Xavier de Maistre [1]

Paroles de François Descostes. Musique de Louis Bonnel.

Salut à toi ! terre féconde,
Savoie à qui doivent le jour
Ces frères qu'unit tant d'amour
Et dont le nom remplit le monde !

Gloire à l'aigle royal qui plane dans les cieux,
Au rossignol qui chante au bois silencieux :
A toi, Joseph, qui tiens l'Europe dans tes serres !
A toi, Xavier, berçant les humaines misères !
Vivants, sous les regards de la postérité,
Ensemble vous entrez dans l'immortalité !

Gloire à toi, sainte Allobrogie,
Gloire à toi, terre des sommets,
Où la nature en sa magie
Etale la splendeur des mais,
Où la fleur, sous sa robe blanche,
Apparaît au pied des glaciers
Comme un sourire à l'avalanche
Qui tonne sur les pics altiers !
Salut à toi !........

France ! nous t'apportons nos gloires :
Prends-les ! elles sont bien à toi ;
Leurs œuvres valent des victoires
Au livre d'or du peuple-roi !
Leur plume honore la patrie
Qui sera la nôtre à jamais !
Gloire à la France en leur génie !
Gloire aux grands écrivains français !
Salut à toi !........

(1) La cantate a été exécutée par une masse chorale et instrumentale de 150 artistes, réunis sous le bâton de chef d'orchestre de M. Louis Bonnel. Cette masse était composée de l'Harmonie, d'Annecy (président, M. Ernest Tissot), du Cercle choral et du Cercle musical, de Chambéry (présidents, MM. Prosper Calloud et Gustave Monestès), et de solistes du Grand-Cercle d'Aix-les-Bains (directeur, M. Gandrey).

Lettre du Comte de Mun.

M. le comte de Mun, député du Finistère, a adressé à M. le général Borson la lettre suivante :

Roscoff (Finistère), le 18 août 1899.

Mon Général,

Je regrette très vivement que des obligations impérieuses me mettent dans l'impossibilité d'assister dimanche prochain, à la cérémonie d'inauguration du Monument de Maistre. J'aurais été très heureux et très fier de m'associer à l'hommage rendu aux deux écrivains qui ont élevé si haut l'honneur de leur nom, et dont la Savoie a donné à la France le droit de revendiquer la gloire.

L'œuvre de Joseph de Maistre grandit à mesure que le recul du temps en fait mieux découvrir les hautes proportions ; elle apparaît, de plus en plus, comme la meilleure leçon de politique sociale que puissent méditer les hommes d'Etat chrétiens. Je lui ai dû, dans mon humble sphère, la plupart des principes et des idées qui ont gouverné ma vie publique, et, l'expérience m'a fait, chaque jour, éprouver plus profondément la force et la fécondité.

Nous n'aurions pas de peine, vous et moi, à en retrouver la trace et l'influence dans les œuvres qui nous ont, jadis, rapprochés.

Aussi, la pensée de me retrouver à vos côtés, dans la cérémonie qui va s'accomplir à Chambéry, eût-elle ajouté un attrait de plus à tous ceux qu'elle tire de son objet lui-même.

Mes regrets n'en sont que plus vifs, je vous prie de les agréer, de les exprimer aux membres du Comité que vous présidez, et de me croire toujours votre bien cordialement et fidèlement dévoué.

A. de Mun.

Ode de M. Gabriel La Bâtie.

A LA SAVOIE

(20 août 1899)

Savoie aux larges envolées
De blancs sommets, de noirs sapins,
Que bercent les notes ailées
Montant du fond des grands ravins,

Frôlant les côteaux et les cîmes
Se mêlant aux voix des torrents,
Aux grondements sourds des abîmes,
Aux brises des lacs transparents,

Terre à la fois noble et féconde
Dont les larges flancs ont porté
Des fils rayonnant sur le monde
Par la grandeur et la bonté ;

Savoie, ici je te salue
Dans deux de tes fils bien-aimés...
C'est toi qui, dans chaque statue,
Brilles à mes regards charmés.

C'est ta fière et mâle assurance
Qui rayonne dans ce beau front,
C'est le charme de l'éloquence,
C'est le trait d'esprit fin et prompt

Que sur cette lèvre on devine,
C'est bien ton souffle ample et puissant,
Qui dilate cette poitrine.
On entend palpiter ton sang !

Sous l'airain on voit fleurir l'âme
Pleine de tendresse et d'amour.
Savoie, ah ! conserve la flamme
Qui dans tes yeux brille en ce jour !

Conserve le noble héritage
A toi légué par les aïeux,
Sois le peuple indomptable et sage
Jetant un reflet radieux

Dans les batailles littéraires
Comme aux champs fleuris de l'honneur !
Poètes, savants, militaires,
Tes enfants disent ta grandeur ;

Que ta superbe et fière race
Enfante toujours de, tels fils,
Qu'aucun diamant ne t'efface
Dans l'écrin de notre pays !

LA BATIE (Gabriel).

LISTE DES SOUSCRIPTIONS

Villes et Communes

dont les Municipalités ont voté des subventions
pour le Monument de Maistre.

Aigueblanche.

Aix-les-Bains.

Annecy.

Apremont.

Arbin.

Avanchers (Les).

Bassens.

Bissy.

Bourdeau.

Bourget-du-Lac.

Bourg-Saint-Maurice.

Chambéry.

Chamoux.

Champagny.

Cognin.

Drumettaz-Clarafond.

Faverges.

Francin.

Jacob-Bellecombette.

La Motte-Servolex.

Landry.

La Ravoire.

La Rochette.

Modane.

Mouxy.

Myans.

Petit-Barberaz.

Ruffieux.

Rumilly.

Saint-Alban.

Saint-Baldoph.

Saint-Cassin.

Saint-François de Sales.

Saint-Jean d'Arvey.

Saint-Jean de Belleville.

Saint-Marcel.

St-Martin s/la Chambre.

Saint-Michel.

Saint-Ours.

Saint-Oyen.

Saint-Thibaud de Couz.

Thonon.

Thoiry.

Valmeinier.

Vimines.

Yenne.

En tout 46 villes et communes.

Sociétés Savantes

ayant souscrit à l'œuvre du Monument de Maistre.

Académie delphinale.
Académie de Saint-Anselme, à Aoste.
Académie salésienne, à Annecy.
Académie de Savoie, à Chambéry.
Académie de Val-d'Isère, à Moûtiers.
Société d'histoire naturelle de Saint-Jean de Maurienne.
Société médicale de Chambéry.
Société savoisienne d'histoire et d'archéologie, à Chambéry.

Principales Souscriptions.

La Ville de Chambéry. . . . . 15.000 fr.
Le Grand-Cercle d'Aix-les-Bains. . . . 10.000 »
L'Académie de Savoie. . . . . 5.000 »
Le Conseil général de la Savoie. . . . 5.000 »

Liste Alphabétique

DES SOUSCRIPTEURS

A

Académie delphinale, à Grenoble. . . .	50	fr.
Académie de Saint-Anselme, à Aoste. . .	100	»
Académie de Savoie.	**5.000**	»
Académie de Val d'Isère, à Moûtiers. . .	200	»
A. D. (Ecole Sainte-Geneviève), à Paris. .	2	»
Aigueblanche (la commune d').	10	»
Ailloud (l'abbé), curé de Pugny-Chatenod. .	1	50
Aix-les-Bains (la ville d').	300	»
Aix-les-Bains (le **Grand-Cercle** d'). . . .	**10.000**	»
Albert (l'abbé), curé d'Albane, du diocèse de Maurienne.	1	»
Alexandry d'Orengiani (le baron Humbert d').	50	»
Alexandry d'Orengiani (le baron Lucien d'). .	20	»
Alexandry d'Orengiani (le baron Michel d'). .	25	»

AMIS DE LA SAVOIE A BELLÈME (ORNE) (LES)
Souscriptions recueillies par le Docteur Chamousset.

MM. Aunet, notaire. . . . . . - .	2	fr.
Chamousset (le docteur).	2	»
Chenevières (le Mis de), ancien directeur des Beaux-Arts, château de St-Santin.	5	»
Bournisien (J. de).	5	»
Broc (le Vte Henri de).	5	»
Joese (le chanoine).	2	»
Laurent (Edouard).	2	»

MM. Levayet (Georges), imprimeur. . . .	2	fr.
Mun (Cte Albert de).	10	»
Orglandes (Cte d'), château de Lomié.	5	»
Orglandes (Vte d')	5	»
Renard (P.).	2	»
Romanet (Cte de), château de Gevraise. .	5	»
Romanet (Vte de), château de Gevraise. .	5	»
Saint-James (Mme de), château de Casine.	5	»
Vigan (Vte de), château de la Renardière.	5	»
Ancenay père, ancien magistrat, à Albertville.	50	»
Ancenay (Henri), avocat à Albertville. . .	20	»
Ancenay, inspecteur des finances.	20	»
Andrémasse, à Lyon (1er versement). . . .	100	»
Anières de Sales (la comtesse d'), au château de Metz (Haute-Savoie).	30	»
Annecy (la ville d').	150	»
Anonyme, de Paris (avec le vœu qu'il soit fait une édition à bon marché des œuvres choisies de Joseph de Maistre).	5	»
Anonyme, de Beugey-sur-Craon (Cher). . .	10	»
Anonyme.	1	10
Id.	2	»
Id.	1	»
Id.	5	»
Id.	2	»
Id.	3	»
Id.	5	»
Id.	20	»
Id.	5	»
Id.	5	»
Id.	2	50
Id.	2	»
Id.	1	»
Id.	3	»

Apertet (l'abbé), du diocèse d'Annecy. . .   6 fr.
Apremont (la commune d'). . . . . .   10 »
Aquin (le comte d'), au château de Beaumont.   10 »
Arbin (la commune d'). . . . . . .   20 »
Arcollières (Eugène-Courtois d'), secrétaire
   perpétuel de l'Académie de Savoie. . .   200 »
Argein (le curé d'). . . . .   5 »
Arnaud-Goddet (l'abbé), curé de Lescheraines.   2 »
Ardant, à Limoges. . . . .   10 »
Arminjon (Ernest), ancien magistrat, avocat à
   la Cour de Chambéry. . . . . . .   20 »
Arminjon (Victor), contre-amiral dans la
   marine italienne. . . . .   20 »
Arminjon (Pierre), professeur à l'Ecole de
   droit du Caire. . . . .   10 »
Arnollet (Auguste), avoué à Thonon. . . .   5 »
Arnulf (Jules), à Evian-les-Bains. . . . .   5 »
Audé (le baron). . . . .   5 »

B

Baboulaz (l'abbé), curé de Bellecombe. . .   5 »
Bal (Claude), serrurier. . . . . . .   6 »
Barral de Montrouvard (le comte de), à Bissy.   100 »
Barlet, conseiller général de la Savoie. . .   20 »
Bassens (la commune de). . . . . .   15 »
Basset, président de la Société philanthropique
   française, à Buenos-Ayres. . . . . .   20 »
Baud (l'abbé), aumônier du diocèse d'Annecy.   5 »
Beaucourt (le marquis de), à Paris. . . .   10 »
Beaud (Jean), maire de Rumilly. . . . .   20 »

Beaufort (l'abbé de Gantelet de), curé de Saint-Pierre d'Entremont. . . . . 5 fr.
Bebert (François), à Chambéry. . . . . 20 »
Bel (Mlle). . . . . 2 »
Bel (Jean-Baptiste), avocat à la Cour de Chambéry. . . . . 20 »
Belliard (l'abbé), professeur au Petit-Séminaire de Tours. . . . . 2 »
Benazet (l'abbé), curé de Saint-Lary. . . . 5 »
Benoit, à Lyon. . . . . 20 »
Bérard (Louis), ancien député, conseiller général de la Savoie. . . . . 40 »
Bérenger (le général de division). . . . . 50 »
Bergin (l'abbé), vicaire de Drumettaz-Clarafond 2 »
Berlioz (Constant), à Chambéry. . . . . 5 »
Berlioz (le R^d Père), aumônier des Sœurs de Saint-Joseph, au Brésil. . . . . . 5 »
Bernard (Johanny), directeur de l'Etablissement thermal de Challes. . . . . . . 20 »
Berne (Victor), à Lyon. . . . . 20 »
Bernon (le baron de). . . . . 20 »
Bernon (Jules), inspecteur des postes et télégraphes, à Chambéry. . . . . 10 »

BERRY (LES SAVOYARDS DU).

Souscriptions recueillies par M. l'abbé Villoud.

MM. Bazal Claude. . . . . » 25
Bernard Hippolyte. . . . . 1 »
Cadoux Auguste. . . . . » 50
Cochet Alexandre. . . . . 1 »
Gotteland Louis. . . . . 3 »
Langain Jean-Marie. . . . . » 25
Mérendet Augustin. . . . . » 25
Meunier Gaspard. . . . . 1 »

MM. Paravy Antoine.	»	25
Roulier Jacques.	»	50
Quvirier Marie.	1	»
Villoud Joseph.	1	»
Bertet (l'abbé), curé d'Arbin.	6	»
Berthet (le Dr), conseiller général de la Savoie.	20	»
Berthet (le chanoine), supérieur du Grand-Séminaire de Chambéry.	5	»
Berthier (le docteur), à Aix-les-Bains.	5	»
Berthier (l'abbé), curé d'Yenne.	5	»
Berthollier (l'abbé), curé du Viviers.	2	»
Bertin (Arthur), architecte à Chambéry.	5	»
Besson (l'abbé), curé de Drumettaz-Clarafond.	5	»
Bibollet (l'abbé), du diocèse d'Annecy.	2	»
Bise (le chanoine), curé de N.-D., à Chambéry.	30	»
Bissy (la commune de).	10	»
Bizel (l'abbé, du diocèse de Maurienne.	5	»
Blanc (le baron Albert), ancien ministre des affaires étrangères du royaume d'Italie.	300	»
Blanc (l'abbé), curé de Mouxy.	2	»
Blanc (le docteur), médecin à Aix-les-Bains.	20	»
Blanc Jean-Baptiste, négociant à Chambéry.	10	»
Blanc-Droguet, négociants à Chambéry.	10	»
Blanc (James), à Moras (Drôme).	20	»
Blanchard (Claudius), greffier en chef de la Cour de Chambéry.	20	»
Blanchard (Joseph), à Saint-Innocent.	20	»
Blondel, professeur à la Faculté de droit de Nancy.	5	»
Bocqueraz (Antoine), à Mongex.	10	»
— 2e versement (souscriptions par lui recueillies).	15	»
Bocquin (Jules), à Aix-les-Bains.	10	»
Bocquin (Jules), ingénieur.	20	»

Bodin, directeur de l'enregistrement à Chambéry   20 fr.
Bogey (l'abbé), curé de Chindrieux. . . .   10 »
Boigne (le comte Benoît de), au Betton-Bettonet.   100 »
Boigne (le comte Benoît de), à Chambéry. .   50 »
Boigne (le comte Eugène de), à Chambéry. .   100 »
Boireau (l'abbé), professeur au Petit-Séminaire
   de Tours. . . . .   2 »
Boitard, receveur de l'enregistrement à Cham-
   béry. . . . .   10 »
Bombard (l'abbé), curé de Sainte-Croix à Tunis.   5 »
Bondet (le docteur), à Evian-les-Bains. . .   20 »
Bonjean (le commandeur), à Chambéry. . .   100 »
Bontron (l'abbé), curé de Méry. . . . .   3 »
Bordeaux (Henry), avocat à Thonon. . . .   20 »
Bordeaux (Paul , capitaine aux tirailleurs
   algériens. . . . .   20 »
Borson (le général de division). . . . . .   100 »
Bouchage (le chanoine Léon), aumônier des
   Sœurs de Saint-Joseph à Chambéry. . .   20 »
Bouchage (la famille) : Alice, Antoine, Bernar-
   dine, Camille, Emile, Eugène, François,
   Henriette, Jean, Jeanne, Joannès, José-
   phine, Louise, Lœtitia, Olympe et Paul. .   12 60
Bourbon, syndic de la Chambre des huissiers
   à Chambéry. . . . .   5 »
Bourdeau (la commune de). . . . . .   20 »
Bourgeois (Jacques), avocat à la Cour de
   Chambéry. . . . .   20 »
Bourget-du-Lac (la commune du). . . .   25 »
Bourg-Saint-Maurice (la commune de). . .   50 »
Bouvier (Alphonse), ancien magistrat, à Cham-
   béry. . . . .   20 »
Bouvier (Charles), avocat à Thonon. . . .   10 »
Bouvier (l'abbé), curé de Saint-Christophe-la-
   Grotte. . . . .   5 »

Bovagnet (l'abbé), curé de Marigny-St-Marcel.	10	fr.
Bovagnet, avocat à la Cour de Chambéry. .	10	»
Bovet (le chanoine), chancelier de l'Archevêché, à Chambéry.	10	»
Brachet (l'abbé).	15	»
Brachet (le docteur Léon), médecin à Aix-les-Bains.	100	»
Brachet (l'abbé), curé de Saint-Béron. . .	5	»
Brancovan (la princesse de), à Amphion. . .	100	»
Bressand (l'abbé), curé de Montmélian. . .	25	»
Briot (Félix), inspecteur des forêts à Chambéry.	20	»
Brun (H.).	1	»
Bruyère (l'abbé), curé de Sonnaz.	3	»
Bruyère, à Aix-les-Bains.	20	»
Buffle (l'abbé), vicaire de Grésy-sur-Aix. . .	2	»
Burdin (le chanoine), ancien vicaire général, à Myans.	100	»
Burdinat (le commandant), à Chambéry. . .	5	»
Burlet (l'abbé), professeur au Grand Séminaire de Chambéry.	5	»
Burnier (François), avoué à Chambéry. . .	40	»
Burnier (le lieutenant Sébastien), à Grenoble.	5	»
Burnier (Mme Sébastien).	5	»
Burnier (Henri).	5	»
Buthod (le docteur), à Chambéry.	25	»
Buttet (la baronne de), née de Boigne, à Chambéry.	50	»
Buttet (Mlles de), à Chambéry.	100	»
Buttet (le baron Charles de), à Chambéry. .	100	»
Buttet (le baron Edouard de), à Chambéry. .	100	»
Buttin (Charles), notaire à Rumilly. . . .	5	»

C

Chambre syndicale des tailleurs de pierre, à
Chambéry . . . .   20 fr.
Chamot-Prieur (l'abbé), curé d'Albertville. .   20 »
Chamousset (le docteur), à Bellème. . . .   2 »
Chamoux (la ville de) . . . .   20 »
Champagny (la commune de). . . . . .   20 »
Chapouilly, directeur honoraire de l'enregis-
trement, à Chambéry. . . . . . .   10 »
Chappaz (Mme), née Gavard), à Chambéry. .   5 »
Chapperon (Jean), entrepreneur à La Ravoire.   3 »
Chapperon (Pierre), entrepreneur à Chambéry.   5 »
Charles (Pierre-Désiré), de Bonneval. . .   0 50
Charléty (Louis), à Saïgon. . . . . . .   20 »
Charmot (Gustave), avocat à Thonon. . .   15 »
Chartreuse de N.-D. de Montrieux (Le R^d P.
Prieur de la). . . . .   10 »
Chaumontel (l'abbé), du diocèse d'Annecy. .   10 »
Chavanel (l'abbé), à Rumilly. . . . . .   1 »
Chenu, pharmacien à Chambéry. . . . .   10 »
Chevalier (le chanoine), président de l'Acadé-
mie Salésienne, à Annecy. . . . . .   40 »
Chevalier (le chanoine), prévôt du Chapitre
d'Annecy. . . . .   20 »
Chevallier (le chanoine Ulysse), à Vienne. .   10 »
Chevilly (Raymond de), à Thonon. . . .   5 »
Chevron (l'abbé), curé de Lépin. . . . .   2 »
Chiron (le docteur), à Chambéry. . . . .   20 »
Cisterciens de l'abbaye d'Hautecombe (les R^{ds}
Pères). . . . .   5 »
Clavé (l'abbé), aumônier à Toulouse). . . .   10 »
Clerc-Renaud (l'abbé), curé de Belmont. . .   5 »
Cognin (la commune de) . . . .   10 »
Cohannier (l'abbé), du diocèse d'Annecy. .   5 »
Collège Petit-Séminaire de Mélan (le supé-
rieur du). . . . .   15 »

Collège Petit-Séminaire du Pont-de-Beauvoisin
(l'abbé Marin, supérieur, les professeurs et
les élèves du). . . . .   86 fr.
Collège Petit-Séminaire de La Roche (l'abbé
Gavard, supérieur, et les professeurs du).   50 »
Collège Petit-Séminaire de Saint-Jean de Mau-
rienne. . . . .   30 »
Collignon. . . . .   5 »
Collomb (Anthelme), entrepreneur. . . .   10 »
Collomb (l'abbé), curé de Doucy. . . . .   3 »
Collomb (l'abbé), vicaire général à Valence. .   5 »
Collomb (V.), à Valence. . . . . . .   5 »
Colombain (le chanoine), vicaire général à
Chambéry. . . . .   10 »
Collonge (l'abbé), aumônier de la Visitation à
Lémenc, Chambéry. . . . .   10 »
Collonges (François), à Saint-Etienne. . .   2 »
Collonges (Joseph), manufacturier à Saint-
Etienne. . . . .   5 »
— (2e versement) . . . .   10 »
Collonges (Petrus), agent-voyer à Rumilly. .   2 »
Collot (l'abbé), à Paris. . . . . . .   5 »
Compois (l'abbé), du diocèse d'Annecy. . .   5 »
Conférence Saint-Hugues, à Grenoble. . .   50 »
Coppier (Joseph), avocat à la Cour de Chambéry.   20 »
Cordel (l'abbé Théophile), curé de N.-D. de Cruet   5 »
Cordon (la comtesse de). . . . . . .   50 »
Costa de Beauregard (le marquis Albert). . .   50 »
Costa de Beauregard (le comte Bérold). . .   40 »
Costa de Beauregard (le chanoine Camille),
directeur de l'Orphelinat du Bocage. . .   20 »
Costa de Beauregard (le comte Paul). . . .   100 »
Coucy (Mlle Jeanne de). . . . .   10 »
Courret (le commandeur), avocat à la Cour
d'Orléans. . . . .   10 »

Courtois (Benoît). . . . . 10 fr.
Coutaz-Muret (l'abbé), curé de St-Pierre d'Alvey 3 »
C. R. (Mme). . . . . 50 »
Creuzé de Lester (le baron), à Versailles. . . 250 »
Crochon (Charles), négociant à Aix-les-Bains. 10 »
Cubit (l'abbé), curé de Fréterive. . . . . 5 »
Curé de Sainte-Eugénie, à Biarritz. . . . 10 »
Currel (Armand), à Colombes (Seine). . . 5 »

D

Daisay, professeur de peinture à Chambéry. . 10 fr.
David et Cie, négociants à Chambéry. . . . 10 »
Decoux (le baron), au château de Saint-Jean-
    la-Porte. . . . . 20 »
Dehon. . . . . 5 »
Delachenal, conseiller à la Cour de Cham-
    béry. . . . . 10 »
Deléglise (l'abbé), curé de Saint-Avre. . . 5 »
Delessert de Molin (Eugène), à Rolles (Suisse). 5 »
Demaison (le chanoine), curé de Modane. . 6 »
Demotz de la Salle (la baronne Charles), à
    Rumilly. . . . . 50 »
Denarié (le docteur Amédée), à Chambéry. . 25 »
Denarié (Emmanuel), de l'Académie de Savoie,
    à Saint-Jeoire (Savoie). . . . . . 40 »
Denarié (Louis), ancien magistrat à Chambéry. 30 »
Denarié (Maurice), avocat à la Cour de Cham-
    béry. . . . . 20 »
Denarié (Victor), architecte à Chambéry. . 20 »
Depierre (Sa Grandeur Mgr), évêque de Saïgon. 141 »

Depriez (Alfred), à Paris. . . . . 2 fr.
Deprimoz (l'abbé), curé d'Albens. . . . . 5 »
Desbornes (l'abbé), du diocèse d'Annecy. . . 5 »
Deschamps (François), à Chambéry. . . . 20 »
Descombes (l'abbé), du diocèse d'Annecy. . 4 »
Descostes (Adolphe), avocat à la Cour de
    Chambéry. . . . . 20 »
Descostes (François), de l'Académie de Savoie,
    avocat à la Cour de Chambéry. . . . 100 »
Descostes (l'abbé Hilarion), curé de Lornay. 3 »
Despine (Paul), maire d'Hauteville. . . . 20 »
Desrez (l'abbé), curé de Saint-Symphorien. . » 50
Dite (A.), à Coulommiers. . . . . . . 10 »
Domenget (le chanoine), à Chambéry. . . 5 »
Domenget (l'abbé), curé de Lémenc. . . . 10 »
Domergue, maire de Jacob-Bellecombette . 20 »
Drivet (Claudius). . . . . 5 »
Drumettaz-Clarafond (la commune de). . . 20 »
Dubouloz, notaire à Thonon. . . . . . 5 »
Dubourg (l'abbé), curé de Layrac. . . . . 5 »
Ducis Auguste, à Dolorès. . . . . . . 5 »
Duclos, dentiste à Chambéry. . . . . . 20 »
Ducret (François), avoué honoraire à la Cour
    de Chambéry. . . . . 20 »
Ducret (l'abbé), du diocèse d'Annecy. . . . 3 »
Ducret (l'abbé), du diocèse de Chambéry. . 5 »
Dufresne (le docteur Edouard), à Genève. . 10 »
Dufresne (l'abbé), du diocèse d'Annecy. . . 5 »
Dullin (Ferdinand), conseiller à la Cour de
    Grenoble. . . . . 20 »
Dumollard (l'abbé), curé de Grésy-sur-Aix. . 5 »
Dunoyer (Antoine), conseiller municipal de
    Chambéry. . . . . 100 »
Dunoyer (Joseph), négociant à Aix-les-Bains. 10 »
Dupasquier (Charles), avocat. . . . . . 10 »

Duplan (Albert), ancien magistrat, à Evian-
les-Bains. . . . . 5 fr.
Dupuy, notaire à Montmélian. . . . . 20 »
Durand (Charles), avocat à la Cour de Cham-
béry. . . . . 20 »
Durand (le chanoine), chancelier de l'Arche-
vêché de Maurienne. . . . . . . 5 »
Duret (l'abbé), vicaire à Saint-Julien. . . 3 »
Durochat (l'abbé), ancien curé de Lémenc. . 5 »

E

Ecclésiastiques de la Maurienne (un groupe d'). 13 fr.
Excoffier (Jean), instituteur à Bonneval. . . » 50
Exertier (le chanoine), supérieur de l'Externat
Saint-François de Sales, à Chambéry. . 20 »
Exertier (Mlle Fanny). . . . . 3 »
Externat Saint-François de Sales, à Chambéry
(les professeurs de l'). . . . . . . 20 »

F

Fabrège. . . . . 50 fr.
Falcoz (l'abbé), curé de Montaimont. . . . 1 »
Fassati, née de Maistre (la marquise). . . 100 »
Faure (Félix), président de la République. . 100 »
Faverges (la commune de). . . . . . . 20 »
Faverges (le marquis de). . . . . . . 50 »

Favier du Noyer de Lescheraines (le baron
  Frédéric), à La Motte-Servolex . . . 50 fr.
Favier du Noyer (le baron Albert), à Chambéry. 20 »
Favier du Noyer (le baron Max), à Chambéry. 25 »
Favier du Noyer (le baron Eugène), à Francin. 20 »
Favier et Cⁱᵉ, banquiers à Chambéry. . . 100 »
Favre (l'abbé), professeur à Paris. . . . . 20 »
Fayet, conseiller à la Cour de Lyon. . . . 20 »
Fernex de Mongex (le comte), de l'Académie de
  Savoie, avocat à la Cour de Chambéry. . 100 »
Fernex de Mongex (le comte Louis), à Chambéry 20 »
Filliol (l'abbé), curé de Valloires. . . . . 10 »
Finas-Duplan, ancien magistrat, à Chambéry. 10 »
Finet (Auguste), avoué honoraire, à Chambéry. 20 »
Finet (Jules), avoué à la Cour de Chambéry. . 10 »
Fiquet (Maurice), avoué au Tribunal de Cham-
  béry. . . . . 20 »
Foras (le comte Amédée de), de l'Académie de
  Savoie, au château de Thuyset, à Thonon. 100 »
Foras (le comte de), à Thonon. . . . . 100 »
Foras (le vicomte Max de), à Thonon. . . . 100 »
Forestier, maire de Bonneval. . . . . . 1 »
Fortis (le comte de), à Serrières-en-Chautagne. 100 »
Francin (la commune de). . . . . . . 20 »
Franclieu (Mˡˡᵉ de), à Grenoble. . . . . 10 »
François (Victor), avocat, à Aix-les-Bains. . 20 »
Fréchet (le chanoine), curé de Notre-Dame,
  à Annecy. . . . . 10 »
Frèrejean (Francisque), à Annecy. . . . 10 »
Frèrejean (Georges), au château de Montrottier. 30 »
Friol, caissier à la Caisse d'épargne, à Cham-
  béry. . . . . 5 »

G

Gabet (le baron), agent de change honoraire, à Lyon.	50 fr.
Gabriac, à Lyon.	10 »
Gadeaux, chef d'institution à Dijon.	5 »
Gallis (Charles de), ingénieur à La Bridoire.	25 »
Gandrey, directeur du Grand-Cercle, à Aix-les-Bains.	10 »
Gauthier (Emile), à Bonneval.	» 50
Gauthier (Eugène), à Bonneval.	1 »
Gauthier (Grégoire), à Bonneval.	1 »
Gavand (la baronne de), à Rumilly.	10 »
Gavard (l'abbé Adrien), du diocèse d'Annecy.	2 »
Gavard (Philippe), à Serrières-en-Chautagne.	20 »
Gavard (Mme Philippe).	10 »
Gavard (André), lieutenant d'artillerie.	5 »
Gavard (Joseph).	5 »
Gavend (l'abbé), vicaire à Aix-les-Bains.	3 »
Geer (le baron C. de).	5 »
Geer (le baron L. de).	5 »
Gellon (l'abbé), vicaire à Aix-les-Bains.	5 »
Genève de Boringe (la comtesse de), à Vétraz-Monthoux.	20 »
Genève de Boringe (le comte William de).	5 »
Gérard (le baron), député de l'Orne.	200 »
Gerbelot (l'abbé), curé de Saint-Baldoph.	5 »
Gex (l'abbé), curé du Noyer.	2 »
Ghione (Charles), à Turin.	10 »
Gigot, directeur de la *Nationale-Vie*, à Chambéry.	10 »

Giraud (l'abbé), curé de Saint-Martin-sur-la-Chambre.	1 fr.
Girod (Mlle Elisa), à Rumilly.	5 »
Girod, à Paris.	15 »
Girod de Montfalcon (la baronne), à Ruffieux.	50 »
Gonthier (l'abbé), aumônier de N.-D. de Sion à Constantinople.	5 »
Gonthier (l'abbé), curé de Domessin. . . .	2 50
Gonthier (le chanoine), secrétaire de l'Académie Salésienne, à Annecy.	5 »
Gouby (Mlle Isabelle), à Paris.	10 »
Goybet (le général de division), au château de Volonta, près Yenne.	30 »
Goybet (Pierre), avocat à la Cour de Chambéry	100 »
Grange (Charles), à Aiguebelle.	20 »
Grange (François), à Randens.	10 »
Grasset (le docteur), professeur à l'Université de Montpellier.	50 »
Gravin, sénateur de la Savoie.	25 »
Grenaud de Saint-Christophe (le comte de), au château de Chitry.	50 »
Greyffié de Bellecombe (le comte), à Brides-les-Bains.	20 »
Greyffié de Bellecombe (le vicomte Camille), lieutenant au 4e dragons à Chambéry. .	25 »
Grognier (Mlle), à Villefranche (Rhône). . .	50 »
Grognier (le R^d Père).	5 »
Gros (l'abbé), vicaire à Rumilly.	5 »
Gruffat (Frédéric), à Rumilly.	5 »
Guicherd (l'abbé), curé de Massingy. . . .	2 »
Guicherd (l'abbé), curé du Petit-Barberaz. .	2 »

H

Hautin (Sa Grandeur Mgr), archevêque de
Chambéry. . . . .   200 fr.
Hast (Louis), avocat, à Saint-Mihiel. . . .   10 »
Histoire naturelle (Société d'), à Saint-Jean de
Maurienne. . . . .   30 »
Hollande (Paul), pharmacien à Chambéry. .   20 »
H. T., 14, rue Auber, à Paris. . . . . .   5 »
Huguet (Vincent), à Chambéry. . . . .   20 »
Humbert (Paul), notaire à Aix-les-Bains. .   5 »

I

Isoard (Sa Grandeur Mgr), évêque d'Annecy.   10 fr.

J

Jacob-Bellecombette (la commune de). . .   20 fr.
Jacquier (Michel), à Rumilly. . . . . .   20 »
Jagand (Célestin), à Bonneval. . . . .   » 50
Jail (l'abbé), à Vienne (Isère). . . . . .   2 »
Jarre, conseiller à la Cour de Chambéry. .   5 »
Jarrosson, à Lyon. . . . .   20 »

Jolivet (l'abbé Claude), professeur, du diocèse
d'Annecy. . . . . 10 fr.
Jorioz, notaire à Moûtiers. . . . . 20 »
Joseph (le R⁴ Père), directeur de l'Orphelinat
de Douvaine. . . . . 10 »
Josse (le chanoine). . . . . 2 »
Jourdan, percepteur honoraire à Chambéry. . 5 »
Journet (l'abbé), curé de St-Offenge-Dessus. . 5 »
Jouty (l'abbé), curé de Saint-Jean-la-Porte. . 5 »
Jouty (l'abbé), à Rumilly. . . . . 10 »
Jouty (l'abbé Hyacinthe), précepteur. . . . 3 »
Juge de Pieuillet (la comtesse de). . . . . 20 »

L

La Chambre (le marquis de), à Cruet. . . 25 fr.
Lachenal (l'abbé), vicaire de Maché. . . . 5 »
Lachenal (Pierre), à Chambéry. . . . . 10 »
Lacroix (l'abbé), curé de Cognin, et sa paroisse 20 »
Lafont (le comte Louis de), capitaine au 7ᵉ
cuirassiers, à Lyon. . . . . . . 20 »
Lafrasse (l'abbé), du diocèse d'Annecy. . . 3 »
Laissus (le docteur Camille), à Moûtiers. . 30 »
Lajoue (Constant), avoué à Chambéry. . . 20 »
La Motte-Servolex (la commune de). . . . 100 »
Landry (la commune de). . . . . 10 »
Lansard (Joseph), négociant à Chambéry. . 10 »
Lansard (François), négociant à Chambéry. . 5 »
Laperouze, coiffeur à Chambéry. . . . . 5 »
Laracine (Edouard), ancien magistrat, à
Chambéry. . . . . 100 »

La Ravoire (la commune de)	20 fr.
La Rochette (la commune de)	25 »
Lathoud (Paul), architecte à Chambéry . .	5 »
Laubé (l'abbé), du diocèse d'Annecy . . .	3 »
Laurent, marchand de bois	2 »
Lavanchy (l'abbé), curé de Thonon . . .	50 »
Lavaur (le comte de la Boisse de), ancien chef d'escadrons au 4e dragons	5 »
Lavorel (l'abbé), curé de Sciez	3 »
Lefebvre du Grosriez, préfet de la Savoie .	50 »
Léger (Auguste), à Bonneval	» 50
Léger (Dominique), à Bonneval	» 50
Léger (Prudent), à Bonneval	» 50
Les Avanchers (la commune de)	20 »
Levoyer, imprimeur	2 »
Lidonne (la comtesse de), à Chambéry . .	20 »
Limet (Charles), avocat à la Cour de Paris .	50 »
Loche (le comte de), de l'Académie de Savoie, à Grésy-sur-Aix	50 »
Longue (Joseph), à Chambéry	20 »
Lortat, directeur des Contributions directes de la Savoie	5 »
Lucas de Montigny (Auguste), au château de Blessy, par Aire-sur-la-Lys (Pas-de-Calais) .	20 »
Lucey (la commune de)	25 »
Lyonne (Victor), maire de La Ravoire . .	20 »

M

Magnard, à Thonon	5 fr.
Magnin (Emile), à Rumilly	1 »

Magnin (Just), à Valloires. . . . . 20 fr.
Mailland (le chanoine), de l'Académie de Savoie 20 »
Maillet (le R⁴ Père), supérieur des Mission-
    naires de N.-D. de Myans. . . . . 10 »
Maistre (le comte de), à Bissy. . . . . 700 »
Maistre (le comte Charles de). . . . . . 350 »
Maistre (le comte Eugène de). . . . . . 350 »
Maistre (le comte François de). . . . . 500 »
Maistre (le comte Xavier de), lieutenant au 26°
    dragons. . . . . 100 »
Maistre (l'abbé), curé, du diocèse d'Annecy. . 4 »
Maistre (l'abbé), vicaire, du diocèse d'Annecy. 1 »
Maistre (l'abbé Philibert). . . . . . . 2 »
Manno (le baron Antoine), à Turin. . . . 20 »
Marchand (Louis), juge au Tribunal d'Arras. 5 »
Marchand (Pierre), avoué honoraire, à Rumilly. 5 »
Mareschal de Luciane (le comte de), de l'Aca-
    démie de Savoie. . . . . 20 »
Mareschal (le chanoine), curé de la Cathédrale
    à Chambéry. . . . . 20 »
Mareschal (Hippolyte), à Chambéry. . . . 10 »
Marin (le comte Léonide), à La Motte-Servolex. 50 »
Marta, ancien magistrat, à Francin. . . . 20 »
Martin (l'abbé), curé des Marches. . . . 3 »
Martinel (le comte Gustave de), à Cognin). . 50 »
Masson (le docteur), à Chambéry. . . . . 10 »
Masson (Vincent), à Chambéry. . . . . 5 »
Mathiez, négociant à Aix-les-Bains. . . . 12 »
Maugny (la comtesse de). . . . . . . 50 »
Meignoz (le chanoine), curé d'Aix-les-Bains . 10 »
Ménissier (Frédéric), architecte à Chambéry. 5 »
Mermet (Michel). . . . . 5 »
Mercier (le chanoine), à Annecy. . . . . 5 »
Mestrallet, percepteur, à Aix-les-Bains. . . 10 »
Metzger (Albert), de l'Académie de Savoie. . 10 »

Meynet (le chanoine), à Annecy.	3 fr.
Meyssonnier (le colonel), à Besançon. . . .	10 »
Michaud (le baron), à Tresserve.	30 »
Michaud (l'abbé), curé de Saint-Alban. . .	5 »
Michaud (l'abbé), vicaire à Maché. . . .	5 »
Michon (Edouard), à Chambéry.	5 »
Mignucci, conseiller à la Cour de Chambéry.	5 »
Miguet, receveur des douanes à Saint-Julien.	5 »
Millioz (l'abbé), curé de Bissy.	10 »
Missionnaires de Saint-François de Sales (les), à Annecy.	20 »
Moccand (le chanoine), vicaire général, à Annecy	5 »
Modane (la ville de).	50 »
Mollard, directeur de la *Vie française*, à Lyon.	20 »
Mollard (l'abbé), des Missions étrangères. .	5 »
Monachon (le chanoine), à Chambéry. . .	5 »
Monard (le docteur), à Aix-les-Bains. . . .	10 »
Monestès (Gustave), banquier à Chambéry. .	20 »
Mongenet (Balthazard), avocat à la Cour de Chambéry.	20 »
Monnard (l'abbé), curé de Mégève. . . .	2 »
Montet, armurier à Chambéry.	5 »
Montet (Albert de), à Vevey.	10 »
Montréal (le colonel), à Albertville. . . .	20 »
Morand (l'abbé).	6 »
Morand (l'abbé), vicaire à Montaimont. . .	0 50
Morand (Georges), à Chambéry.	10 »
Morand de Confignon (le baron de), au Tremblay.	40 »
Moreau (l'abbé), du diocèse de Périgueux. .	2 »
Mottet (Léon), conseiller de préfecture de l'Isère.	30 »
Moûtiers (le supérieur du Séminaire de). .	10 »
Mouxy (Claudius de), percepteur à Rumilly.	5 »
Mouxy (la commune de).	10 »

Mugnier (François), conseiller à la Cour de
    Chambéry. . . . .   25 fr.
Mugnier (Pierre), à Doussard. 1 20
Myans (la commune de). . . . . . .   10 »

N

Naurois (Albert de), à Evian-les-Bains. . .   50 fr.

O

Ogier (l'abbé), vicaire, du diocèse d'Annecy. .   10 fr.
Olivier, bâtonnier du barreau de Guinchamp.   5 »
Oncieu de Chaffardon (le marquis d'). . .   100 »
Oncieu de la Bâtie (marquis d'), de l'Académie
    de Savoie. . . . .   100 »
Oncieu de la Bâtie (le comte Eugène d'), de
    l'Académie de Savoie. . . . . . .   100 »
Oncieu de la Bâtie (le comte Amé). . . .   100 »
Orbigny (Alcide d'), maire de La Rochelle. .   100 »
Orglandes (le comte d'). . . . . . .   5 »
Orglandes (le vicomte d'). . . . . . .   5 »
Oroz, née d'Arcine (Mme). . . . . . .   10 »
Orsier (l'abbé), du diocèse d'Annecy. . . .   1 »

P

Q

Quenard (l'abbé), aumônier de Saint-Anthelme,
à Chignin. . . . .   3 fr.
Quincy (le chanoine de), à Annecy. . . .   5 »

R

Ramaz (le chanoine), vicaire général, à Cham-
béry. . . . .   10 fr.
Ramaud (l'abbé), curé de Saint-Julien (Haute-
Savoie). . . . .   10 »
Raymond (le colonel), du 28e d'artillerie, à
Toulouse. . . . .   10 »
Raymond (Emile), avocat à la Cour de Cham-
béry (un petit-fils de l'auteur du premier
Eloge de Joseph de Maistre). . . . .   100 »
Raynaud (l'abbé), curé du Châtelard. . . .   5 »
Rebaudet, conseiller général de la Savoie. .   10 »
Revel (Gabriel), ancien magistrat, à Chambéry.   5 »
Revel (Joseph-Samuel), architecte à Chambéry.   20 »
Ricci de Ferres (le baron Charles), à Turin. .   20 »
Richard (Antoine), ancien magistrat, à Cham-
béry. . . . .   10 »
Richard (Jean-Baptiste), avocat à la Cour de
Chambéry. . . . .   20 »
Richard (Joseph), avocat à la Cour de Cham-
béry. . . . .   25 »
Richard (l'abbé), aumônier, du diocèse d'Annecy   5 »
Ringuet, notaire à Chambéry. . . . . .   20 »
Ritter (Eugène), doyen de la Faculté des
lettres, à Genève. . . . .   10 »
Robert (Louis), à Annecy. . . . . . .   5 »

Robillard (le général de division).	40 fr.
Robin-Rondel.	5 »
Roch (Joseph père), notaire honoraire, à Chambéry.	20 »
Roch (Alexandre), notaire honoraire, à Chambéry.	20 »
Roch (Léon), avocat à la Cour de Chambéry (1).	20 »
Roche (le comte Edmond), avocat à la Cour de Lyon.	10 »
Roche (Victor), à Saint-Innocent. . . .	10 »
Roger (l'abbé), curé des Bacheris (Doubs). .	10 »
Rollier, notaire à Annecy.	20 »
Romanet (l'abbé), curé de Saint-Innocent. .	2 »
Rosset (l'abbé), curé du Mont-du-Chat. . .	5 »
Rosset (Amédée), avocat à la Cour de Chambéry.	20 »
Rosset (le docteur Léon), médecin à Albens. .	20 »
Rosset (Jules), notaire à Albens.	20 »
Rosset (Sa Grandeur Mgr), évêque de Maurienne.	100 »
Rosset de Tours (le baron), ancien magistrat.	30 »
Rosset de Tours (le baron Frédéric). . . .	10 »
Rostaing, ancien magistrat, à Vienne (Isère).	20 »
Roudet, avocat, à Vienne (Isère). . . .	10 »
Roulet (l'abbé), vicaire de Notre-Dame, à Chambéry.	3 »
Rousse (Edmond), de l'Académie française. .	50 »
Rousset (l'abbé), curé de Chanas (Isère). .	1 »
Roussy de Sales (le comte Eugène de), au château de Thorens-Sales.	100 »

(1) MM. Alexandre et Léon Roch sont, dans l'ordre des dates, les premiers souscripteurs inscrits sur la liste.

Royer-Collard (Paul), avocat à la Cour de Paris.   25 fr.
Ruaz, notaire à Thonon.   .   .   .   .   .   .   5 »
Ruffieux (la commune de).   .   .   .   .   .   .   20 »
Rumilly (Les professeurs du Collège de) :
  MM. l'abbé Bogey.   .   .   .   .   5 »
              Braissand.   .   .   .   .   .   .   5 »
              Collomb..   .   .   .   .   .   .   5 »
              Derobert.   .   .   .   .   .   .   5 »
              Ducruet..   .   .   .   .   .   .   5 »
              Guiller.   .   .   .   .   .   .   5 »
              Mailland.   .   .   .   .   .   .   5 »
              Marin - Laflèche.   .   .   .   .   5 »
              Million.   .   .   .   .   .   .   5 »
              Paravy.   .   .   .   .   .   .   5 »
              Philippe..   .   .   .   .   .   .   5 »
              Trepier.   .   .   .   .   .   .   5 »
              Sadoux.   .   .   .   .   .   .   5 »
              Sondaz.   .   .   .   .   .   .   5 »
Rumilly (les élèves du Collège de).   .   .   .   95 »
Ruphy (Fernand), avocat à Annecy.   .   .   .   10 »

S

Saillet, professeur honoraire à Burdignin.   .   2 fr.
Saint-Alban (la commune de).   .   .   .   .   25 »
Saint-Baldoph (la commune de).   .   .   .   .   20 »
Saint-Bon (le comte Alexis de), ancien magis-
    trat.   .   .   .   .   20 »
Saint-Cassin (la commune de).   .   .   .   .   20 »
Saint-Clair (l'abbé), prélat romain, à Annecy.   5 »
Sainte-Eugénie (le curé de).   .   .   .   .   .   10 »

Saint-François de Sales (la commune de). . .	5 fr.
Saint-François de Sales (la Congrégation de), à Chambéry.	50 »
Saint-Jean d'Arvey (la commune de). . .	20 »
Saint-Jean de Belleville (la commune de). .	10 »
Saint-Joseph (Pensionnat de), à Thonon. . .	5 »
Saint-Marcel (la commune de).	10 »
Saint-Martin-sur-la-Chambre (la commune de).	20 »
Saint-Michel (la commune de).	25 »
Saint-Ours (la commune de).	30 »
Saint-Oyen (la commune de).	10 »
Saint-Pierre d'Albigny (le supérieur et les professeurs du Collège Petit-Séminaire de) :	
MM. l'abbé Termier, supérieur. . . .	20 »
Clerc, directeur.	5 »
Bellemin François. . . .	5 »
Bellemin Jean.	5 »
Bernard.	5 »
Bocquet.	5 »
Bois.	5 »
Bourbon.	5 »
Cartier.	5 »
Gay-Lancernain.	5 »
Guillet.	5 »
Marin.	5 »
Morand.	5 »
Mouchet.	5 »
Peillet.	5 »
Picon.	5 »
Regottaz.	5 »
Sondaz.	5 »
— Produit d'une séance littéraire donnée sous la présidence de M. le général Borson avec son concours et celui de M. François Descostes.	107 »

Saint-Thibaud de Couz (la commune de). . 20 fr.
Salteur de la Serraz (le marquis). . . . . 250 »
Salteur de la Serraz (le comte Pierre). . . 100 »
Salteur de la Serraz (le comte Othon). . . 100 »
Sauthier-Thyrion (Maurice), à Lyon. . . . 10 »
Savoie (le Conseil général de la). . . . . 5.000 »

SAVOYARDS DE COCHINCHINE (LES).

Souscriptions recueillies par M. Rey, imprimeur à Saïgon.

MM. Arnaud. . . . . 2 piastres.
Blancsubé. . . . . 1 »
Chêne. . . . . 2 »
Comminet. . . . . » 50 c.
Coudurier. . . . . 2 piastres.
Coux. . . . . 2 »
Dabène. . . . . 2 »
Dufresne. . . . . 1 »
Dunand. . . . . » 50 c.
Etellin. . . . . 2 piastres.
Fontaine. . . . . 5 »
Girard. . . . . » 60 c.
Goujon. . . . . 3 piastres.
Jammes. . . . . 5 »
Jouandon (Mᵐᵉ veuve). . . . . » 50 c.
Maréchal. . . . . » 50 c.
Migieu (Antoine de). . . . . 5 piastres.
Migieu (Victor de). . . . . . 5 »
Montpellier. . . . . » 20 c.
Morens. . . . . 2 piastres.
Perret. . . . . 2 »
Pétigny. . . . . 2 »
Pierron (Mᵐᵉ veuve). . . . . 1 »
Progrès de Saïgon (Le). . . . 4 »
Rey, Curiol et Cⁱᵉ, imprimeurs
à Saïgon. . . . . 10 »

MM. Un Neufchatelois de la Côte aux
    fées. . . . .   » 50 c.
    Vincent. . . . .   » 50 c.
    Voisin. . . . .   5 piastres.

Savoyards de la zone (Les).

Souscriptions recueillies par M. César Baillard.

MM. Arcine (M{llc} Louise d'). . . . . . 10 fr.
    Baillard (César), notaire à Reignier. . 5 »
    Baillard (Charles), attaché au Muséum
    de New-York. . . . . 5 »
    Magny (Charles de), à Reignier. . . 10 »
    Magny (le colonel de), à Nyons. . . 5 »
    Périllat (Emile), capitaine au 107$^\mathrm{e}$ terri-
    torial. . . . . 5 »
    Polinges (M{llc} Polyxène de). . . . . 5 »
    Viry-Cohendier (le baron de). . . . 5 »
    Viry (le baron de). . . . . . . 5 »

Savoyards de Tarentaise (Les).

Souscriptions recueillies par M. l'abbé David-Vaudey,
supérieur du Petit-Séminaire de Moûtiers.

MM. Anonyme. . . . . 1 fr.
    Id. . . . . 2 »
    Id. . . . . 1 »
    Aimoz (l'abbé), professeur au Petit-Sémi-
    naire de Moûtiers. . . . . . 2 »
    Anxionaz (l'abbé), prêtre en retraite. . 2 »
    Bernoud (l'abbé), professeur au Petit-
    Séminaire. . . . . 2 »
    Blanc (l'abbé), vicaire à Mâcot. . . . 1 »
    Bochet (l'abbé), missionnaire. . . . 2 »
    Borrel (le chanoine), président de l'Aca-
    démie de Val-d'Isère. . . . . . 20 »

MM. Borrel (l'abbé), curé de Saint-Laurent-
la-Côte. . . . . 4 fr.
Bozel (les prêtres de l'archiprêtré de). . 55 »
Brun (l'abbé), curé de Fontaine-le-Puits. 1 »
Carret (l'abbé), curé de Montfort. . . 1 »
Chardon (l'abbé), curé de Montvalezan-
sur-Séez. . . . . 2 »
Charles (le chanoine), curé de Gilly. . 3 »
Chenu (l'abbé), curé de Montvalezan-sur-
Bellentre. . . . . 5 »
Collomb (l'abbé), curé d'Aigueblanche 1 »
Collot (l'abbé), professeur au Petit-Sémi-
naire. . . . . 1 »
David-Vaudey (l'abbé), directeur du Petit-
Séminaire. . . . . 3 »
Emprin (l'abbé), professeur au Petit-
Séminaire. . . . . 2 »
Emprin (l'abbé Charles), aumônier à
Montpellier. . . . . 2 »
Favre (l'abbé Albert), professeur au
Petit-Séminaire. . . . . . . 2 »
Favre (l'abbé), curé de Séez. . . . 2 »
Gachet (l'abbé), curé de Saint-Thomas. 2 »
Gontharet (l'abbé). professeur au Grand-
Séminaire. . . . . 2 »
Gontheret (l'abbé), curé de St-Sigismond. 1 »
Guiguet (le chanoine), curé de Moûtiers. 3 »
Gumery (le chanoine), curé de Doucy. 1 »
Jacquier (l'abbé), vicaire à Grand-Naves. 1 »
Maître (l'abbé), professeur au Petit-Sémi-
naire . . . . 1 »
Marjollet (l'abbé), curé de La Bâthie. . 1 »
Mermier (l'abbé), curé d'Allondaz. . 1 »
Mollier (l'abbé), curé de Sainte-Foy. . 1 »
Moni (l'abbé), curé de Chevron. . . . 3 »

MM. Péronnier (le chanoine), vicaire général. 10 fr.
Revel, ancien magistrat. . . . . . 10 »
Revet (l'abbé), curé de Thénezol. . . 5 »
Reviat (l'abbé), vicaire aux Allues. . 2 »
Richermoz (l'abbé), direct^r des Missions. 5 »
Richermoz (le chanoine), supérieur du
Petit-Séminaire. . . . . . . 5 »
Richermoz (l'abbé), curé de Bellentre. 1 »
Ruffier-Monet (l'abbé), curé de Nâves-
Fontaine. . . . . 2 »
Rullier (l'abbé), curé de Landry. . . 2 »
Rullier (le chanoine), vicaire général. . 10 »
Rullier (l'abbé), missionnaire. . . . 1 »
Roux-Vollon (l'abbé), curé de Longefoy. 5 »
Tantet (l'abbé), curé de N.-D. du Pré. . 5 »
Trésallet (l'abbé), curé d'Hauteville-
Gondon. . . . . 5 »
Trésallet (l'abbé), curé de Pussy. . . 3 »
Vibert (l'abbé), curé d'Hauteluce. . . 2 »

Savoyards de Tunis (Les).

Souscriptions recueillies par M. Usannaz-Joris,
avocat à Tunis.

En bloc. . . . . 85 fr.

Savoyards et Amis de la Savoie a Lyon (Les).

Souscriptions recueillies par M. Andrémasse.

MM. Andrémasse (André). . . . . . . 100 fr.
Andrémasse (Mme André). . . . 40 »
Andrémasse (F.). . . . . . . 5 »
Andrémasse (Hilaire), 2e versement. . 100 »
Andrémasse (Mme Hilaire), à Ruffieux. . 50 »
Andrémasse (Georges et Gabriel). . . 5 »
Bachelard. . . . . 40 »
Bachelard (Mme). . . . . 10 »

MM. Bertrand .	5	fr.
Berruet .	20	»
Bonnet (les petits-fils de C.-J.) .	50	»
Calvadène (Henri de) .	50	»
Chavant .	50	»
Crochet .	50	»
Faye (Mme) .	10	»
Février .	50	»
Freudenberg .	40	»
Freudenberg (Mme) .	10	»
Giraud .	10	»
Gourd (Henri) .	25	»
Guilloud .	100	»
Hirsch (Léo) .	100	»
Hirsch (Mme) .	40	»
Hirsch (Yvan) .	10	»
Holstein .	50	»
Hutter .	50	»
Kann (Sylvain) .	20	»
Lamare .	50	»
Maillet .	5	»
Mermet .	20	»
Némoz .	5	»
Noyer, Durand et Collon .	20	»
Payen (Louis) .	25	»
Pierron .	30	»
Poncet père .	25	»
Poncet fils .	25	»
Regaud (Hilaire) .	10	»
Robin-Rondel .	30	»
Sadoux (M. et Mme) .	50	»
Schwazeubach .	50	»
Tabard (Benoît) .	50	»
Van Doren .	5	»
Vernay .	10	»

SAVOYARDS ET AMIS DE LA SAVOIE
DANS LA RÉPUBLIQUE ARGENTINE.

Souscriptions recueillies par M. Auguste Ducis père,
chef d'institution à Dolorès.

Anonymes divers.	14	55
MM. Ardais (Martin).	1	65
Blain (François).	1	65
Blain (Joseph).	1	65
Cambet (Marie, veuve Baduel).	3	»
Cambet (Pierre).	5	»
Cambet (Victor).	3	»
Carricadi (Dominique).	1	20
Carriquiriborde (Anne de).	1	65
Carriquiriborde (Anne P. de).	1	65
Chapelle (Claude).	1	65
Chapperon (Jean).	3	»
Chavasse (Séraphin).	2	»
Collomb (Benoît).	3	»
Cutrin (Manuel).	3	»
Ducis père (Auguste).	5	»
Ducis fils (Auguste).	1	»
Ducis (Balbin-Augustin).	1	»
Ducis (Emmanuel).	1	»
Ferreira (Jean).	»	80
Gens (Emile).	5	»
Lopetequi (Antoine).	3	»
Melsi (Angèle).	1	65
Melsi (Marie-Thérèse).	1	65
Mollard (François).	»	80
Mollard (François).	5	»
Mollard (Jean).	3	»
Mollard (Mme veuve Joseph).	1	20
Mollard (Pierre)	10	»
Mugnier (Pierre).	1	20
Nicoud (Claude).	5	»

MM. Pirali (Eugène). 1 65
      Thevenon (François). . . . . . .   5 »
      Santiago (Vicondoa). . . . . . .   3 »

Seize (le capitaine de), à Périgueux. . . .   5 »
Sisteron, ancien bâtonnier du barreau de
    Grenoble. . . . .   10 »
Société médicale de Chambéry. . . . .   20 »
Société savoisienne d'histoire et d'archéologie.   50 »
Sonjeon (André), à Chambéry. . . . .   10 »
Sordet (Etienne), à Saint-Romain (Côte-d'Or).   10 »
Syndicat des ouvriers en bâtiment à Chambéry.   5 20

T

Talon (le R^d Père), aumônier des Sœurs de
    Saint-Joseph. . . . .   2 fr.
Tardy (Joseph). . . . .   25 »
Tercis (l'abbé), du diocèse d'Annecy. . . .   2 »
Thevenon (François), à La Bauche. . . .   5 »
Thiévenaz (le chanoine), curé de Challes. . .   5 »
Thoiry (la commune de). . . . . . .   50 »
Thomassier (l'abbé), curé de Trévignin. . .   2 »
Thonon les-Bains (la ville de). . . . . .   100 »
Tiollier (M. et Mme), à Chambéry. . . . .   10 »
Tissot (le chanoine), professeur au Grand-
    Séminaire de Chambéry. . . . . .   5 »
Toupin (le chanoine), à Romans. . . . .   5 »
Travernay (la comtesse de), à Chambéry. . .   10 »
Tredicini de Saint-Séverin (le marquis). . .   100 »
Trepier (Jean-Baptiste). . . . .   20 »

Trepier (le lieutenant-colonel). . . . . . 10 fr.
Truchi de Varenne (le baron), à Lyon. . . 100 »
Turinaz (Sa Grandeur Mgr), évêque de Nancy. 100 »

U

Un Béarnais ami des Savoyards. . . . . 5 fr.
Un chanoine d'Annecy. . . . . . . 10 »

UN GROUPE DE BORDELAIS AMIS DE LA SAVOIE.

Souscriptions recueillies à Bordeaux par M. A. Cordier.

MM. Benon. . . . . 10 fr.
Bernard (Charles). . . . . . 5 »
Bertin (l'abbé), curé d'Auros. . . . 5 »
Blanchy (Edmond). . . . . . . 5 »
Blanchy (Joseph), ancien président du
    Tribunal de commerce. . . . . 20 »
Borde de Fortage (de). . . . . . 20 »
Bouffard (Jules), négociant. . . . . 10 »
Calla (Louis), ancien député. . . . 20 »
Callen (l'abbé. . . . . 5 »
Carreras. . . . . » 50
Cazaubon. . . . . 10 »
Cordier, directeur du *Nouvelliste*. . . 25 »
Cordier (Paul). . . . . 2 »
Coutant, géomètre. . . . . . . 5 »
Deydon (le chanoine), curé de St-Nicolas. 20 »
Eichtal (le baron d'). . . . . . . 20 »
Froment, ancien précepteur de Mgr le
    Duc d'Orléans. . . . . . . 10 »
Gelly. . . . . 5 »

MM. Goubert (le Vte Maxime de), ancien préfet.	5	fr.
Havard (Oscar), publiciste.	7	50
Institut des Frères de Saint-Genèse. .	25	»
La Comble (de Laville de).	20	»
Lur-Saluces (le comte Eugène de). . .	100	»
Marcellus (le comte de).	40	»
Marsillac (de).	6	»
Moran (Remi d'Aresac de).	5	»
O'Quin.	10	»
Palhiès (le chanoine), curé de St-Martial.	50	»
Peyrelonge, ancien avoué.	10	»
Ramonet (l'abbé).	5	»
Tandonnet, armateur.	5	»
Thibaut (l'abbé), curé d'Allas. . . .	5	»

Un groupe de Français de Moscou.

Souscriptions recueillies par M. le chanoine Vivien,
curé de Saint-Louis des Français, à Moscou.

Le groupe, en bloc.	14	fr.
Un catholique russe, disciple de Joseph de Maistre.	100	»
Un vieux Polonais.	»	50
Vivien (le chanoine).	25	»

V

Valdotains amis de la Savoie, en souvenir de Joseph et Xavier de Maistre (Les).

Souscriptions recueillies par M. le chanoine Fruttaz.

MM. Béthaz (le chanoine).	5	fr.
Bic (l'abbé), recteur à Valtornanche. .	2	»

MM. Bognier (Joseph), ingénieur. . . .   2 fr.
Bovard (l'abbé), curé à Saint-Rhême-St-
    Georges. . . . .   2 »
Bozon (l'abbé), chanoine de la Collégiale
    de Saint-Ours. . . . . . .   3 »
Brunod (le chanoine). . . . . .   3 »
Burchod (le chanoine), vicaire général.   10 »
Chabloz (l'avocat), syndic d'Aoste. . .   10 »
Clos (le chanoine Auguste). . . . .   2 »
Dondeynaz (le chanoine), prieur de la
    Collégiale de Saint-Ours . . .   4 »
Duc (Sa Grandeur Mgr), évêque d'Aoste.   20 »
Duc (Edouard), directeur du *Mont-Blanc*.   6 »
Duc (le chanoine Pierre-Etienne). . .   5 »
Fruttaz (l'avocat Louis). . . . . .   2 »
Fruttaz (l'abbé F.-G.), professeur. . .   10 »
Fruttaz (l'abbé Victor). . . . . .   2 »
Gal (le chanoine Emmanuel). . . .   2 »
Galazzo (l'avocat Octave). . . . .   2 »
Gaspard, à Provins. . . . . . .   2 »
Jeantet (l'abbé), curé à Roisan. . . .   2 »
Lucat (le chanoine), archidiacre de la
    Cathédrale. . . . .   10 »
Noussan (le chanoine). . . . . .   5 »
Oymenod (l'abbé), curé à Saint-Ger-
    main. . . . .   1 »
Perret (l'abbé), chapelain de S. M. à Rac-
    conis. . . . .   2 »
Ramello (le chanoine), curé à Arnad. .   5 »
Supérieur et professeurs du Petit-Sémi-
    naire (le chanoine Vesan, les abbés
    Christillin, Gonet, Perret et Thomas-
    set). . . . .   10 »
Thérisod (Antoine), professeur. . . .   2 »
Vesco (le chanoine Louis). . . . .   2 »

W

Y

Yenne (la ville d'). . . . . 50 fr.

Z

Zambeaux, directeur des tabacs, à Chambéry.   10 fr.

ERRATA

La commune de Lucey doit être ajoutée à la liste des communes ayant voté des subventions pour le Monument de Maistre, ce qui en porte le total à 47.

D'autre part, malgré le soin que nous avons mis à dresser le plus exactement possible la *Liste alphabétique des Souscripteurs,* quelques omissions s'y sont glissées.

C'est ainsi qu'il y a lieu de la compléter par l'adjonction des noms suivants que nos lecteurs voudront bien replacer à leur rang :

MM. Besson (l'abbé), vicaire d'Albens. . .   5 fr.
       Buttin (l'abbé), curé du Bettonnet. . .   5 »
       Bozzio. . . . .   » 50
       Fraissard, greffier à la Cour de Chambéry.   10 »
       Jouty (l'abbé Philibert). . . . . .   2 »
       Loubières, directeur du Crédit Lyonnais
           à Chambéry. . . . .   20 »
       Pascaud, conseiller à la Cour de Cham-
           béry. . . . .   10 »

Page 271, 8ᵐᵉ ligne, *lire* Brochet (l'abbé), curé de Saint-Beron, *au lieu de* Brachet.

Page 288, 9ᵐᵒ ligne, *lire* Piolé (l'abbé), supérieur du Petit-Séminaire de Saint-Riguier, *au lieu de* Piôte.

L'éditeur n'a cru devoir faire figurer dans la Liste que les souscriptions *réalisées.* Si, dans cette catégorie, quelques autres oublis bien involontaires avaient été commis, nous nous empresserions de les réparer par une note complémentaire.

ANNEXES

La Presse

et

Le Monument de Maistre.

———

Le *Gaulois,* du 9 mai 1895 :

Une Statue à Joseph de Maistre.

On nous a dit, ces jours derniers, que l'Académie de Savoie avait décidé d'élever une statue à Joseph de Maistre dans sa ville natale, Chambéry.

Il a été bien souvent question d'élever une statue à Joseph de Maistre ; toujours le projet s'est heurté à une sorte de terreur qu'inspire ce nom. On n'osait pas, on craignait de paraître accepter les doctrines de l'écrivain. C'était pour les uns une gloire ennemie, pour les autres une gloire... compromettante.

Et pourtant l'écrivain a fait autant d'honneur à la France qu'à la Savoie, par une langue admirable et une hauteur d'esprit à laquelle ont rendu hommage ses adversaires les plus décidés.

Il ne s'agit pas de faire un piédestal à l'idée politique représentée par cette grande et belle figure de lutteur, mais de glorifier l'homme de lettres, le penseur, l'érudit, le *vir probus dicendi peritus,* et aussi le caractère de l'homme qui a bien quelque droit à l'admiration de ses adversaires.

Un siècle a passé sur la lutte des géants, et les républicains eux-mêmes peuvent rendre hommage, dans la sérénité de l'histoire, au caractère et au génie de l'écrivain, comme ils peuvent honorer, d'autre part, la belle et douce figure d'Henri de La Rochejacquelein, dont la statue figure au Salon de cette année.

En face de la Révolution triomphante, un seul écrivain s'est levé, Joseph de Maistre. Alors que tout cédait devant le torrent et que les victimes de la guillotine s'en allaient elles-mêmes presque résignées vers l'échafaud, il n'y eut que deux grandes protestations contre la Révolution : l'une écrite dans le sang, la Vendée ; l'autre purement littéraire, mais écrite d'une main de fer, celle de Joseph de Maistre.

Ce ne fut pas une œuvre si simple qu'on semble le croire, car le mouvement réformateur avait entraîné une partie du clergé et l'aristocratie. On rêvait de réformes libérales, mais imprécises ; on avait perdu l'habitude de vouloir depuis Louis XIV, et devant cette démocratie qui voulait et agissait, on restait étonné, surpris, puis soumis et résigné jusqu'à la mort. Il semblait que ce qui passait fût la fin du monde et, se voyant incapable de résister, on croyait sauver l'honneur en mourant galamment.

Il était donc d'une âme peu commune et particulièrement altière de se redresser seule quand vint le flot et de se présenter en champion de tout ce qui semblait irrémédiablement perdu, la foi et l'absolutisme.

C'est pourquoi la figure de Joseph de Maistre émerge, puissante et ineffaçable, comme un rocher tombé au milieu d'un torrent, inébranlable pour des siècles. Le torrent passe, mais le rocher reste.

*
* *

On a beaucoup écrit sur Joseph de Maistre ; je me bornerai à citer le dernier ouvrage paru, celui de M. Fr. Descostes, dont le *Joseph de Maistre avant la Révolution* est encore une révélation sur les origines intellectuelles et morales de l'écrivain catholique et royaliste.

La famille de Maistre est d'origine française. On la trouve à Toulouse d'abord, puis en Provence, et souvent Joseph de Maistre parle du « soufre de Provence » qu'il sent en lui et que les neiges de la Savoie n'ont pu éteindre. Son père est né dans le comté de Nice et il est venu siéger au Sénat de Chambéry ; c'est là qu'il se marie, et il a quinze enfants dont Joseph de Maistre reste l'aîné, les deux premiers étant morts en bas âge.

Par sa mère, Joseph de Maistre est allié à plusieurs anciennes familles de Savoie, mais plus particulièrement à cette magistrature parlementaire qui constituait le Sénat de Savoie et dont l'austérité de mœurs et la rigidité de caractère faisaient une Assemblée d'un caractère spécial auprès des Parlements de France.

C'est là que Joseph de Maistre a pris, dans le sang et dans les moelles, le sentiment du devoir et celui de l'honneur, avec une foi inébranlable. Mais cette rigidité, dont ses traits se ressentent jusque dans ses portraits, n'est qu'un vêtement, une sorte de cuirasse donnée par l'éducation.

L'humeur est tout autre : le cœur est sensible, l'esprit délicieusement enjoué, et l'ardeur provençale, tournée chez lui vers les choses de l'esprit, vit mal à l'aise entre les vieux murs de Chambéry et les Alpes, qui l'entourent comme un rempart. Il se plaint parfois de l'exiguité de la scène, de la froideur ou de l'envie de ceux qui l'environnent ; ses regards sont tournés vers la France, où l'attirent le sang des ancêtres et le magnétisme des idées. Il lui faut un champ de manœuvre et il n'a qu'une prison. Il y étouffe. Va-t-il y végéter inconnu et y mourir oublié ? Et voilà que tout à coup le rideau se lève sur un changement de décor ; le vieux monde est emporté par l'orage qui balaie les trônes, les Parlements et les armées, et jette Joseph de Maistre à l'autre bout de l'Europe, à Saint-Pétersbourg, où se prépare, à travers des fluctuations diverses, la revanche de 1814.

C'est là que l'esprit de l'écrivain s'élargit et c'est de là qu'il plane sur l'Europe bouleversée.

Mais la Savoie n'a pas été sans influence sur cet esprit. Dès son enfance, Joseph de Maistre n'a vu que montagnes, rochers, neiges éternelles ; l'âpreté du sol l'a pénétré par sa grandeur, et il aime la grandeur en toute chose, l'éternelle immuabilité de ce qui doit être. Et le soleil qui chaque jour se lève au-delà des Alpes, émergeant d'Italie pour se coucher au-delà de la France, semble joindre pour lui ces deux monarchies de France et de Savoie si intimement unies par la foi, les traditions et les alliances, et ces deux patries, Italie et France, mères nourricières, l'une de ses sentiments, l'autre de son esprit.

*
* *

Ce qu'on n'a pas assez fait remarquer, peut-être, c'est que Joseph de Maistre est un produit direct de la Renaissance. « La nourriture d'esprit était alors forte, antique, dit Sainte-Beuve, et tenait des habitudes du seizième siècle, mieux conservées en Savoie que partout ailleurs ». C'est le latinisme de la Renaissance qui a formé sa jeunesse et lui a donné l'admiration des Césars, comme il l'avait donnée aux générations lettrées de la France depuis François Ier, préparant la monarchie césarienne de Louis XIV. On n'enseignait pas le grec en Savoie, on ne l'enseignait pas encore dans les collèges en 1860, et l'hellénisme, dont l'influence eût été autre, n'a traversé la jeunesse de Joseph de Maistre qu'à travers l'histoire des révolutions de la Grèce et la scholastique d'Aristote.

C'est à quarante ans seulement que Joseph de Maistre apprend le grec, par un effort de volonté et de travail, comme il avait appris, seul, l'anglais, ne sachant ni le prononcer, ni le parler, mais comprenant Bacon et Shakespeare.

Joseph de Maistre n'a pas été césarien à ses débuts ; il a rêvé lui aussi de réformes sages ; il blâme quelque part le supplice de Damiens, il dit ailleurs qu'à la veille de la Révolution, « les gouvernements de l'Europe avaient vieilli ; celui de la France surtout tombait en pourriture ». Hélas ! qui avait conduit là ce gouvernement si ce n'est le césarisme qui s'était introduit dans la monarchie, en faussant tous les ressorts ?

Et cependant, quand Joseph de Maistre, désillusionné par

la Révolution, se forme un corps de doctrines politiques, c'est
au césarisme qu'il revient invinciblement, par la pente naturelle de son instruction première.

Il est resté vingt ans dans la magistrature parlementaire,
noté par son gouvernement comme un esprit avancé. On le dit
hanté par les « idées françaises », et l'histoire nous le montre
aujourd'hui avec raison comme l'adversaire de ces idées.

Il était franc-maçon, orateur de la loge la *Parfaite Union*,
qui avait succédé à celle des *Trois Mortiers*, fondée à Chambéry en 1739 — c'est M. Descostes qui nous donne ces détails (1)
— et quand son Roi s'en inquiète et lui fait remarquer, bien
que la loge soit composée de ses meilleurs serviteurs, que ce
n'est pas le moment d'agir en secret, Joseph de Maistre comprend, s'incline, revient à Chambéry, et ferme la loge.

Et en même temps il fait partie des *Pénitents noirs* de
Chambéry, assiste à tous les offices, accompagne les suppliciés,
pratique sa religion avec une réelle piété et reste fidèlement
attaché aux Jésuites qui l'ont instruit.

**

Tel est l'homme complexe et non compliqué qu'on n'a pas
bien démêlé jusqu'ici dans l'unité de sa vie. Il y a chez lui du
Provençal et du Savoyard, du Français de la Renaissance et
du Romain d'autrefois, rien de l'Italien ni du Romain moderne.

En somme, il est ambitieux d'esprit plus que d'honneurs ; il
se sent à l'étroit dans sa sphère, il a des instincts de lutteur,
comme Pascal, et la Révolution le séduit comme un adversaire
digne de lui. Animé d'une foi ardente qui n'admet pas la discussion, il se rattrape par une série de *Paradoxes,* notamment
sur le duel, qui satisfont à la fois son esprit enjoué et son
besoin de discussion. Il lui faut un contradicteur et, s'il n'en a
pas, il en invente, comme dans les *Soirées de Saint-Pétersbourg*.

A Saint-Pétersbourg, Joseph de Maistre continue sa vie de
labeur et de privations. Il travaille comme à Chambéry, de

---

(1) Le comte Rodolphe de Maistre avait déjà révélé ce fait
dans la biographie de son illustre père.

douze à quinze heures par jour ; il a un fauteuil tournant, et quand on lui apporte son repas frugal, c'est sur une petite table qu'on le pose, derrière lui.

Il se retourne, mange, se retourne encore et se remet au travail. A-t-il trop froid, il monte et descend des bûches pour se réchauffer par l'exercice ; il dîne souvent à la table de l'Empereur et des grands-ducs, et, dans ce luxe, c'est aux siens qu'il pense, ayant presque honte d'avoir ce qu'il ne peut donner. L'Empereur lui dit :

— Vous amusez-vous, monsieur le comte ?

Et il répond simplement :

— Non, Sire, je suis seul.

Cette solitude lui pèse, mais comme il se rattrape par la tendresse de ses lettres ! Cette âme de bronze a un cœur presque maternel, et de ces deux qualités si diverses il crée une famille admirable, modèle de toutes les vertus. On sait que ses deux filles, mariées l'une au comte Terray, l'autre au dernier duc de Laval-Montmorency, n'ont pas laissé d'enfants ; mais son fils Rodolphe, qui avait débuté dans l'armée russe et fut plus tard général au service du Piémont et gouverneur de Nice, a laissé une nombreuse postérité.

La famille de Maistre est redevenue française par l'annexion, et Joseph de Maistre, qui a manqué à l'Académie française pour ne pas quitter le service de son Roi, reste une gloire purement française.

Personne n'a aimé la France plus que lui, personne n'a écrit une plus belle page sur la langue française que celle qu'il a écrite dans un « Fragment sur la France », personne n'a mieux défini le rôle de la France dans le monde et sa prépondérance nécessaire. Qui donc aujourd'hui pourrait s'amoindrir au point de refuser à cette grande figure d'écrivain l'honneur qui lui est dû ?

Louis de Meurville.

Le *Soleil,* du 25 janvier 1896 :

Le Monument de Chambéry. •

Un groupe de Savoyards intelligents et patriotes vont élever
un monument à la mémoire des frères de Maistre. C'est une
grande affaire, et l'entreprise honore tous ceux qui y prendront
leur part ; elle donne aussi une indication heureuse sur l'état
présent des esprits. Il faudrait que l'on pût en causer tout au long
et comme Montesquieu le disait d'Alexandre, tout à notre aise.

Honnête et charmant homme, Xavier de Maistre est un de
nos plus agréables écrivains. Il y a en Savoie, sur les frontières de la Suisse, une sorte d'Attique, que l'on est libre de
trouver un peu alpestre et neigeuse ; mais l'air clair, le ciel
fin, les eaux bleues y invitent aux pensées douces, à la rêverie
modérée, à l'émotion sereine, contenue et pure. N'en doutez
pas, les meilleures strophes du *Lac* de Lamartine, les éternelles, celles qui rappellent le mieux la sage tristesse d'Horace,
viennent de là. C'est là que Xavier de Maistre naquit ; c'est là
ou c'est en se rappelant ces beaux lieux qu'il écrivit les cinq
ou six histoires qui nous gardent son nom. Ne les aimez-vous
pas ? Si parfois le badinage y est un peu lent, le souffle court,
et si la verve faiblit parfois, quelle simplicité et quelle noblesse
divines ! Quelques phrases de lui sont dans le souvenir de
tous les gens de goût ; elles sont excellentes pour reposer un
bon esprit des phrases de Rousseau ; car cet aimable Savoyard
fut créé, mis au monde et doué des talents du style expressé-
ment pour reposer et consoler de ce Suisse accablant.

Néanmoins l'auteur du *Lépreux* ne laisse pas que de ressembler à Rousseau, et même quelquefois comme un fils à son
père. Il n'en est pas de même de l'auteur des *Considérations
sur la France.* Joseph de Maistre, lui, ne ressemble à Rousseau
que comme le jour peut ressembler à la nuit. Ce puissant
écrivain, l'un des plus forts de notre langue, n'a d'attache et
de ressemblance avec rien de vil. Et c'est même une des raisons qui expliquent qu'il ait mis un temps si long, presque un

siècle, à se faire accepter du plus grand nombre. Le vulgaire mit une singulière ardeur à l'ignorer.

Il est vrai que les médiocres ont tout fait pour détourner de lui l'attention, la curiosité et l'étude. On l'a appelé un Prophète du Passé, parce qu'il n'a jamais cessé de rappeler quelques-unes des lois constitutives du monde. On l'a traité de Voyant, et c'était dire visionnaire, parce qu'il a été clairvoyant et prévoyant. On l'a donné pour un mystique. Il n'était pas mystique. Toutes ses opinions sont fondées, comme les vôtres et les miennes, sur l'observation, l'induction et la déduction : mais observation d'une force et d'une lucidité profondes, induction prompte et brillante comme l'éclair, déduction des plus rigoureuses... Je veux que Bonald l'ait dépassé en logique : il demeure, pour la sagacité, pour le sûr et subtil instinct politique, le premier des hommes qui aient raisonné sur les révolutions de la France et sur l'avenir de l'Europe.

Les mensonges, les calomnies et les fausses louanges ont donc fait que Joseph de Maistre n'est compté parmi les classiques que depuis peu de temps. L'exemple d'un Auguste Comte inscrivant les *Soirées de Saint-Pétersbourg* et le traité *Du Pape* dans la bibliothèque positiviste passa naguère pour un trait de folie véritable ou tout au moins d'illuminisme, s'il ne résultait de quelque monstrueux paradoxe. Joseph de Maistre était un de ces noms, très vénérés d'une chapelle, qui, partout ailleurs, paraissaient défier le bon sens. Il ne le défie plus. On commence de juger mieux. En adoptant Joseph de Maistre, l'Université fait ressortir ce qu'il y a en lui de ce que nous nommons positif et scientifique. Au pays de Savoie, tout se passe à souhait : les partis et les coteries se taisent ou s'unissent dans les diverses assemblées pour honorer ensemble ce puissant génie politique et philosophique.

Cependant, il ne faudrait pas que la renommée de Joseph de Maistre, en s'étendant, devint une chose si calme et si sereine qu'elle en perdît toute couleur et toute signification. Il ne faudrait pas qu'en louant l'homme l'on repoussât dans l'oubli ce qu'il eut de plus cher, à savoir, les idées maîtresses de ses livres ; ces idées ont été toute sa vie, il y a mis sa haine et son amour. Cela est mémorable. Observez aussi qu'il ne s'agit point, lorsqu'on parle des idées de Joseph de Maistre, d'idées mortes ou d'idées vieillies ou d'idées qui nous soient devenues indifférentes : ces idées sont encore comme un champ de bataille où se poursuivent les esprits. Toutes sont présentes et vivantes, toutes, actuelles. Anarchie ou autorité, désordre intellectuel ou unité des pensées, voilà les partis que nous présente Joseph de Maistre. Aujourd'hui, comme en 1797, il faut choisir entre ces partis. Aujourd'hui, comme alors, on est pour lui ou contre lui. On est du côté des sensibles et des philanthropes ou du côté de l'éloquent et du véhément défenseur de la majesté de la guerre. Et, en ce sens, il n'y a pas une ligne de ses livres qui ne soit pleine de leçons.

Autre leçon, tirée de sa biographie : cet esprit juste qui, voyant avec une lucidité impitoyable les plus tristes, les plus dures lois de la vie, se faisait un devoir de confesser ce qu'il voyait ainsi qu'il le voyait, n'avait pas le cœur dur. Rien, en Joseph de Maistre, du triste, du sectaire ; rien du buveur de sang. Il laissait la férocité, même la dureté aux idylliques massacreurs de la Révolution, les Saint-Just et les Robespierre. C'était un honnête homme, un magistrat fort attaché à son état, nourri des belles-lettres, de manières exquises, de commerce charmant et sûr. Il faisait une légitime apologie du bourreau, mais ne se faisait point lui-même bourreau ni tyran, chez les siens ou ailleurs. Ses lettres à sa fille confirment tout ce que ses amis ont conté de lui ; on ne le quittait point sans peine, pour si peu qu'on l'eût fréquenté, tant il avait de grâce et de véritable amitié. Il était généreux et pitoyable ; il était bon. Il pensait seulement que la bonté, ni la pitié, ni les dispositions d'une nature généreuse ne constituent les facultés de l'intelligence et de la raison : on raisonne, on comprend, on recherche la vérité avec son esprit ; le cœur nous aide à vivre, nous enseigne à aimer. Si l'on intervertit les rôles, soit qu'on ne veuille raisonner qu'avec le cœur, soit qu'on ne veuille aimer qu'avec l'intelligence, on court le risque d'être un détestable raisonneur ou un ami fâcheux.

Ainsi pensait Joseph de Maistre. Elevons-lui un monument ; mais tâchons surtout de comprendre et de répandre sa méthode.

Charles MAURRAS.

Le *Figaro*, du 15 mai 1896 :

Le Monument de Maistre.

Les habitants de Chambéry ont conçu le projet d'élever un monument à leurs illustres compatriotes Joseph et Xavier de Maistre. On sait que les deux frères sont nés dans cette ville, alors qu'elle faisait partie des Etats du Piémont, l'aîné, Joseph, en 1753, le cadet, Xavier, dix ans plus tard. Ils furent donc l'un et l'autre sujets piémontais. Mais tous deux ont contribué à l'éclat des lettres françaises par de nombreux ouvrages devenus aujourd'hui classiques. Le *Voyage autour de ma chambre* et le *Lépreux de la cité d'Aoste* ont rendu populaire le nom du plus jeune. Cent fois réimprimés, traduits dans toutes les langues, ces deux livres ont incessamment trouvé des lecteurs depuis le jour où ils furent publiés. On les connaît tout autant que *Manon Lescaut* et *Paul et Virginie*.

Cependant, à quelque place qu'on ait mis Xavier de Maistre et de quelque grâce ingénieuse que fût son talent, son frère aîné Joseph mérite une place plus élevée. Joseph fut un homme de génie. Sur le long et nombreux défilé des écrivains qui sont la gloire et l'honneur de ce siècle à son déclin, sa mâle figure se détache avec le relief et la vigueur des choses destinées à ne jamais périr. Ses *Considérations sur la Révolution française*, son livre *Du Pape*, ses *Soirées de Saint-Pétersbourg*, sont des œuvres lumineuses et prophétiques.

Elles avaient, avec beaucoup d'autres, été publiées de son vivant. Elles l'avaient classé parmi les réactionnaires convaincus qui entreprirent d'entraver la marche de la Révolution, elles permettaient de le considérer comme le plus fougueux ; plus tard, des papiers posthumes : *Les Lettres et opuscules inédits*, les *Mémoires politiques* et la *Correspondance diplomatique*, en révélant chez Joseph de Maistre un libéral qu'on ne soupçonnait pas et une indépendance d'esprit plus large et

plus haute que les préjugés d'éducation, ont quelque peu modifié l'idée qu'on s'était faite de lui. Ce qu'on sait en outre de
sa vie achève de donner à sa physionomie un caractère génial.

Cette vie agitée, laborieuse, profondément troublée par les
événements de son temps, le disposa à les considérer d'ensemble et de haut. Les méditations qu'ils provoquaient en lui et
qu'exprimait sa plume ardente et colorée s'échappent de son
esprit et de son cœur en des accents admirables, avec une
force pénétrante qui donne à ses phrases un relief de médaille
et dans des jets de flamme qui éclairent d'une éclatante lumière les hommes et les choses sur lesquels il porte d'impéris-
sables jugements. Encore une fois, tous les traits d'un libre et
alerte génie sont ici manifestes. L'homme est grand, le penseur est immense et incomparable l'écrivain.

Un tel personnage, alors que son œuvre a tenu tant de place
dans le monde, devait avoir de nombreux commentateurs. Ils
ne lui ont pas manqué. On écrirait un volume rien qu'à énu-
mérer les ouvrages consacrés à juger et à commenter les siens
ou à montrer les dessous de sa vie qui fut longue autant qu'elle
est pleine. Entre tant de publications qui ont perpétué sa mémoire, il convient de citer les études de Sainte-Beuve, de
Barbey d'Aurevilly, d'Albert Blanc, d'Emile Faguet, et, en
dernier lieu, les deux volumes dans lesquels M. François Descostes, le distingué bâtonnier de l'ordre des avocats de Chambéry, historien à ses heures, nous a raconté, à l'aide de documents nouveaux, les années que vécut Joseph de Maistre, de
son adolescence à la Révolution et sous la Révolution elle-
même. De ces savants travaux, il est sorti plus grand encore,
et, à l'heure où nous sommes, sa gloire s'est si bien universa-
lisée que ceux dont il a le plus ardemment combattu les idées
et les convictions lui rendent cet hommage de l'admirer non
moins que ceux qui se plaisent à voir en lui le défenseur de
leurs principes et le représentant le plus énergique de tout ce
que détruisit et emporta dans son flot torrentiel la Révolution.

Il était donc naturel que la ville de Chambéry, qui eut
l'honneur de lui donner le jour, songeât à ériger un monument à sa mémoire et que, dans cet hommage d'une juste admiration, elle tint à associer le souvenir de son frère Xavier

de Maistre, qui, à d'autres titres, a fait rejaillir sur elle un peu de gloire. C'est l'Académie de Savoie qui a pris l'initiative de cette solennelle manifestation, et sur la proposition d'un de ses membres, M. François Descostes, nommé plus haut, et qui siège en même temps au Conseil municipal, que celui-ci a voté naguère à l'unanimité un crédit de quinze mille francs en faveur du Monument de Maistre.

Toutes les opinions se sont confondues dans ce vote qu'avait précédé celui de l'Académie de Savoie, attribuant cinq mille francs au même objet. Elles sont également toutes représentées dans le Comité d'initiative chargé de centraliser les fonds, d'ordonner les travaux et d'organiser, quand le monument sera achevé, son inauguration. Voilà pour les admirateurs des frères de Maistre une belle occasion de donner à leurs sentiments une sanction pratique et de contribuer à une œuvre vraiment nationale, en adressant leur souscription à M. Favier, banquier à Chambéry, trésorier du Comité que préside le général Borson.

Ernest Daudet.

L'Univers, du 5 janvier 1899 :

Les Statues des de Maistre
et le Monument de Bossuet.

M. Ernest Daudet, l'éminent écrivain, vient d'écrire à M. François Descostes, secrétaire général du comité du Monument de Maistre à Chambéry, la lettre suivante que nous nous faisons un plaisir de reproduire :

« Mon cher Ami,

« Notre statuaire, Ernest Dubois, vient de recevoir la commande officielle du monument de Bossuet destiné à la cathédrale de Meaux et dont un comité, présidé par le cardinal Perraud et le marquis Costa, avait pris l'initiative. Je suis heureux de vous annoncer la bonne fortune qui échoit à notre jeune ami, puisque cela confirme l'excellence du choix que vous aviez fait de lui, sur mon conseil, pour le monument de Maistre. Vous pourrez vous en faire honneur auprès de votre comité. Le projet de Bossuet qu'a proposé Dubois et qui a enlevé tous les suffrages, est d'ailleurs superbe et d'une inspiration admirable : Bossuet, debout sur un piédestal et à ses pieds quatre statues, incarnant et symbolisant les grands actes de sa vie et ses oraisons funèbres. C'est de tout premier ordre.

« Mille amitiés,

« E. DAUDET.

« Paris, 31 décembre 1898. »

Inutile d'ajouter que nous applaudissons de grand cœur à l'idée de réparer vis-à-vis de la mémoire de l'aigle de Meaux une trop longue injustice et au choix qui a été fait par le comité d'initiative d'un statuaire tel que M. Ernest Dubois, que le groupe des deux de Maistre, exposé au dernier Salon, a mis en lumière d'une façon si éclatante.

Le *Temps*, du 21 août 1899 :

Le Monument des de Maistre.

On a inauguré hier un monument en l'honneur de Joseph et de Xavier de Maistre. Parmi tant de cérémonies du même genre, aussi vaines que les œuvres et les vies des personnages auxquels elles sont consacrées, celle-ci se distingue par le bien fondé et par l'à-propos.

Si l'on ne tient compte que du talent, les raisons abondent d'élever une statue à Joseph de Maistre. Il est vraiment grand écrivain. Non pas un écrivain pur, mais un grand écrivain. Il a quelques-uns des dons qui, réunis, forment le génie. Il a la passion, la flamme, la puissance du verbe. Il crée des expressions. Il évoque des images qui restent. Il s'empare du lecteur, le domine, le subjugue. Il a de l'excès dans cette force, et presque de l'ostentation. Mais ce n'en est pas moins la force. Voilà pour les ouvrages destinés au public. Mais la correspondance intime et familiale de Joseph de Maistre ! On a tout dit sur le charme qu'elle offre, sur le contraste de tant de douceur, de tant de bonhommie, de tant de finesse spirituelle, avec les qualités si différentes qui éclatent dans les *Soirées de Saint-Pétersbourg*. Que la Savoie soit fière d'avoir produit un tel écrivain, et qu'elle le dise, et qu'elle le grave sur le marbre, rien de plus naturel.

Quant à Xavier, s'il était tout seul, un vrai monument serait chose un peu lourde pour le frêle et délicat souvenir qu'il a laissé dans les lettres françaises. Le moindre buste y suffirait. Mais qui donc se plaindra de le voir reposer sous l'aile fraternelle ? Elle est assez robuste pour porter deux noms à l'immortalité. Puis, ces gloires jumelles sont rares. Il n'y a pas de mal, lorsqu'on les rencontre, à les combler.

Si maintenant on tient compte du mouvement des idées, il

faut convenir que Joseph de Maistre est, de tous les hommes du siècle, celui auquel il est le plus surprenant que' pareil hommage n'ait pas encore été rendu. Il ne me paraît pas bien sûr que les historiens, lorsqu'ils verront à distance le dix-neuvième siècle français, ne songeront pas à l'appeler : *le siècle de Joseph de Maistre*. Et ce serait justice. Peut-être même Joseph de Maistre n'a-t-il jamais nourri, au fond de son cœur, l'espoir de voir triompher aussi complètement ses théories les plus chères. La réaction contre le dix-huitième siècle n'a pas seulement pris une ampleur et une intensité qui le réjouiraient : elle a revêtu les formes mêmes que de Maistre lui avait d'avance assignées. Combien de nos contemporains et de nos concitoyens, quelle que soit l'étiquette dont ils couvrent leurs opinions politiques ou religieuses, sont des théocrates sans le savoir !

On ne s'explique, à vrai dire, l'histoire morale de notre temps et de notre pays qu'en faisant à cette influence la part la plus large. C'est une vue qui échappait à nos devanciers immédiats. Les libéraux d'il y a quarante ans ne soupçonnaient pas, dans leur candeur, que le libéralisme pût subir un tel assaut. Ils le croyaient maître à jamais du terrain. De Maistre leur apparaissait comme un revenant du moyen âge, égaré, fourvoyé dans un temps rebelle à toutes ses suggestions. Ils l'admiraient avec un sourire un peu méprisant. Le style leur semblait très beau ; les pensées, tout à fait négligeables.

Nous portons aujourd'hui la peine d'une longue insouciance. Il eût fallu s'émouvoir et lutter plus tôt. Mais pour lutter, pour s'émouvoir, la première condition était de comprendre. On n'a pas compris Joseph de Maistre. L'insouciance était inintelligence. Combien y a-t-il de personnes qui sachent aujourd'hui qu'au lendemain de la guerre il a été fait des éditions nouvelles des œuvres des principaux théocrates ? Les libéraux discutaient sur un vocable ou sur un article de loi. Leurs adversaires réimprimaient de Maistre, de Bonald, Haller.

Et, pourtant, je ne crois pas que les historiens de l'avenir s'arrêtent, après y avoir songé un moment, à cette formule : *le siècle de Joseph de Maistre*. Il faudrait pour cela qu'ils fussent indifférents aux prodigieux progrès des sciences, à la portée des méthodes qui ont rendu ces progrès possibles, comme à la protestation persistante, quoique submergée, par moments, sous le tumulte des passions contraires, que les amis de la raison et du droit font entendre contre la doctrine de Joseph de Maistre.

Le *Figaro*, du 22 août 1899 :

Le Monument des de Maistre à Chambéry.

Chambéry, 20 août 1899.

Joseph de Maistre raconte que, dans le monde où il fréquentait en Russie, les membres de cette société un peu cosmopolite s'amusèrent à constater un soir la diversité de leurs lieux de naissance. L'un était né à Vienne, l'autre à Paris ; toutes les capitales se trouvaient représentées. On interrogea l'ambassadeur de Piémont. Il se décida à nommer Chambéry. Et comme on s'étonnait qu'une ville aussi inconnue eût donné le jour à un homme de tant de réputation, il ajouta cette boutade :

— En fait de naissance, on peut tout se permettre.

Il ne regretterait pas aujourd'hui cette permission que ses parents, plutôt que lui-même, se sont octroyée, en constatant le culte que lui a voué la Savoie, son pays d'origine.

Ceux qui appartiennent à un petit pays, avant d'être des hommes universels et la gloire de l'humanité, connaissent une vénération plus choisie que les grands hommes trop nombreux des capitales. Ils continuent d'exercer une influence plus véritable sur leurs concitoyens. Les provinces françaises semblent comprendre qu'une contagion d'héroïsme naît de l'admiration des héros, et que le culte des grands hommes peut provoquer en de jeunes imaginations le désir de contribuer par de fortes actions à la grandeur du pays natal. Hier, c'était Lamartine dont on érigeait la statue à Belley — un Lamartine adolescent, à l'âge de la poésie et de l'amour. Demain, ce sera Bossuet qui s'élèvera dans sa cathédrale de Meaux et continuera d'y enseigner.

Aujourd'hui, on fête à Chambéry les deux frères de Maistre, Joseph et Xavier. Bien qu'inégaux en gloire, on n'a point voulu séparer l'auteur du *Voyage autour de ma chambre* de l'auteur des *Soirées de Saint-Pétersbourg*. Unis dans la vie, ils le seront encore dans la mort et dans la statuaire. Le monument est dressé au pied de l'ancien château des ducs de Savoie. Il est dû au ciseau de l'excellent sculpteur Ernest Dubois, celui-là même à qui on a confié le soin d'édifier à Bossuet un monument digne de cette grande mémoire. Tout à l'heure, on ôtera le voile qui le recouvre encore, et devant la foule un délégué de l'Académie française, originaire, lui aussi, de Chambéry, le marquis Costa de Beauregard, prononcera l'éloge des deux écrivains après la remise solennelle du monument à la ville, qui sera faite par le général de division en retraite Borson, président du Comité, et M. François Descostes, secrétaire général. Ce dernier, qui fut l'apôtre de l'œuvre, est l'auteur de deux volumes sur la jeunesse de Joseph de Maistre, où l'on trouve une peinture attrayante de la société savoisienne au dix-huitième siècle.

Les fêtes « de Maistre » ont un double caractère à Chambéry. Elles sont, à la fois, si l'on peut dire, religieuses et civiles. Ce matin, grande cérémonie à la cathédrale, présidée par l'archevêque, Mgr Hautin. Mgr Turinaz, évêque de Nancy,— encore un Savoisien, — montrera l'écrivain catholique dans Joseph de Maistre. Cet après-midi, inauguration du monument, que recevront le maire et son Conseil municipal. Il faut rendre justice à celui-ci : bien qu'il soit, en majorité, opportuniste et peu suspect de cléricalisme, il ne s'est pas préoccupé du catholicisme intransigeant de l'auteur *Du Pape,* et n'a voulu voir en lui que le grand écrivain ; il a même voté une forte souscription. Je ne rappellerais pas cet acte tout simple si le Conseil municipal de Tours, à l'occasion de la statue de Balzac, ne nous avait pas avertis de nous méfier de l'étroitesse de l'esprit provincial.

Les rues de Chambéry sont toutes pavoisées.

L'animation y est grande. Les petites académies locales ont toutes délégué quelques *savants.* Un train de plaisir — de plaisir, quelle ironie par cette chaleur ! — a amené hier nombre de Savoyards de Paris.

Des paysans des environs arrivent de tous côtés : sans doute ils ignorent Joseph et Xavier de Maistre, mais on a tant

parlé de ces fêtes qu'elles leur semblent un 14 juillet qui aurait
l'approbation du clergé, et dans la catholique et républicaine
Savoie, on se réjouit de ce mélange religieux et profane.

*
* *

A la cathédrale, Mgr Turinaz étudie en Joseph de Maistre
le philosophe, le théologien, le voyant et l'écrivain de génie.

On admire la belle ordonnance de sa harangue et par moments sa forte et vigoureuse éloquence. Il a débuté par un
exposé très savant de la doctrine de Joseph de Maistre, sur
l'action permanente et directe de la Providence dans les affaires humaines, sur sa théorie de la souveraineté, sur son respect de l'autorité et de la hiérarchie. Puis il a montré ce sin-
gulier don de prophétie que semble avoir eu, malgré quelques
défaillances, le grand polémiste. En 1810, il annonce la chute
prochaine de Napoléon, et c'était le temps de ses victoires. En
1821, il prédit le peu de durée de la Restauration. Et n'est-ce
pas un peu notre temps qu'il annonce alors en ces termes :
« La division sera si grande dans les intelligences et dans les
cœurs qu'il viendra un temps où deux amis ayant les mêmes
convictions et se proposant le même but ne pourront s'entendre sur rien ».

Enfin, de Maistre fut un écrivain de génie. Lacordaire disait:
« L'éloquence est le son que rend une âme passionnée ». Dans
ce sens, l'auteur *Du Pape* fut singulièrement éloquent ; il
apporta à la cause religieuse et pacificatrice un esprit véhément qui se plaisait à la lutte.

Mgr Turinaz termine son discours par cette apostrophe à la
statue de Joseph de Maistre :

« O philosophe, ô théologien, ô grand voyant, ô grand écrivain, ô Joseph de Maistre, restez debout, la tête haute, la main
et la plume toujours prêtes pour le combat, dans ce cadre qui
est digne de vous ! Que les générations présentes et les générations de l'avenir, en passant devant votre fière image, apprennent ce que peuvent pour la vraie gloire non seulement la
science, l'éloquence et le génie, mais la dignité parfaite de la
vie, la fermeté invincible du caractère et l'indépendance
sacrée des nobles âmes !... Nous nous abaissons, relevez-nous;

nous descendons, faites-nous remonter les pentes fatales ;
redites à ce peuple qui s'égare, ses exploits et sa mission providentielle ; dites-lui qu'il faut agir, travailler, combattre,
espérer toujours ; montrez-lui les chemins de la prospérité et
de la grandeur, et préparez les triomphes de l'Eglise et de Dieu
dans les triomphes de la France. »

Mᵐᵉ Swetchine disait de Joseph de Maistre qu'il était catholique par la tête et Français par le cœur. Mgr Turinaz a bien
montré chez l'écrivain la préoccupation constante du grand
rôle de la France dans le monde.

*
* *

C'est, je l'ai dit, au pied de l'ancien château des ducs de
Savoie que s'élève le monument des de Maistre. Il est encore
recouvert de ses voiles lorsque, à trois heures et demie, le
général Borson, président du Comité, prend la parole pour en
faire hommage à la ville de Chambéry. En une langue académique, élégante et châtiée, il retrace la vie de Joseph et de
Xavier de Maistre. Mais la voix de l'orateur est trop faible
pour être entendue des trois ou quatre mille personnes qui se
pressent dans l'enceinte réservée et autour de cette enceinte.
On le suit avec peine. Un grand enthousiasme saisit cette
foule, lorsqu'on retire enfin les voiles des statues, et que l'on
peut contempler celles-ci dans leur beauté.

Les deux frères sont côte à côte ; Joseph, un peu plus élevé
que Xavier, a sur le visage le reflet de son génie grave et fort.
Il porte le costume et le manteau de cour. Le manteau est
rejeté en arrière. Une main sur l'épaule de Xavier, l'auteur
des *Considérations sur la France* semble dominer l'auteur du
Voyage autour de ma chambre. Celui-ci, en uniforme d'officier, regarde son grand frère qui, lui, paraît fixer quelque
point obscur de l'incertain avenir. A leurs pieds, une femme
qui symbolise la Savoie tend aux deux écrivains qui honorè-
rent de leur gloire le pays natal la couronne immortelle. Sur
le socle, ces simples mots sont gravés :

A JOSEPH DE MAISTRE
A XAVIER DE MAISTRE
LA SAVOIE

Le maire de Chambéry, M. Challier, reçoit le monument au nom de la ville. Avec assez d'habileté, il entend montrer dans Joseph de Maistre un homme du passé. Ne fallait-il pas faire quelque réserve, au nom d'un Conseil municipal républicain, au sujet de cet adversaire implacable de la Révolution et de ce serviteur fidèle des monarchies chancelantes ?

Et voici que le marquis Costa de Beauregard monte à la tribune. Sa voix claire met en relief chaque mot important ; il parle d'un ton aisé qui met quelque fierté dans la simplicité même. Il ne craint point de montrer aux yeux de cette foule républicaine le Joseph de Maistre réel, ardemment catholique et agressivement royaliste, voyant dans la Révolution une œuvre satanique voulue de Dieu. Puis, avec cette grâce hautaine qui est bien la marque de sa personne et de son talent, il ajoute que ce n'est sans doute pas au royaliste et au catholique seul que ce monument est élevé. En édifiant aujourd'hui ce monument à ses hommes d'autrefois, la Savoie entend rappeler aux générations à venir que la dignité de la vie, la sincérité des convictions, le caractère et le génie doivent être toujours admirés et toujours honorés. Ceux-là ont passé par l'épreuve du temps, du temps qui remet chacun à sa place et dresse

Le tombeau des morts et le socle des vivants.

Après M. Costa de Beauregard, M. François Descostes prend la parole. Il remercie, avec cette faculté d'émouvoir qui a valu à l'éminent avocat du barreau de Chambéry tant de succès aux assises, les personnages officiels et toute la foule présente de leur concours et de leur enthousiasme. Il salue les deux statues comme des gloires à la fois savoisiennes et françaises, comme un hommage de la petite patrie provinciale à la grande nation...

Tout à l'heure, à l'ouverture de la cérémonie d'inauguration, une musique militaire jouait la *Marseillaise*. Le bronze de Joseph de Maistre n'a pas tressailli. L'ennemi de la Révolution subissait sans broncher l'hymne révolutionnaire qui faisait son apothéose. C'est là une de ces ironies qui nous marquent la rapidité du temps. Mais nos idées politiques peuvent évoluer. Le temps ne touche que ce qui doit mourir. L'honneur et le génie sont au-delà de ses atteintes. Et c'est pourquoi les provinces françaises peuvent et doivent célébrer ceux qui furent grands par leur vie ou par leurs œuvres et demeurent un exemple, une excitation permanente d'énergie et de vertu : ceux qui sont vraiment *les morts qui parlent*.

C'est dans leur pays natal que les gloires nationales se dressent le plus utilement comme une barrière contre la médiocrité et l'inertie, et peuvent inciter les jeunes gens au relèvement de la patrie par le développement de l'énergie individuelle.

Henry BORDEAUX.

Le *Correspondant,* du 25 août 1899 :

Les Œuvres et les Hommes.

On vient d'ériger une statue à Joseph de Maistre, c'est-à-dire à l'adversaire le plus résolu des idées de la Révolution ! — Il n'y a pas encore longtemps, la seule pensée de dresser un monument à l'auteur *Du Pape* et des *Soirées de Saint-Péters-bourg* eût effrayé, comme une hardiesse démesurée, les esprits les plus ouverts. Dans les circonstances actuelles et en face du dévergondage des théories destructives qui menacent la société tout entière, l'hommage a paru très légitime, presque tardif, et ceux-là même s'y associent avec chaleur qui, naguère, l'eussent trouvé intempestif ou dangereux.

Le Monument est très beau : il réunit, comme on sait, sur le même piédestal, les deux frères, Joseph et Xavier, le génie puissant à côté du talent aimable, et la difficulté était précisément de les représenter ensemble en marquant néanmoins la distance qui les sépare. C'est ce qu'a su faire très habilement le ciseau du statuaire, en s'inspirant ingénieusement de ces charmantes paroles du cadet : « Mon frère et moi, nous étions comme les deux aiguilles d'une même montre ; lui était la grande, moi la petite, mais nous marquions tous les deux la même heure quoique d'une manière différente ».

D'éloquents discours ont été prononcés en l'honneur des deux immortels Savoisiens : d'abord, à la cérémonie de la cathédrale, par Mgr Turinaz, évêque de Nancy, leur illustre compatriote ; puis devant le monument, par le marquis Costa de Beauregard, délégué de l'Académie française, qui avait tous les titres pour parler de ceux auxquels il est justement fier de se rattacher deux fois, par les liens du sang comme par l'éclatante parenté du talent ; enfin, par l'éminent avocat de Chambéry qui a été l'initiateur de la souscription vraiment nationale d'où est sorti le monument, M. François Descostes, dont la parole imagée a fait la plus belle description de l'œuvre de M. Ernest Dubois, dans lequel il a salué, devant cette imposante figure de Joseph de Maistre, le sculpteur prochain de la figure plus majestueuse encore de Bossuet.

Maistre ! Bossuet ! quels noms à côté de ceux des hommes du jour !

Le Monument de Maistre

et

La Statue de Lamartine.

Pendant que l'Académie de Savoie se mettait à la tète de l'œuvre du Monument de Maistre, un groupe de nos voisins du Bugey prenait l'initiative de l'érection d'une statue à *Lamartine adolescent*.

L'inauguration de cette statue a précédé de deux mois celle du Monument de Maistre : elle a eu lieu à Belley le 22 mai 1899. D'éloquents discours y ont été prononcés par MM. Tony Rive, président du Comité, André Theuriet, de l'Académie française, Bégerard, maire de Belley, Félix Reyssié, le Général Collet-Meygret, etc.

L'Académie de Savoie et le Comité du Monument de Maistre, spécialement invités, étaient représentés à cette solennité académique par M. le Général Borson et par M. François Descostes. En raison des liens si étroits et si doux qui unissent la mémoire des deux de Maistre et celle de Lamartine, ainsi que les deux petits pays de France qui se sont grandis en les honorant, nous croyons devoir enchâsser ici les pages que M. Marius Déjey, l'historien de l'adolescence de Lamartine et le promoteur de l'hommage à lui rendu, a consacrées à la Savoie dans son intéressant récit de cette mémorable journée :

Extraits de l'ouvrage : **Le Séjour de Lamartine à Belley (¹).**

Inauguration de la Statue.
Les Fêtes du 22 Mai 1899.

(Pages 396 à 399 du livre de M. Marius Déjey.)

Après le délégué de l'Académie française, le délégué de
l'Académie de Savoie, M. le général Borson. Le général
Borson manie aussi bien la parole que l'épée. Sa harangue
restera comme une brillante page d'histoire locale, de l'histoire
du Bugey et de la Savoie, les deux provinces-sœurs, comme
un morceau insigne de haute et patriotique éloquence. Après
avoir rappelé le passage du poète au collège de Belley, où il
reçut les bienfaits d'une éducation classique supérieure, où il
forma ses grandes amitiés avec Aymon de Virieu, Louis de
Vignet et Guichard de Bienassis, il définit la fête qui l'amène
dans la capitale du Bugey, et loue, comme MM. Coppée et
d'Orgeval, le caractère éminemment pacifique de Lamartine :

« La solennité de ce jour présente, Messieurs, ce caractère
particulier de l'unanimité des sentiments. Ce n'est pas que
celui qui en est l'objet n'ait pas eu d'adversaires, mais il n'a
pas excité ces hostilités implacables que le temps ne désarme
pas. Dans la période d'un demi-siècle écoulée de 1815 à 1862,
la France a traversé bien des agitations et des changements de
régime ; Lamartine, tout en suivant la fortune de partis politiques divers, n'a jamais fait appel à des sentiments bas ni
visé des ambitions vulgaires ; il n'a jamais nourri de haine au
cœur. Permettez-moi, Messieurs, de relever un autre trait dis-
tinctif de cette fête. C'est un acte de vie locale qui évoque les
traditions du passé, les souvenirs communs de cette portion de
terre natale qui nous est particulièrement chère et qu'on
nomme *la province*. La vie de Lamartine est un livre qui appartient à la France ; mais la page que vous écrivez aujour-
d'hui est celle du Bugey. Le Bugey ! Cette région pittoresque
aux aspects variés, formée de collines, de montagnes aux parois
escarpées, de vignobles, de pentes boisées, de hauts plateaux

(1) Voir, pour indications plus amples, à la *Bibliographie*.

gazonnés ; ce pays aux sites tour à tour sévères et riants, coupé de défilés, de ravins, de gorges sauvages, sillonné de crêtes rocheuses aux profils heurtés, ou aux lignes fuyantes, tient le milieu entre les beautés grandioses des Alpes et les gais paysages de la plaine verdoyante de la Bresse et des bords de l'Ain. »

Par des citations de Lamartine, le Général rappelle aussi ses rapports avec les de Maistre et tous les liens qui l'attachaient à la Savoie :

« Dans une lettre familière adressée à Joseph, le philosophe catholique, l'esprit original, le penseur profond, aux vues en quelque sorte prophétiques, d'une logique austère, on dirait presque inexorable, notre poète lui donne le titre amical d'*oncle,* qui s'explique par la différence d'âge et par l'ascendant qu'exerçait sur la nature tendre et sentimentale de l'un, le génie altier et autoritaire de l'autre. « Vous avez fondé », lui écrit-il, « une École impérissable de haute philosophie et de « politique chrétienne qui jettera des racines surtout parmi la « génération qui s'élève. »

« Et plus loin on lit ce charmant post-scriptum :

« J'ai chargé un ami commun de vous faire passer de ma « part un petit volume intitulé *Méditations poétiques,* comme « un faible hommage de mon admiration et de mes sentiments « pour vous. Ces sentiments même vous demandent quelque « indulgence pour ma pauvre poésie. »

« Ce petit volume, paru sous la forme la plus modeste et sans nom d'auteur, devait être pour la poésie française l'aurore d'une ère nouvelle. Le chantre immortel du *Lac* et du *Crucifix* faisant hommage à l'auteur *Du Pape* et des *Soirées de Saint-Pétersbourg* de sa pauvre poésie, est un trait bien fait pour rappeler la rencontre de ces deux grands esprits qui ont eu leur gloire propre, qui ont étendu le domaine de la pensée et dont les noms sont inscrits au Panthéon littéraire de la France.

« L'harmonie poétique intitulée *Le Retour,* dédiée par Lamartine à Xavier de Maistre, montre quel lien étroit d'esprit et de cœur unissait ces hommes de nationalités diverses. Bien que nation séparée de la France et combattant souvent dans les rangs de ses ennemis, la Savoie était pénétrée de son génie littéraire, vivait de sa vie intellectuelle, et depuis saint François de Sales et Marc-Claude de Buttet, ses écrivains, sans franchir la frontière, étaient vraiment français.

« Lamartine, s'adressant à Xavier de Maistre qui, après une longue absence, revoyait son pays natal, lui dit :

> Salut au nom des cieux, des monts et des rivages,
>   Où s'écoulèrent tes beaux jours,
> Voyageur fatigué, qui reviens sur nos plages
> Demander à tes champs leurs antiques ombrages,
>   A ton cœur ses premiers amours.

« Lamartine dépeint ensuite à Xavier les joies du retour ; il évoque dans un tableau charmant le souvenir de ce cercle de famille du château de Bissy, séjour des de Maistre, dont il fut l'hôte aux heures de sa jeunesse ; puis, ramené au sentiment de la brièveté de la vie, il console Xavier des affections disparues, par la pensée qu'à tout jamais

> ... Séduits par ses écrits, enchaînés par sa grâce,
> Des amis inconnus viendront briguer la place.

« N'est-il pas le conteur charmant,

> Voyageant si gaiement autour de sa maison...

« Et plus loin :

> ... C'est le lépreux étranger sur la terre
> Qui, le soir, du sommet de sa tour solitaire,
> Contemple en soupirant les fêtes du hameau
> Et dans ce peuple heureux, ne comptant plus de frères,
> . . . .
> Met la main sur ses yeux et demande un tombeau.

« Lamartine rappelle enfin les liens qui l'attachent à la Savoie, les joies et les deuils qui la lui rendent chère :

> J'habitai comme toi ces fortunés rivages
> . . . .
> Où j'ai trouvé plus tard cet unique trésor,
> Plus rare que l'encens, plus précieux que l'or,

Charme, ornement, repos, colonne de ma vie,
Enfin où d'une sœur, dont la cendre chérie,
Où mes neveux un jour, de ta gloire héritiers,
Trouveront nos deux noms unis dans leurs quartiers ;
Voilà, voilà mes droits, plus chers que les tiens même ;
On est toujours, crois-moi, du pays que l'on aime.

Le général Borson s'émeut au souvenir du fils laissé par cette sœur. Le poète se plaisait à voir en lui un rejeton de deux illustres familles, Lamartine et de Maistre. Ce rejeton était en 1870 le commandant du génie Xavier de Vignet :

« 1870 nous trouva tous deux à notre place de combat. Xavier de Vignet était à la triste retraite de l'armée de l'Est qui s'effectua au cœur de l'hiver, au milieu des neiges, à travers les gorges du Jura. Epuisé par les fatigues et les privations de toute sorte, la frontière de la Suisse franchie, il vint s'affaisser sur les marches de l'Hôtel de Ville de Neufchâtel. Il ne se releva que pour expirer deux jours après. S'il n'avait pas eu la chance de mourir d'une balle ennemie combattant à la tête de ses sapeurs, il n'en avait pas moins payé sa dette à sa nouvelle patrie et donné sa vie pour son pays.

« Il était tombé sous le drapeau aux trois couleurs, glorieux malgré le crêpe de deuil qui le voile et qui, aujourd'hui, comme aux jours de l'invasion, réunit sous ses plis flottants tous les bons Français. »

Cette mort rappelle au Général l'acte héroïque accompli par Lamartine, devenu membre du gouvernement, dans l'une des plus critiques journées de 1848 :

« Le 28 février 1848, la horde était montée à l'assaut de l'Hôtel de Ville de Paris, aux cris de : « Vive le drapeau rouge ! A bas le drapeau tricolore ! » Elle fait irruption dans la chambre du Conseil. Lamartine lui fait tête, s'offre à ses coups et lui jette ce courageux défi : « Jamais ma main ne signera ce décret. Je repousserai jusqu'à la mort ce drapeau de sang. Le drapeau rouge n'a jamais fait que le tour du Champ-de-Mars... Le drapeau tricolore a fait le tour du monde avec le nom, la gloire, la liberté de la patrie... »

« Le poète avait fait place au citoyen. Les sentiments qu'il

avait proclamés si haut dans sa langue inspirée, étaient puisés
à la vraie source, celle qui, au moment venu, commande le
sacrifice de la vie. L'adolescent avait tenu ses promesses et sur
le front radieux de ce bronze la gloire peut poser la double
couronne de la poésie et du patriotisme... »

Discours de M. François Descostes.
(Pages 113 à 420 du livre de M. Marius Déjey.)

Messieurs,

Je viens, à mon tour, saluer cette grande et belle journée
dont je voudrais avoir la puissance d'arrêter les heures trop
fugitives, mais dont, à coup sûr, les cœurs reconnaissants de
vos hôtes garderont le précieux et ineffaçable souvenir.

Votre vieille cité de Belley, l'une des doyennes de nos villes
de France, s'est transformée en un moderne jardin d'Académus,
où la poésie le dispute à l'éloquence... Le Palais-Mazarin y a
élu domicile en la personne d'un de ses maîtres les plus éminents, celui que j'entendais appeler si justement tout à l'heure
« le peintre virgilien de la nature alpestre... » Nous marchons
de surprises en surprises, d'émotions en émotions, d'enchantements en enchantements. Oh ! oui, Messieurs, tout nous le
rappelle, — depuis les magnifiques cérémonies de ce matin
jusqu'à ce somptueux banquet, présidé par un « vieux guerrier » demeuré un jeune orateur (1), banquet qui est, en plein
jour, comme le bouquet d'un radieux feu d'artifice, — nous
sommes bien ici dans un coin privilégié de notre vieille France,
— terre à la foi vive, ne craignant pas de placer sous l'invoca-
tion de Dieu l'hommage rendu au poète qui fut marqué au
front de l'étincelle divine ; — terre au génie éminemment
gaulois, patrie de Brillat-Savarin, demeurée celle du goût, du
bon goût, de l'humour, de l'esprit vif, de la chère exquise et
d'une hospitalité qui l'est davantage encore.

(1) Le Général Collet-Meygret.

Vous avez, Messieurs, un autre titre de gloire : votre Belley est « la patrie classique » de Lamartine ; mais, si vous relevez ce titre avec un légitime orgueil, vous ne vous drapez pas dans l'exclusivisme de la fatuité et vous avez eu la délicate pensée d'associer à l'hommage rendu au plus grand poète des temps modernes cette petite province de Savoie à laquelle tant de liens l'unissaient et qui fut, pour ainsi dire, « sa patrie poétique », le champ d'élection de sa lyre, le trépied sacré sur lequel, dans cette puissante et gracieuse envolée coulée en bronze par l'admirable ciseau de son statuaire, le chantre d'Elvire a modulé ses plus belles inspirations.

Ce matin, Messieurs, à l'heure où cette incarnation charmante de Lamartine adolescent apparaissait hors de ses voiles à nos yeux ravis, une voix, bien digne à tous égards de se faire entendre en un tel jour et dans un pareil milieu, s'est rendue l'interprète de ce pays des sommets qui est à la fois la frontière invulnérable de la patrie et le symbole granitique de la domination, de la magistrature que, suivant le mot si beau de Joseph de Maistre, elle exerce par l'esprit, par le cœur et par la langue sur l'univers entier... Vous me permettrez bien de vous le dire, mon Général *(l'orateur s'adresse ici au général Borson)*, à moi qui ne suis ici que votre aide-de-camp, — dussiez-vous m'infliger pour ce manquement à la discipline trente jours de silence de rigueur, — vous venez d'ajouter une page glorieuse à tant d'autres que vous avez écrites, les unes avec votre épée, les autres avec votre plume... Oui, vous nous avez prouvé que cette armée que nous aimons, que nous vénérons, que nous admirons, que nous défendons comme l'image auguste et sainte de la patrie elle-même, a tous les héroïsmes ; mais qu'elle a aussi tous les talents et qu'elle excelle dans l'art de bien dire comme dans celui de charger l'ennemi, d'où qu'il vienne et quel qu'il soit !... *(Tonnerre d'applaudissements. —* Cris de *Vive l'armée !)*

Oh ! oui, *Vive l'armée !* car crier *Vive l'armée !* c'est crier *Vive la France !* et devant ce cri superbe par lequel vous venez d'acclamer cette sublime endosmose, cette identification de l'une avec l'autre, sous les plis de ce drapeau tricolore que Lamartine a porté triomphant devant l'anarchie, je devrais, je voudrais me taire ; mais, puisque votre bienveillance exquise m'a valu l'honneur d'être l'objet d'une invitation personnelle et celui d'avoir été désiré de vous pour apporter ma note à ce concert, — je ne veux point me dérober et, dussé-je imposer une déception à vos trop flatteuses espérances, oui ! je serai auprès de vous le messager modeste, mais vibrant et convaincu de vos amis de Savoie qui, en ce beau jour, du haut de leurs montagnes, applaudissent à votre œuvre et saluent la gloire, rayonnante de jeunesse, du chantre inspiré des sommets de nos Alpes et des sommets de l'âme humaine !

Lamartine, en effet, Messieurs, appartient à l'humanité comme tous ces grands poètes, sortes d'émanations, de reflets, d'éclairs de la Suprême Beauté. Tels Homère, Virgile, Dante, Milton, Shakespeare, Corneille, Racine, Gœthe, Alfred de Musset, Victor Hugo. Ils sont unités, — ceux-là : ils ne sont pas légion.

On les compte, ceux qui, de siècle en siècle, — surgissant soudain comme des étoiles tombées d'un ciel dont nous avons le sens imprécis, sans en pouvoir sonder encore les radieuses perspectives, — nous font entendre un chant, une plainte, une prière, un hymne, dans lesquels l'âme humaine retrouve un rayon de la perfection divine et comme l'écho, emmagasiné dans un harmonieux phonographe, de ses amours et de ses haines, de ses joies et de ses douleurs, de ses enthousiasmes et de ses colères, de ses mélancolies et de ses réveils.

Le poëte ! n'est-il pas celui qui a su condenser en une formule rythmique le langage que l'âme se parle à elle-même, mais dont les ondes sonores lui échappaient, insaisissables et fugitives, jusqu'au jour où le messager de Dieu, où le *vates* les a captées et fait jaillir en quelque cri génial, de ceux après lesquels l'âme, à la fois victorieuse et vaincue, s'écrie : Enfin, j'ai trouvé ! Tel est le cri que je cherchais, celui qui seul assouvit ma soif et traduit mes tempêtes intérieures. Le chant du vrai poëte, c'est le téléphone entre la terre et les cieux !

Lamartine fut, de tous peut-être, le poëte qui sut parler à l'âme humaine le propre langage de l'âme humaine, celui qui en sonda le plus intimement les replis, qui en traduisit le plus harmonieusement les élans passionnés, les détentes maladives, les désespérances passagères, les aspirations inquiètes et le perpétuel inassouvissement ; mais nul mieux que lui, non plus, sur ces ruines amoncelées, sur cette route bordée de cyprès et arrosée de larmes, sur cet amas de feuilles mortes et de fleurs desséchées, nul mieux que lui n'a su pousser le *sursum corda* de nos vieilles croyances et panser dans les sublimes extases des visions de l'au-delà les blessures du vaincu de la vie et de l'amour. Le *Lac* et le *Crucifix* sortent de la même lyre ; les deux chefs-d'œuvre se complètent et, dans le chantre d'Elvire prêt à ensevelir son rêve étoilé au fond des eaux sombres, au pied des rochers muets, il y a le chrétien consolé qui, à genoux devant le Divin Crucifié, retrouve l'espérance et jette un regard vers le port où les réunions seront éternelles et où l'âme trouvera la sérénité, le repos et la pleine satisfaction de ses immenses désirs...

L'homme est un dieu déchu qui se souvient des cieux...

Tel, à coup sûr, Dieu avait créé Lamartine en le prédestinant à apporter aux générations troublées et perverties par le souffle de l'incrédulité du xviiie siècle l'hymne du réveil et de la résurrection ; mais il n'en faut pas moins au génie un milieu, une culture, des influences ambiantes et, elles aussi, providentielles, qui lui donnent l'essor et impriment à son vol une direction, une allure et un but sans lesquels il resterait impuissant.

Or, à ce point de vue, Messieurs, on peut dire que Lamartine a été à la fois *l'enfant de sa mère, l'enfant du Collège de Belley* et *le fils des Alpes de Savoie.*

Sur les genoux de sa mère, qui, comme la « sublime mère » de Joseph de Maistre, berçait son fils des harmonies de Racine, au sein de cette famille admirable qui n'a pas dégénéré, dont j'aperçois ici les nobles représentants, et qui a raison de préférer pour les restes du poète du *Crucifix* la sérénité chrétienne du tombeau de Saint-Point à la froide immortalité du Panthéon *(Applaudissements),* le chérubin de Milly a puisé cette foi confiante et robuste qui, dans son âme tourmentée, cette âme « toute d'expansion, de sincérité et d'amour », a survécu à tous les orages.

Au Collège de Belley, dans ce séjour dont Marius Déjey, ce travailleur modeste, méritant et patriote entre tous, qui manque à cette fête et auquel j'adresse, sur son lit de souffrance, nos regrets et mon salut confraternel *(Applaudissements),* dans ce séjour dont Marius Déjey a écrit la touchante histoire, Lamartine a puisé cette éducation littéraire, forte et solide, comme savaient et comme savent encore la donner les Jésuites, ces maîtres éducateurs qui, quelque trente ans auparavant, à Chambéry, avaient compté Joseph et Xavier de Maistre au nombre de leurs élèves.

Dans les Alpes enfin, et comme l'a si bien mis en lumière un de nos amis du Dauphiné, Victor Nicolet, Lamartine a puisé ce sentiment de la nature, affiné par les merveilleux aspects de la montagne, qui a fait de lui le premier de ses peintres et un coloriste dont Bernardin de Saint-Pierre et Châteaubriand n'ont pas atteint la touche ailée, l'harmonie imitative, le style fait de buée, de rosée, d'éther et de zéphyr; dont Jean-Jacques Rousseau, lui, n'a jamais approché: il avait l'effroi de la grande montagne, n'était-ce point parce qu'il avait peur de Dieu ?...

De Lamartine on peut dire que le Mont-Blanc a dominé, éclairé et dirigé sa vie. De Milly, ses regards d'enfant le contemplaient, immaculé et superbe, dans les lointains de l'horizon. De Belley, il le voyait de plus près encore; il se trouvait dans son royaume, il en devinait les splendeurs, il en abordait les satellites. L'élève des Pères de la Foi fut ici un page de celui que lord Byron a appelé le roi des montagnes : il a fait partie de sa cour et, dans ce palais près duquel les splendeurs du Roi-Soleil sont ce que l'homme est à Dieu, il a senti s'éveiller les amours de son cœur et les tressaillements de sa lyre ; il est resté chrétien, il est devenu homme et il s'est révélé poète.

Que de liens, en effet, Messieurs, l'attachèrent dès lors à la Savoie par ce trait d'union que fut votre cité, un *Pont de bon voisin,* avant l'heure où, déjà Français par le cœur, par l'esprit, par le langage, par les aspirations et par les intérêts, nous le sommes devenus par nos suffrages, proclamant irrévocablement notre véritable nationalité, avant l'heure où nous avons

payé notre droit d'entrée au foyer de la mère-patrie avec le
sang de ces braves dont, hier même, on célébrait sur la frontière le sacrifice héroïque et la glorieuse mémoire (1). *(Applaudissements prolongés.)*

A Belley, Lamartine rencontre des Savoyards et il ne s'é-
tonne pas de leur entendre parler la même langue que lui.
Jacques-Marie Revel, de Cluses, est son camarade et son
émule en philosophie. Louis de Vignet, de Chambéry, le neveu
des de Maistre, s'y lie avec lui d'une amitié que la mort seule
viendra briser :

> Les pins sonores de Savoie
> Avaient secoué sur son front
> Leur murmure, la triste joie
> Et les ténèbres de leur tronc...

Et, au pied de ces pins sonores, Raphaël, à vingt ans, ren-
contrera l'amour, l'amitié, la solitude, la rêverie ; il aura, lui
aussi, ses levers et ses couchers de soleil, ses heures d'ivresse et
de désespérance, ses matins baignés de lumière et ses soirs
noyés de mélancolie. Bissy, Châtillon, Hautecombe seront
autant de stations immortalisées par sa lyre, et sa méditation
du Lac restera son chef-d'œuvre ; de telle sorte que, à l'aurore
et au déclin du siècle qui va, lui aussi, se coucher comme un
beau soir sur un lit de nuages, nos deux lacs de Savoie auront
eu leur poète : le lac du Bourget dans le chantre d'Elvire et le
lac d'Annecy dans le romancier qui en a décrit d'un pinceau
si savoureux les gracieux aspects, la ceinture neigeuse et les
bords semés de cyclamens et de rhododendrons. *(Vifs applaudissements.)*

Lamartine appartient donc à notre Savoie comme il appartient à votre Bugey ; et si, avant le bienheureux événement de
1860, nos cœurs allaient où vont nos rivières, son cœur à lui
remontait vers nous, comme si des rives de nos lacs, des ver-

____

(1) La veille, avait eu lieu à Albertville, sous la présidence
du Général Zédé, l'inauguration du Monument élevé à la
mémoire des enfants de la Savoie tués à l'ennemi en 1870.

sants de nos vallons et des cimes de nos montagnes, il se trouvait plus près de Dieu, mieux allégé de sa poussière humaine
pour s'élancer vers l'infini !

Aussi bien, Messieurs, la Savoie qui, comme vous, sait se
souvenir, s'apprête-t elle, à votre exemple, à rendre à son poète
l'hommage que Belley rend aujourd'hui à son enfant classique.
Bientôt, sur les bords du lac du Bourget, une statue s'élèvera :
puisse-t-elle être aussi bien venue, aussi digne de lui que celle
dont nous célébrons aujourd'hui l'inauguration !

Lamartine revivra donc sur ces trois terres de France, ses
petites patries dans la grande : à Mâcon, près de son berceau ;
à Belley, près du berceau de son âme ; à Aix-les-Bains, près
du berceau de sa lyre. L'adolescent, le jeune homme, le grand
citoyen, l'orateur du drapeau tricolore, le chef d'Etat républicain à la politique large, généreuse, humanitaire et vraiment
libérale, auront ainsi reçu de la postérité l'hommage dû à
l'homme qui fut l'une des plus brillantes incarnations de l'âme
française, qui chanta tout ce qu'elle a aimé et vénéré, tout ce
qu'elle aime et tout ce qu'elle vénère encore et toujours: Dieu,
l'idéal, la Patrie, la justice et la liberté ! *(Acclamations pro-
longées.)*

Et c'est pour cela, Messieurs, que vous me permettrez, au
nom du pays tout entier, de saluer ces deux comités qui se
sont tendu la main pour accomplir une œuvre véritablement
française : l'un présidé par un homme (1) qui nous a prouvé
que le cœur et la flamme oratoire de Francisque Rive ne
s'étaient pas éteints avec lui ; l'autre, ayant à sa tête un magistrat (2), glorieusement tombé de son siège, dont le nom, le
caractère et le talent honorent notre pays. Oui, vous avez fait
à la fois, Messieurs, une œuvre nationale et une œuvre de
décentralisation, une œuvre régionale et provinciale, dans
laquelle nos terres de Bourgogne, du Bugey et de la Savoie
peuvent s'unir et se donner l'accolade de la fraternité des sentiments, des souvenirs et des patriotiques espérances !

(1) M. Tony Rive, frère du grand avocat du barreau de Lyon.
(2) M. d'Orgeval du Bouchet.

En saluant la mémoire de Lamartine, laissez-moi donc, au nom de la Savoie, boire à cette noble terre du Bugey, sœur de la nôtre, qui eut avec elle des siècles d'histoire commune, qui vécut longtemps auprès d'elle sous la domination paternelle de la Maison de Savoie et qui, par le traité de Lyon, fut en quelque sorte son avant-garde sur la route de l'unité nationale !

Au Bugey qui est comme une Savoie plus gracieuse, moins âpre, moins sévère, comme un coin de Normandie entre les Alpes et le Jura et qui fait concurrence à notre château de Ripaille par sa plantureuse hospitalité !

Au Bugey, dans lequel Joseph de Maistre venait souvent, où il avait des amis, tels que M. de Rubat, le châtelain de Saint-Rambert ; où il possédait la terre de Champdor. que lui avait léguée son oncle, l'abbé Demotz !

A ce département de l'Ain, qui donna le jour au commandant Marchand, le héros dont la France s'apprête à célébrer le retour triomphal et dont l'un des collaborateurs, dans son œuvre de pénétration et de conquête du continent noir, fut un Savoyard, comme lui un ancien élève d'un établissement libre, le capitaine Baud ! *(Vifs applaudissements.)*

A Belley, le siège épiscopal qui, parmi les prédécesseurs de l'éminent prélat, dont nous entendions ce matin la parole à la fois si littéraire et si véritablement épiscopale(1), a compté Mgr Camus, le disciple et l'ami de notre saint François de Sales !

A Belley, la patrie du docteur Récamier et de Brillat-Savarin, l'auteur d'un de ces petits chefs-d'œuvre, la *Physiologie du goût,* qui, à l'instar du *Voyage autour de ma chambre,* est un de ces livres rares. inaccessibles à l'oubli, où il y a tant de saveur, tant d'humour, tant de sel gaulois, tant de recettes précieuses et des méditations qui, pour ne pas ressembler à celles de Lamartine, n'en sont pas moins une manifestation de cette « douceur de vivre » qui, à Belley, est et sera de tous les siècles !

---

(1) Mgr Luçon, qui, le matin, avait prononcé, dans la chapelle du Collège de Belley, l'*Eloge de Lamartine, poète chrétien.*

La « douceur de vivre! », vous nous la faites sentir aujourd'hui, Messieurs, dans cette journée qui est comme une halte reposante, d'une infinie douceur, au milieu des angoisses qui nous étreignent et des questions qui nous divisent. Puissions-nous en rencontrer fréquemment sur notre route ! Celle-ci doit avoir son lendemain :

Dans quelques semaines d'ici, Chambéry célébrera l'inauguration du monument que la Savoie élève à la mémoire de Joseph et de Xavier de Maistre. Nous vous y attendons, Messieurs, et nous y donnons rendez-vous aux glorificateurs de la mémoire de Lamartine.

Joseph et Xavier de Maistre, « l'aigle et le papillon », sont, eux aussi, des gloires nationales. S'ils n'ont pas été Français par leur naissance ; si, pour rester fidèles à leur prince et à leur drapeau, ils ont imposé silence à leurs « inclinations secrètes », ils ont pensé, ils ont senti, ils ont écrit en français et leurs œuvres les ont sacrés grands écrivains français. Oui, sur les rives de la Leysse comme auprès des bords du Furan, ce sera toujours la sainte image de la Patrie que nous vénérerons ensemble dans le génie de ceux qui furent les enfants de notre sol, de notre air, de notre sang gaulois et qui donnèrent à la France une réserve de gloire, grâce à laquelle la grande mutilée peut traverser toutes les épreuves, supporter toutes les éclipses et attendre tous les réveils ! *(Applaudissements prolongés.)*

INDEX ALPHABÉTIQUE

Index Alphabétique

des noms de personnes citées dans le ccrps de l'ouvrage
avec indication des pages correspondantes (1 à 148).

A

Ancenay (Henri), 58.
Andrémasse, 58.
Arcollières (Courtois d'), 16, 24, 30, 55, 56, 91, 129, 132, 136, 144.

Arminjon (Ernest), 17.
Arvers (le général), 129, 136, 144.
Augier (Emile), 39.

B

Baillard (César), 58.
Balmat, 11, 19, 39.
Barlet, 24, 78, 129, 144.
Basin, 89, 115, 121, 132, 134.
Bebert (François), 5, 15.
Bel, 24, 35, 129, 144.
Bérard, 24, 42, 49, 74, 76, 77, 129, 144.
Bérenger (le général), 129.
Berthet, 42, 49.
Bertin, 81, 82, 86, 88, 89, 93, 94, 129, 136, 144.
Berthollet, 11, 39, 51.
Billiet (le cardinal), 97.

Blanc (Albert), 13, 40.
Blanchard (Claudius), 24, 129, 144.
Bocquin, 57.
Boigne (le général de), 11, 42.
Bonald, 95.
Bonnel, 98, 135, 138, 139, 140, 141.
Borrel (l'abbé), 58, 130.
Borson (le général), 17, 23, 24, 25, 29, 30, 31, 51, 52, 53, 56, 65, 69, 80, 84, 85, 87, 88, 89, 90, 96, 129, 132, 136, 137, 144.

P

Paillette (de), 13.
Papin, 131.
Paulban, 13, 40.
Perrier (Antoine), 37, 136.
Perrin (André), 16, 24, 54, 56.

Philippe (Jules), 14, 26, 40.
Pillet (l'abbé), 131, 132.
Pirasset, 58.
Poncet (Edmond), 136.
Pourquery de Boisserin, 48.

R

Racine, 97.
Ramaz (le chanoine), 130.
Raucco, 133.
Raymond (Emile), 55, 57, 76, 81, 88, 91, 93, 122, 129, 144.
Raymond (Georges - Marie), 55, 123.
Renaudot, 39.
Rendu (Mgr), 55.
Revel (Joseph), 5, 6, 9, 25, 30. 71, 74, 77, 79, 80, 81, 82, 94.

Révil, 16, 25, 129.
Revon (Michel), 13, 43.
Rey, 58.
Ribolet (Mgr), 130.
Ritter (Eugène), 126, 136, 144.
Robillard (le général), 84.
Roissard (Charles), 5.
Rostaing, 136.
Roussy de Sales (le comte de), 136.

S

Sainte-Beuve, 13, 40, 55, 95.
Salteur de la Serraz (le marquis), 31, 57, 71, 77, 80, 85, 87, 88, 89, 93, 124, 129.

Saussure (de), 11, 15, 16, 19.
Schiller, 19.
Sommeiller, 11, 39, 51.
Spuller, 14.
Swetchine (Mᵐᵉ), 95.

T

Tardy (Joseph), 125.
Termier (l'abbé), 56.
Thérouanne, 54.
Tissot (Ernest), 131.
Toytot (de), 137.

Trenca, 131.
Truchet (le chanoine), 130.
Turinaz (Mgr), 130, 131, 132, 136.

U

V

W

BIBLIOGRAPHIE

Bibliographie.

Ouvrages sur Joseph de Maistre :

Arsène HOUSSAYE. — *Histoire du quarante-unième fauteuil de l'Académie française*, 6ᵉ édition. — Un volume in-8°. Paris, librairie Plon, MDCCCLXI.

BARBEY D'AUREVILLY. — *Les Prophètes du passé.* — Paris, in-18, 1851-1860.

BARTHELÉMY (Ch.). — *L'esprit du comte J. de Maistre*, précédé d'un essai sur sa vie et ses écrits. — Un volume in-8° de 446 pages avec portrait. — Paris, Gaume, 1859.

BASSON (l'Abbé). — *Réclamation pour l'Eglise de France et pour la vérité contre l'ouvrage de M. le comte de Maistre intitulé* Du Pape, *et contre la suite ayant pour titre* De l'Eglise gallicane dans ses rapports avec le Souverain Pontife. — 2 vol. in-8°. Paris, Pichard, 1821.

BIANCHI (Nicomède). — *Question italienne. — La Maison de Savoie et l'Autriche.* Documents inédits extraits de la correspondance diplomatique du comte Joseph de Maistre. — Une brochure in-8° de 35 pages. Turin, Imprimerie littéraire, 1859.

Bianchi (Nicomède). — *Histoire de la monarchie pié-
montaise.* — Torino, Fratelli Bocca, libr. di S. M.,
1877.

Binaut (Louis). — *Joseph de Maistre. Ce qu'il est, ce
qu'il devient.* — *Revue des Deux-Mondes,* décembre 1858.

— *Joseph de Maistre et Lamennais.* — *Revue des Deux-
Mondes,* février 1861.

Biré (Edmond). — *Causerie littéraire. Joseph de Maistre pendant la Révolution.* — *Gazette de France,*
du 11 novembre 1895.

Blanc (Albert). — *Mémoires politiques et correspondance diplomatique de J. de Maistre,* avec expli-
cation et commentaire historiques. — Un volume
in-8° de 402 pages. Paris, Librairie nouvelle, 15,
boulevard des Italiens, 1858.

— *Correspondance diplomatique de Joseph de Maistre,*
1811-1817, recueillie et publiée par Albert Blanc.
— 2 volumes in-8°. Paris, Michel Lévy, 1860.

Bonneville de Marsangy. — *Joseph de Maistre avant la
Révolution.* — *Gazette des Tribunaux,* du 23
juin 1893.

— *Joseph de Maistre pendant la Révolution.* — *Gazette
des Tribunaux,* du 10 octobre 1895.

Bordeaux (Henry). — *Le Joseph de Maistre de M. François Descostes.* — Extrait du *Magasin littéraire.*
Une plaquette in-8°, de 25 pages. Gand, typographie A. Siffer, 1893.

— *Joseph de Maistre pendant la Révolution.* — *Gazette
de Lausanne,* du 29 juin 1896.

Borson (le Général). — *Joseph et Xavier de Maistre
intimes.* — Discours prononcé au Collège de

Saint-Pierre d'Albigny, le 8 juillet 1897, dans une séance littéraire en l'honneur de Joseph et de Xavier de Maistre. — *Courrier des Alpes*, du 17 juillet 1897.

BOYER D'AGEN. — *Une petite nièce de Joseph de Maistre.* — *L'Univers*, du 22 décembre 1894.

BUET (Charles). — *Joseph de Maistre inconnu.* — *Revue Générale*, juillet 1893. Paris, librairie Lecoffre, 90, rue Bonaparte.

CARUTTI (Domenico). — *Histoire de la diplomatie de la Cour de Savoie.* — Torino, Fratelli Bocca, 1875.

CHANTELAUZE. — *Le comte J. de Maistre auteur de l'Antidote au Congrès de Rastadt.* — Paris, 1859 ; un in-8° de 92 pages.

CHERBULIEZ (G. VALBERT). — *La Jeunesse de Joseph de Maistre.* — *Revue des Deux-Mondes*, 4ᵉ volume de 1893.

CHEVALLIER (l'Abbé). — *Saint François de Sales et le comte Joseph de Maistre. Leurs lettres ou correspondances. Parallèle.* — Chambéry, imprimerie savoisienne, 1901.

COGORDAN. — *Les grands écrivains français. Joseph de Maistre.* — In-12. Paris, librairie Hachette, 1894.

COSTA DE BEAUREGARD (le Marquis). — *Un homme d'autrefois.* — Un volume in-8°.

— *La Jeunesse du roi Charles-Albert.* — Un volume in-8°. Paris, librairie Plon, *passim*.

— Institut de France. — Académie française.— *Inauguration du Monument de Maistre à Chambéry le dimanche 20 août 1899* — In-4° de 8 pages. Paris, typographie de Firmin Didot et Cⁱᵉ, imprimeurs de l'Institut de France, rue Jacob, 56 ; MDCCCXCIX.

DEBRIT (Marc). — *Joseph de Maistre avant la Révolution.*
— *Journal de Genève,* des 3 et 6 septembre 1893.

— *Joseph de Maistre par Georges Cogordan.* — *Journal de Genève,* du 6 juillet 1894.

— *Joseph de Maistre pendant la Révolution.* — *Journal de Genève,* des 8 et 10 septembre 1895.

— *Joseph de Maistre ora:eur.* — *Journal de Genève,* du 28 novembre 1895.

DÉJEY (Marius). — *Le Séjour de Lamartine à Belley,* 3e édition. — Un in-8° de 448 pages avec gravures. Lyon, Emmanuel Vitte ; Paris, Ch. Amat ; 1901.

DENARIÉ (Emmanuel). — *Joseph de Maistre avant la Révolution.* — *Courrier des Alpes,* du 8 juin 1893.

DESCOSTES (François). — *Joseph de Maistre avant la Révolution. Souvenirs de la société d'autrefois.* 1753-1793 (ouvrage couronné par l'Académie française, 1er prix Monthyon). — 2 volumes in-8° de 329 et 402 pages avec deux portraits (héliogravure Dujardin), une reproduction de gravure ancienne et un fac-similé d'autographe. — Moûtiers (Tarentaise), François Ducloz, imprimeur. — Paris, librairie Piccard, 82, rue Bonaparte ; 1893. — Alfred Mame et fils, éditeurs ; 1895.

— *Joseph de Maistre philosophe, diplomate et écrivain.* Sa doctrine politique d'après les publications les plus récentes. — *L'Univers,* du 16 juillet 1894.

— *Le Monument de Joseph et de Xavier de Maistre à Chambéry.* — Rapport présenté à l'Académie de Savoie dans la séance du 13 décembre 1894. — Plaquette in-4°. Chambéry, imprimerie savoisienne, 1895.

Descostes (François). — *Joseph de Maistre pendant la Révolution. Ses débuts diplomatiques, le marquis de Sales et les émigrés, 1789-1797.* — Un volume in-8° de 651 pages avec deux portraits (héliogravure Dujardin) et une photochromotypie. — Moûtiers, François Ducloz, imprimeur ; Tours, Alfred Mame et fils, éditeurs, 1895.

— *Joseph de Maistre orateur, 1774-1792,* d'après de nouveaux documents inédits. — Plaquette in-8° de 32 pages. Chambéry, librairie Perrin, 1896.

— *Necker, écrivain et financier, jugé par le comte de Maistre,* d'après des documents inédits. — Plaquette in-16 de 44 pages. Chambéry, librairie Perrin, 1896.

— *La Révolution française vue de l'étranger. Mallet du Pan à Berne et à Londres, 1789-1799,* d'après une correspondance inédite. Préface de M. le marquis Costa de Beauregard (ouvrage couronné par l'Académie française, prix Thérouanne). — Un volume in-8° de 562 pages avec un portrait (héliogravure Dujardin). Tours, Alfred Mame et fils, éditeurs, 1897.

— *La genèse du Monument de Maistre.* — Plaquette in-8° de 30 pages. Chambéry, librairie Perrin, 1898.

— *Joseph de Maistre éducateur.* — Conférence faite au Collège de Saint-Pierre d'Albigny dans une séance littéraire en l'honneur de Joseph et Xavier de Maistre (non imp.).

— *Lettres inédites de Joseph de Maistre. A propos de l'inauguration du monument érigé aux deux frères Joseph et Xavier de Maistre à Chambéry.*

— *Correspondant*, du 25 juillet 1899. In-8° de
32 pages. Chambéry, librairie Perrin, 1899.

DESCOSTES (François). — *Joseph de Maistre à Venise et
en Sardaigne.* — Communication au Congrès des
Sociétés savantes de la Savoie, 1899 (non imp.).

— *Joseph de Maistre propriétaire et contribuable en
Bugey,* d'après des documents inédits, 1900 (non
imp.).

— *Le Livre d'or du Monument de Maistre.* — Un in-8°
illustré, avec couverture d'après une composition
de Viotti (c'est le présent volume). Chambéry,
imprimerie savoisienne et librairie Perrin, 1901.

DUFRESNE (Edouard). — *Joseph de Maistre pendant la
Révolution.* — *Courrier de Genève,* du 29 août
1895.

FAGUET (Emile). — *Politiques et moralistes,* 1re série.
Joseph de Maistre. — *Revue des Deux-Mondes,*
6e volume de 1888.

— *La Jeunesse de Joseph de Maistre.* — *Journal des
Débats,* 16 août 1895.

FALLOUX (Comte de). — *Madame Swetchine, sa vie et
ses œuvres.* — 2 volumes in-12, *passim.*

FERRAZ, professeur de philosophie à la Faculté des lettres de Lyon, correspondant de l'Institut. — *Histoire de la Philosophie en France au XIX° siècle.*
Traditionalisme et Ultramontanisme. — *Joseph de
Maistre,* p. 1-83. — Paris, Didier, 1880.

GIACOMELLI (Giaco). — *Giùseppe de Maistre in Sardegna.*
— Cagliari, typografia dell' Unione Sarda,
1897.

GIMELLE (Ernest). — *Joseph de Maistre. Ses œuvres.
Leur influence.* — Une brochure in-8° de 45 pages.

— Discours prononcé à l'audience solennelle de rentrée de la Cour impériale de Chambéry le 3 novembre 1869. — Chambéry, imprimerie Puthod, 1869.

GRANDMAISON (Geoffroy DE). — *La Jeunesse de Joseph de Maistre.* — *L'Univers,* du 28 novembre 1893.

GRASSET (Eugène). — *Joseph de Maistre, sa vie et son œuvre.* Ouvrage posthume, avec préface de M. François Descostes. — Un volume in-8°. Chambéry, imprimerie savoisienne et librairie Perrin, 1901.

GROSSI (DE BACKER). — *Della vita militare di due uomini di stato.* — In-8° de 46 pages. Torino, typog. Fontana, 1841.

HUGUES (D'). — *Le Comte Joseph de Maistre,* d'après un livre récent. — *Correspondant,* du 25 mai 1893.

INSTITUT CATHOLIQUE. — *Recueil mensuel.* Lyon, tome IV, août 1822.

LAMARTINE. — *Cours familier de littérature,* 42° entretien.

LESCURE (DE). — *Le comte Joseph de Maistre et sa famille,* 1753-1852. Etudes et portraits politiques et littéraires. — Un volume in-12 de 442 pages. Paris, librairie Chappeliez, 29, rue de Tournon, 1893.

MAISTRE (Comte Rodolphe DE). — *Lettres et Opuscules inédits du comte de Maistre,* avec une introduction par le comte Rodolphe de Maistre. — 2 volumes in-8°. Paris, Vaton, 1851.

— *Œuvres complètes de J. de Maistre,* nouvelle édition contenant ses œuvres posthumes et toute sa correspondance inédite. Avec une notice biographique par le comte Rodolphe de Maistre. — 14 volumes in-8°. Lyon, librairie Ville et Perrussel, 3 et 5, place Bellecour, 1885.

MANDOUL (J.). — *Un homme d'Etat italien.* — *Joseph de Maistre et la politique de la Maison de Savoie.* — In-8° de 363 pages. Paris, Alcan, 1900.

MARGERIE (Amédée DE). — *Le comte Joseph de Maistre, sa vie, ses écrits, ses doctrines,* avec des documents inédits. — Un volume in-12 de 442 pages. Paris, librairie de la Société bibliographique, 195, boulevard Saint-Germain, 1882.

MOREAU (Louis). — *Joseph de Maistre.* — Un volume in-12. Paris, Victor Palmé, 25, rue Grenelle-St-Germain, 1879.

MORLEY (John). — *Joseph de Maistre.* — The fort nigtly Rewew, mai et juin 1867.

NOLHAC. — *Joseph de Maistre et le bourreau.* — Un grand in-8°. Lyon, Perrin, 1839.

OUVAROFF. — *Etudes de philologie et de critique. Projet d'une académie asiatique par J. de Maistre.* — Un grand in-8°, 1845.

PAILLETTE (Clément DE). — *Joseph de Maistre.* — Conférences à l'Institut catholique de Paris, 1891-1892. *Bulletin de l'Institut catholique,* mars et avril 1892. — *Moniteur Universel,* des 3 et 15 mai 1893.

— *La politique de Joseph de Maistre d'après ses premiers écrits.* — Une brochure in-8°.

— *Joseph de Maistre avant la Révolution.* — *Moniteur Universel,* du 18 décembre 1893.

PARAVEY (le chevalier DE). — *Examen par M. le comte de Maistre des différentes objections contre la chronologie biblique suivies de leur réfutation à l'aide des découvertes nouvelles faites dans les histoires de l'Orient.* — Une brochure in-8° de 38 pages. Paris, imprimerie de Moquet, 90, rue de la Harpe, 1852. — Extrait de l'*Université catholique*, n° de février 1852.

PAULHAN. — *Joseph de Maistre et sa philosophie.* — Un volume in-12. Paris, librairie Alcan, 1893.

PHILARÈTE CHALLES. — *Joseph de Maistre.* — *Journal des Débats*, du 17 novembre 1858.

PHILIPPE (Jules). — *Les Gloires de la Savoie* (pages 11, 122, 156). — Un volume in-8°. Paris, librairie Clarey, 40, rue de Seine ; Annecy, librairie Monnet ; Chambéry, librairie Baudet, 1863.

PICHARD (Armand DE). — *Mme de Swetchine et le comte de Maistre.* — Un in-8° de 40 pages. Bordeaux, Coderc, 1864.

POTEZ (Henri). — *Lectures littéraires. — Pages choisies des grands écrivains. — Joseph de Maistre,* avec une introduction par Henry Potez. — Un volume in-12 de 275 pages. Paris, librairie Armand Colin, 5, rue de Mézières, 1901.

QUÉRARD (J.-M.). — *Une question littéraire résolue.* Réfutation du paradoxe bibliographique de M. R. Chantelauze : *Le comte Joseph de Maistre* auteur de l'*Antidote* au Congrès de Rastadt, par l'auteur des *Supercheries dévoilées.* — Un in-8° de 42 pages. Paris, Dubuisson et Cⁱᵉ, 1859.

RAYMOND (Georges-Marie). — *Éloge funèbre de Joseph de Maistre,* prononcé en janvier 1822 à l'Académie des sciences de Turin. — *Mémoires de l'Académie des Sciences,* tome XXVII.

RÉMUSAT (Charles DE). — *Du traditionnalisme.* — *Revue des Deux-Mondes*, 3e volume de 1857.

REVON (Michel). — *Joseph de Maistre* (prix d'éloquence de l'Académie française, 1892). — Une brochure in-8° de 44 pages. Paris, librairie de la *Nouvelle Revue*, 18, boulevard Montmartre, 1892.

SAINTE-BEUVE. — *Portraits littéraires.* — *Joseph de Maistre*, 2e volume. — Paris, librairie Garnier (réédition), 1884. — *Moniteur*, 3 décembre 1860.

— *Port-Royal*, tomes I, II, III et IV. — 5 volumes in-8°. Paris, Hachette, 1860.

SALBERG (René de). — *Joseph de Maistre.* — Supplément littéraire mensuel au journal *L'Univers*, 10, rue des Saints-Pères, numéro d'août 1892.

SAREDO (G.). — *Giuseppe de Maistre.* — Un in-16 avec portrait. Torino, 1860.

SEZEVAL (Roger DE). — *Joseph de Maistre, ses détracteurs, son génie.* — Un volume in-12 de 200 pages. Paris, librairie Saint-Joseph, Tobra et Halton, éditeurs, 68, rue Bonaparte, 1865.

VILLENEUVE-ARIFAT (Mme Marie-Thérèse de Villeneuve, marquise DE). — Académie des Jeux floraux. — *Eloge du comte Joseph de Maistre.* — Dédié à M. le comte de Chambord. — Un in-8° de 46 pages. Toulouse, imprimerie de J.-M. Boudaloux, 1855.

WOILLEZ. — *Le génie de de Maistre, de Bonald et de Chateaubriand*, ou Dictionnaire de morale résumant les pensées, maximes et réflexions de cet illustre triumvirat littéraire. — Un volume in-12.

Ouvrages sur Xavier de Maistre :

BORSON (le Général). — *Joseph et Xavier de Maistre intimes.* — Discours prononcé au Collège de Saint-Pierre d'Albigny, le 8 juillet 1897, dans une séance littéraire en l'honneur de Joseph et de Xavier de Maistre. — *Courrier des Alpes,* du 17 juillet 1897.

CORCELLE (M. J.) — *Les premiers ballons et Xavier de Maistre.* — *La Nature,* août 1889.

— *La Savoie et Xavier de Maistre.* — *Revue Bleue,* 26 août 1899.

— *Xavier de Maistre et Ducis.* — *Revue du Siècle* (Lyon), juin 1898, p. 338-343.

— *La Cité d'Aoste et la Tour du Lépreux.* — *Revue du Siècle,* février 1899, p. 100-107.

DÉJEY (Marius). — *Le Séjour de Lamartine à Belley,* 3e édition. — Un in-8° de 448 pages avec gravures. Lyon, Emmanuel Vitte ; Paris, Ch. Amat ; 1901.

DENARIÉ (Emmanuel). — *Xavier de Maistre peintre.* — Discours de réception à l'Académie des sciences, belles-lettres et arts de Savoie. — *Mémoires de l'Académie de Savoie,* 4e série, t. VI ; in-8°. Chambéry, imprimerie savoisienne, 1895.

DENARIÉ (le Dr Gaspard). — *La Correspondance de Xavier de Maistre* (œuvre posthume). — Allocution de M. Arminjon, vice-président de l'Académie des sciences, belles-lettres et arts de Savoie, et discours de M. le Dr Denarié, lus dans la séance publique du 11 avril 1889. — *Mémoires de l'Académie de Savoie*, 4e série, t. II, p. 81.

DESCOSTES (François). — *Joseph de Maistre avant la Révolution* (voir à la Bibliographie sur Joseph de Maistre). Tome 1er, chap. IV, V, p. 65 à 177. Tome II, chap. XIV, p. 125 à 161 ; chap. XVII, p. 209 à 241 ; chap. XIX, p. 283 à 323.

— *Joseph de Maistre pendant la Révolution* (voir à la même Bibliographie). Chap. V, p. 131 à 159 ; chap. VII, p. 189 à 209 ; chap. XXII, p. 567 à 595.

MICHEL (Raymond). — *Xavier de Maistre.* — Conférence à l'Ecole préparatoire à l'enseignement supérieur de Chambéry, 1897 (non imp.).

NAVILLE (Ernest). — *Notice sur les œuvres de Xavier de Maistre.* — In-8° de 14 pages. — *Mémoires de l'Académie de Savoie*, 2e série, t. X, 1866.

PHILIPPE (Jules). — *Les Gloires de la Savoie.* — In-8° de 251 pages. Annecy, imprimerie Thésio, 1865.

— *Les poètes de la Savoie.* — In-8° de 73 pages. Annecy, imprimerie Thésio, 1865.

REY (Luc). — *Xavier de Maistre, sa vie et ses ouvrages.* — In-12 de 166 pages. Chambéry, imprimerie Pouchet, 1865.

SAINTE-BEUVE. — *Xavier de Maistre.* — *Revue des Deux-Mondes*, 1er mai 1839.

— *Portraits contemporains*, tome II. Paris, Garnier, 1846.

TASTU (Mme Amable). — *Le Val d'Aoste* (Fragment du journal d'un voyageur). — Paris, Londres, Ker-

psake français, 1839. — Plaquette in-8° de
11 pages. Paris, librairie Delloye, 13, place de
la Bourse, 1839.

UNGEWITTER (Wilhelm). — *Xavier de Maistre, sa vie et
ses œuvres*, — Berlin, 1892.

FIN

Table Générale des Matières.

25.

ERRATA

Page 34, à la note 1, ligne 7, lire *me chargent*, au lieu de
me charge.

Page 117, dernière ligne du texte, lire *Redivivus*, au lieu
de *Recidivus*.

ACHEVÉ D'IMPRIMER

LE 20 JUIN 1901

SUR LES PRESSES DE

L'IMPRIMERIE SAVOISIENNE

A

CHAMBÉRY

(SAVOIE)